权威·前沿·原创

皮书系列为
"十二五""十三五""十四五"时期国家重点出版物出版专项规划项目

中国社会科学院国家未来城市实验室成果

商务中心区蓝皮书
BLUE BOOK OF CBD

中国商务中心区发展报告 *No.8*（2022）

ANNUAL REPORT ON THE DEVELOPMENT OF CHINA'S
CENTRAL BUSINESS DISTRICT No.8 (2022)

百年未有之大变局下韧性 CBD 建设

名誉主编 / 龙永图　崔小浩
主　　编 / 牛海龙　单菁菁
副 主 编 / 周　颖
执行主编 / 武占云　张　馨

社会科学文献出版社
SOCIAL SCIENCES ACADEMIC PRESS（CHINA）

图书在版编目（CIP）数据

中国商务中心区发展报告 . No. 8，2022：百年未有
之大变局下韧性 CBD 建设／牛海龙，单菁菁主编 . --北
京：社会科学文献出版社，2022.10
（商务中心区蓝皮书）
ISBN 978-7-5228-0721-8

Ⅰ.①中… Ⅱ.①牛… ②单… Ⅲ.①中央商业区-
研究报告-中国-2022 Ⅳ.①F72

中国版本图书馆 CIP 数据核字（2022）第 170547 号

商务中心区蓝皮书
中国商务中心区发展报告 No. 8（2022）
——百年未有之大变局下韧性 CBD 建设

名誉主编／龙永图 崔小浩
主　　编／牛海龙 单菁菁
副 主 编／周　颖
执行主编／武占云 张　馨

出 版 人／王利民
责任编辑／薛铭洁 陈　颖
责任印制／王京美

出　　版／社会科学文献出版社·皮书出版分社（010）59367127
　　　　　地址：北京市北三环中路甲 29 号院华龙大厦　邮编：100029
　　　　　网址：www.ssap.com.cn
发　　行／社会科学文献出版社（010）59367028
印　　装／天津千鹤文化传播有限公司

规　　格／开　本：787mm×1092mm　1/16
　　　　　印　张：22.25　字　数：333 千字
版　　次／2022 年 10 月第 1 版　2022 年 10 月第 1 次印刷
书　　号／ISBN 978-7-5228-0721-8
定　　价／158.00 元

读者服务电话：4008918866

重庆解放碑中央商务区

大连人民路中央商务区

广州琶洲人工智能与数字经济试验区

广州市天河中央商务区

杭州钱江新城

杭州市拱墅区运河财富小镇

杭州武林中央商务区

合肥市天鹅湖中央商务区

济南中央商务区

南京河西中央商务区

南宁市青秀区金湖中央商务区

宁波南部商务区

上海虹桥国际中央商务区

上海陆家嘴金融城

深圳福田中央商务区

四川天府新区天府总部商务区

天津河西商务中心区

武汉中央商务区

西安碑林长安路中央商务区

银川阅海湾中央商务区

郑州郑东新区中央商务区

珠海十字门中央商务区

主要编撰者介绍

牛海龙　北京商务中心区管理委员会常务副主任。曾担任北京市朝阳区双井街道办事处、北京市审计局、中信集团、北京市政府投资引导基金管理有限公司、北京市朝阳区金融服务办公室等领导职务，长期从事城市与区域、产业等领域发展研究，具有丰富的实践管理经验。

单菁菁　中国社会科学院生态文明研究所研究员、博士生导师，中国城市经济学会常务副秘书长。主要从事城市与区域可持续发展、国土空间开发与治理、城市与区域经济、城市与区域管理等研究。先后主持国家社会科学基金项目、中国社会科学院重大课题、国际合作课题、各部委课题等60多项，出版专著3部，主编著作13部，参与14部学术著作和《城市学概论》《环境经济学》等研究生重点教材的撰写工作，先后在国内外学术期刊和《人民日报》《光明日报》《经济日报》等报纸发表论文或理论文章100余篇，向中共中央、国务院提交的政策建议多次得到国家领导人的批示，获得各类科研成果奖15项。

周　颖　北京商务中心区管理委员会发展处处长，先后从事金融产业发展和商务区发展研究工作，具有丰富的实践经验。

武占云　中国社会科学院生态文明研究所国土空间与生态安全室副主任，博士，主要从事城市与区域经济、国土空间开发与治理研究。在国内外学术期刊发表中英文论文 40 余篇，撰写研究报告 20 余篇。先后主持或参与完成 10 余项科研项目，包括国家社科基金项目 4 项、国家自然基金项目 3 项、教育部人文社科项目 1 项、博士后基金项目 1 项、中国社科院中英研究项目 1 项、中国社科院青年中心基金项目 1 项。

张　馨　北京商务中心区管理委员会发展处副处长。长期从事商务区中长期发展规划、产业发展规划和政策等方面的研究和实践工作。

摘　要

《中共中央关于制定国民经济和社会发展第十四个五年规划和二〇三五年远景目标的建议》强调提出要"统筹发展和安全""把安全发展贯穿国家发展各领域和全过程，防范和化解影响我国现代化进程的各种风险，筑牢国家安全屏障"，提升"韧性"是实现发展和安全动态平衡的关键，也是新时代中国 CBD 实现可持续、高质量发展的重要任务。

《中国商务中心区发展报告 No. 8（2022）》以"百年未有之大变局下韧性 CBD 建设"为主题，基于当前国内国际宏观形势，准确研判百年未有之大变局下国内外经济演变态势和安全风险，系统分析经济发展的重点领域和政策走向；梳理总结各地 CBD 在提升经济韧性、强化环境韧性、增强社会韧性等方面的优势基础、发展成效和面临问题，研究提出提升 CBD 发展韧性的总体思路、重点任务及对策建议。报告包括总报告、经济韧性篇、环境韧性篇、社会韧性篇、国内案例篇、国际借鉴篇、附录等七个部分。

报告指出，国际社会正面临百年未有之大变局，地缘政治风险持续上升、新冠肺炎疫情反复突增，全球经济不稳定性加剧，如何增强发展韧性、统筹发展和安全是中国"十四五"时期面临的重大挑战。CBD 作为中国服务业对外开放的前沿和联结国内国际经济活动的枢纽，在增强发展韧性方面进行了一系列卓有成效的创新探索，经济运行坚韧平稳、生态环境品质持续向好、社会治理模式不断创新，彰显出强劲的经济韧性、环境韧性和社会韧性，在保障中国经济持续健康发展、低碳绿色转型发展、社会和谐稳定等方面发挥着积极作用。然而，随着世界进入新的动荡变革期，气候变化风险、

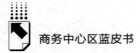
经贸摩擦风险、新技术革命风险、多重社会风险等叠加交织，中国统筹发展和安全任务异常艰巨，CBD平稳健康发展面临多重外生冲击和风险。

面对新形势和新挑战，中国CBD应从构建多元高质量的现代产业体系、绿色智慧的环境品质体系、多元共治的社会治理体系、稳健持续的制度体系等方面着手，着力提升CBD经济韧性、环境韧性、社会韧性和制度韧性，以期成为中国实现更加包容、可持续高质量发展的重要支撑。

关键词： CBD 经济韧性 环境韧性 社会韧性 制度韧性

目 录 ↖

Ⅰ 总报告

B.1 百年未有之大变局下韧性 CBD 建设 ……………… 总报告课题组 / 001

　　一　韧性 CBD 建设的基础与成效 ……………………………… / 002

　　二　韧性 CBD 建设面临的问题与挑战 ………………………… / 021

　　三　国际典型经验与借鉴 ………………………………………… / 026

　　四　百年未有之大变局下建设韧性 CBD 的思路与对策 …… / 032

B.2 2021年中国 CBD 发展评价 ………………………… 总报告编写组 / 041

Ⅱ 经济韧性篇

B.3 韧性视角下 CBD 产业高质量发展研究 ……… 张卓群　姚鸣奇 / 059

B.4 发展新型消费助力提升 CBD 经济韧性的思路与对策

　　　…………………………………………………………… 陈　瑶 / 071

B.5 建设新型商圈增强 CBD 经济韧性的思路与对策

　　　………………………………………………… 张双悦　武占云 / 084

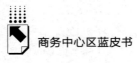

B.6 以提升 CBD 金融韧性防范化解重大金融风险的经验与对策

　　　　　　　　　　　　　　　　　冯冬发　张卓群　李均超 / 099

B.7 数字经济助力提升 CBD 经济韧性的现状、问题和对策

　　　　　　　　　　　　　　　　　　　　　　　　王　菡 / 113

Ⅲ　环境韧性篇

B.8 CBD 海绵城市建设进展、问题及建议 ……… 王国玉　高　见 / 128

B.9 CBD 韧性基础设施建设现状、问题及建议

　　　　　　　　　　　　　　　　　　　　端利涛　王　菡 / 140

B.10 CBD 公共安全风险管理体系建设：进展、问题及建议

　　　　　　　　　　　　　　　　　　　　　　　　耿　冰 / 154

Ⅳ　社会韧性篇

B.11 促进我国 CBD 绿色低碳发展的基础、思路与路径

　　　　　　　　　　　　　　　董亚宁　何瑞冰　徐晓辰 / 168

B.12 加强 CBD 韧性治理能力的思路与对策研究 ………苗婷婷 / 186

B.13 CBD 应急管理机制建设进展、问题及建议 …………武振国 / 201

Ⅴ　国内案例篇

B.14 北京 CBD：打造千亿级商圈的成效及经验借鉴

　　　　　　　　　　　　　　　　　　　邬晓霞　王雪媛 / 214

B.15 基于元宇宙的智慧治理：北京 CBD 和上海 CBD 的实践探索

　　　　　　　　　　　　　　　　　　　张鹏飞　单菁菁 / 230

B.16 上海虹桥国际中央商务区:"四高五新"产业体系建设

············· 顾　芸 / 242

B.17 成都春熙路:以商圈建设提升经济活力 ⋯⋯ 李文洁　单菁菁 / 257

Ⅵ　国际借鉴篇

B.18 伦敦金融城的"地域修复":打造西方首位的人民币离岸中心

············· 王晓阳 / 269

B.19 拉德芳斯品牌建设及其对我国中央商务区的启示

············· 湛　泳　唐世一　邱思琪 / 282

B.20 阿姆斯特丹海绵城市建设及对我国 CBD 发展成

海绵城市建设的启示 ············· 贺之杲 / 295

Ⅶ　附录

B.21 2021年度 CBD 发展大事记 ············· / 308

Abstract ············· / 319

Contents ············· / 321

皮书数据库阅读 **使用指南**

总 报 告

General Reports

B.1

百年未有之大变局下韧性 CBD 建设

总报告课题组*

摘　要： 当前国际社会正面临百年未有之大变局，地缘政治风险持续上升、新冠肺炎疫情反复突增，全球经济不稳定性加剧，如何增强发展韧性、统筹发展和安全是中国"十四五"时期面临的重大挑战。CBD 作为中国服务业对外开放的前沿和联系国内国际经济活动的枢纽，在增强发展韧性方面进行了一系列卓有成效的创新探索，经济运行坚韧平稳、生态环境品质持续向好、社会治理模式不断创新，彰显出强劲的经济韧性、环境韧性和社会韧性，在保障中国产业链、供应链稳定方面发挥着重要作用。随着世界百年未有之大变局加速演进，气候变化风险、经贸摩擦风险、新技术革命风险、多重社会风险等叠加交织，CBD 韧性发展面临

---

* 单菁菁，博士，中国社会科学院生态文明研究所研究员，主要研究方向为城市与区域可持续发展、国土空间开发与治理、城市与区域经济等；武占云，博士，中国社会科学院生态文明研究所国土空间与生态安全室副主任，主要研究方向为城市与区域经济；邹晓霞，博士，首都经济贸易大学城市经济与公共管理学院副教授，硕士生导师，主要研究方向为区域政策、城市与区域发展。

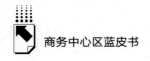

严峻挑战。面对新形势和新挑战，中国 CBD 应从构建多元高质量发展的现代产业体系、绿色智慧的环境品质体系、多元共治的社会治理体系、稳健持续的制度体系等方面着手，着力提升 CBD 经济韧性、环境韧性、社会韧性和制度韧性，以期成为中国实现更加包容、可持续高质量发展的重要支撑。

关键词： CBD 经济韧性 环境韧性 社会韧性 制度韧性

随着世界百年未有之大变局加速演进，地缘政治风险持续上升、全球疫情持续发展变化，全球经济的不稳定性加剧，世界之变、时代之变、历史之变的特征更加明显，如何统筹发展与安全问题成为中国当前面临的重大挑战。提升"韧性"是实现发展和安全动态平衡的关键，增强经济韧性亦成为我国实现经济高质量发展的重要着力点。《中华人民共和国国民经济和社会发展第十四个五年规划和 2035 年远景目标纲要》明确提出"建设宜居、创新、智慧、绿色、人文、韧性城市"，这是我国五年规划中首次明确提出"韧性城市"这一概念，意味着"韧性城市"被正式纳入国家战略视野。CBD 作为中国服务业对外开放的前沿和联系国内国际经济活动的枢纽，深受国内外经济形势变化的影响，在百年未有之大变局下，如何提升经济韧性、社会韧性、环境韧性、制度韧性以应对各种不确定性风险，如何统筹发展和安全、推动经济实现质的稳步提升和量的合理增长，是中国 CBD 发展面临的重大课题。

一 韧性 CBD 建设的基础与成效

（一）区域经济运行持续平稳，经济韧性显著提升

经济韧性是经济体抵御外部冲击和风险能力的重要体现，拥有多元

化产业体系、持久性创新活力的 CBD 在面对不确定的经济环境时更能抵御风险，能够通过转型发展孕育更具竞争力的市场主体，进而获得长久和坚实的经济韧性。2021 年，面对国内外风险挑战明显上升的复杂局面，中国 CBD 坚持以习近平新时代中国特色社会主义思想为指导，有力统筹疫情防控和经济社会发展，通过持续优化产业结构、着力增强创新活力、纵深推进对外开放、防范化解重大金融风险，实现了经济持续平稳增长，为保障中国产业链、供应链稳定，提升中国经济发展韧性做出了积极贡献。

1. 持续优化产业结构

以构建多元、高质量的产业体系为核心提升经济韧性是中国 CBD 保持经济平稳增长的关键所在，各地 CBD 通过持续优化产业结构，构建了以国际金融、商务服务、总部经济、信息科技、商贸服务等为主导的多元产业体系，一定程度上抵御了全球经济下行、新冠肺炎疫情冲击等外部不确定性风险，实现了经济质量和效益的持续提升，进而成为各地乃至全国经济发展的增长极和加速器。如北京 CBD 形成了国际金融为龙头、高端商务为主导、总部经济为特色、文化创意聚集发展的产业格局，同时大力推动优势产业与数字经济融合创新发展，数字经济、科技金融、新型消费、高端时尚等"高精尖"新业态亦成为发展重点。上海陆家嘴金融城形成了以金融、航运、贸易三大产业为核心，以专业服务业、文化旅游会展等产业为重点的"3+2"现代服务业发展体系，2020 年，上海陆家嘴金融城经济总量突破 5000 亿元，其中金融业增加值达到 3585 亿元。广州天河 CBD 形成了以总部经济为引领，金融服务、商务服务、数字服务、现代商贸为主导的多元产业体系，地区生产总值由 2015 年的 2176.41 亿元增长到 2021 年的 3843.17 亿元，正在积极打造全国高质量发展典范。上海虹桥国际 CBD 通过"四高五新"产业体系①的构建，积极打造一流的国际化中央商务

---

① "四高"即高能级总部经济、高流量贸易经济、高端化服务经济和高溢出会展经济，"五新"即数字新经济、生命新科技、低碳新能源、汽车新势力和时尚新消费。

区，服务长三角和联通国际的能力显著提升（见图1）。位于西部地区的银川阅海湾CBD形成了金融保险、数字经济、信息服务、总部经济、商贸物流等多元产业体系，主营业务收入由2018年的210亿元增长到2020年的302亿元，年均增速达20%，已成为银川市产业高质量发展的标杆区和示范区。

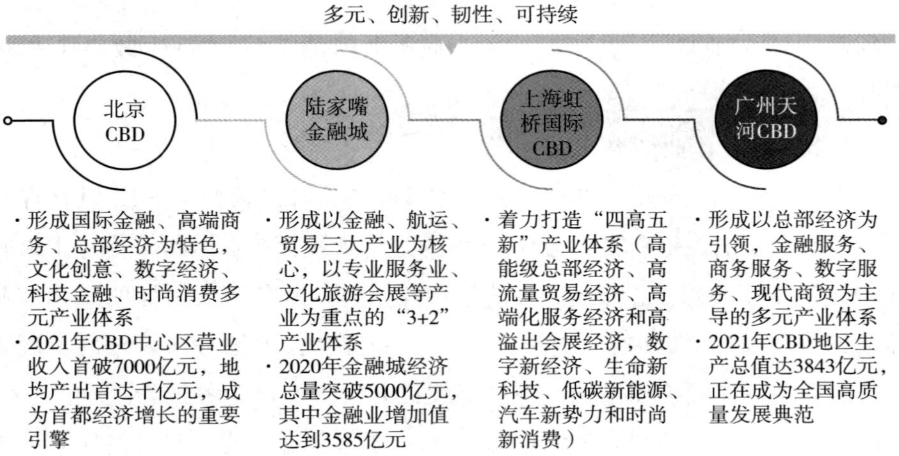

图1　中国代表性CBD多元产业体系建设情况

资料来源：根据中国商务区联盟提供资料整理。

2021年，在宏观经济整体下行、新冠肺炎疫情对经济形成重大冲击的情况下，中国CBD各项经济指标保持平稳增长，对区域经济增长的带动作用明显增强，经济高质量发展趋势日益显著。如表1所示，2021年北京CBD和上海虹桥国际CBD的营业总收入均超过了5000亿元，广州琶洲CBD、南京河西CBD、宁波南部CBD均超过了2000亿元。北京CBD紧抓中国（北京）自由贸易试验区和国家服务业扩大开放综合示范区建设机遇，不断开拓创新，经济综合实力稳步提升，2021年CBD中心区营业收入达到7079亿元，同比增长5.5%；税收总额达到640亿元，同比增长8.6%，占朝阳区的28.6%，占北京市的4.5%，成为首都经济增长的重要引擎。

表1　2021 年中国 CBD 营业总收入与税收总额情况

单位：亿元

CBD	营业总收入	税收总额
北京 CBD	7079	640
上海虹桥国际 CBD	5087	346
广州琶洲 CBD	3669	115
南京河西 CBD	2422	133
宁波南部 CBD	2300	22
郑东新区 CBD	1122	111
西安长安路 CBD	1099	38
北京通州运河 CBD	832	49
银川阅海湾 CBD	360	24

资料来源：根据中国商务区联盟提供资料整理。

2. 着力增强创新活力

习近平总书记强调"实施创新驱动发展战略，是应对发展环境变化、把握发展自主权、提高核心竞争力的必然选择，是加快转变经济发展方式、破解经济发展深层次矛盾和问题的必然选择，是更好引领我国经济发展新常态、保持我国经济持续健康发展的必然选择"[①]。各地 CBD 通过创新消费新业态、着力培育数字经济、完善创新创业生态等措施，有力释放经济新动能、打造经济新引擎、激发经济新活力，经济内生活力持续提升（见图2）。

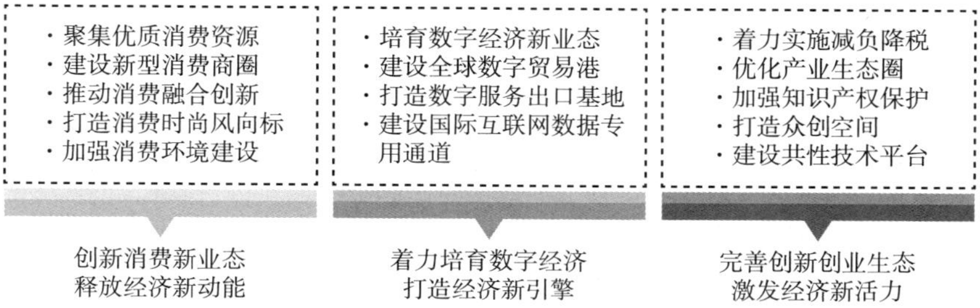

- ·聚集优质消费资源
- ·建设新型消费商圈
- ·推动消费融合创新
- ·打造消费时尚风向标
- ·加强消费环境建设

- ·培育数字经济新业态
- ·建设全球数字贸易港
- ·打造数字服务出口基地
- ·建设国际互联网数据专用通道

- ·着力实施减负降税
- ·优化产业生态圈
- ·加强知识产权保护
- ·打造众创空间
- ·建设共性技术平台

创新消费新业态
释放经济新动能

着力培育数字经济
打造经济新引擎

完善创新创业生态
激发经济新活力

图2　2021 年中国 CBD 创新发展情况

资料来源：根据中国商务区联盟提供资料整理。

① 资料来源：《习近平总书记在"科技三会"上的重要讲话》，http://www.xinhuanet.com/syzt/xhsply20160603/index.htm。

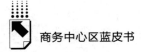

一是创新消费新业态，释放经济新动能。中国 CBD 在聚集优质消费资源、建设新型消费商圈、推动消费融合创新、打造消费时尚风向标和加强消费环境建设等方面已经取得了重要实践。（1）聚集优质消费资源。各地 CBD 凭借成熟的商圈环境和国际化氛围，大力发展品牌经济、首店经济。如北京 CBD 作为首都国际消费中心城市建设的重要载体，通过完善品牌首店首发服务体系、支持品牌首店落地发展、打造全球品牌首发首秀展示平台、支持商业品牌总部发展等措施，吸引了一批国内外顶级首店、旗舰店、创新概念店入驻，积极打造"千亿级规模世界级商圈"。2021 年，北京 CBD 功能区实现社会消费品零售总额1359 亿元，其中 SKP 商城全年实现 240 亿元的销售收入，蝉联全球"店王"。北京 CBD 功能区落地首店约 400 家，其中国际品牌超过 1/3。从首店级别来看，北京首店占比最高，达到 59%，其次是中国首店（34%）、全球首店（5%）和亚洲首店（2%）；从首店类型来看，零售类首店和餐饮类首店占比最高，分别达到 57% 和 30%，如图 3 所示。上海虹桥国际 CBD 承接进博会等重点展会溢出效应，大力发展首发、首秀经济，吸引国外消费品首店、体验店、国内外知名品牌、网红品牌、国潮品牌落地，打造新一代进口商品消费商圈。（2）建设新型消费商圈。如北京通州运河 CBD 依托重点商业综合体项目，探索搭建智慧商圈大数据管理平台和"云逛街"平台，打造数字消费商圈；西安碑林区 CBD 依托长安路中轴线，有效利用城市轨道交通，形成文化旅游与精品商业相辅相成的体验式购物商圈。（3）推动消费融合创新。如广州天河 CBD 积极引育平台型电商，发展定制消费、智能消费、体验消费等新业态；丰富消费场景业态模式，发展"线上引流+实体体验+直播带货"新模式。广州琶洲 CBD 积极培育发展MCN（多渠道网络服务）、内容创作服务等机构，利用网络直播等新媒体推动商贸服务业创新发展。（4）打造消费时尚风向标。如上海虹桥国际 CBD 依托商业重点项目、数字商圈、夜间经济等，不断引入高能级、高品质消费地标，其中光大安石虹桥中心 ArtPark 大融城、首位 SHOWAY 和富昱前湾印象城均被列为上海市市级重点消费地标；北京 CBD 着力发展"时尚活力型、商旅文体融合发展型、便民服务型"夜间经济形态，打造具有全球知名度的"夜京城"消费品牌。（5）加强消费环境建设。如北京 CBD 通过开展艺术季、音乐季活动，充分推动艺术、音乐与商圈的融合发展，丰富特色活力街区和商圈文化内涵，打造高品质消费体验环境；郑东新区 CBD 积极探索建立夜间经济发展协调机制，建立"夜间区长"和"夜生活首席执行官"制度，鼓励公开招聘具有夜间经济相关行业管理经验的人员担任"夜生活首席执行官"，协助"夜间区长"工作。

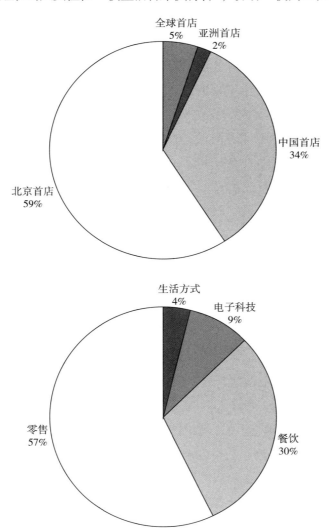

图 3　2020 年 1 月至 2022 年 6 月北京 CBD 首店经济发展情况

资料来源：根据中国商务区联盟提供资料整理。

二是着力培育数字经济，打造经济新引擎。各地 CBD 高度重视发展数字经济，围绕"产业+项目+基建+场景"，加快培育数字经济新产业、新业态、新模式，引导数字经济和实体经济深度融合。北京 CBD 依照《朝阳区打造数字经济示范区实施方案》，重点围绕数字商务、数字金融、数字文化、数字贸易等领域打造数字经济产业生态圈，并出台了针对数字技术领域专利、标准和企业数字化场景应用的支持政策，持续对接增值电信业务试点开放政策，积极争取北京市首批国际互联网数据专用通道。上海虹桥国际 CBD 通过提升"全球数字贸易港"总部集聚功能和建设数字贸易重点区域推动形成联通全球的数字贸易枢纽；结合智慧虹桥建设，率先在上海虹桥国际商务区创新应用 5G、北斗导航、物域网、AR/VR 等新技术，打造跨境数字贸易路演、线下活动、购物体验、娱乐参与的标志性场景体验区；围绕数字贸易产业链和垂直行业领域，引进和培育数字贸易独角兽企业。广州天河 CBD 被认定为首批国家数字服务出口基地，2021 年数字经济核心产业增加值超 545 亿元，数字经济核心产业增加值占广州天河 CBD 的 GDP 比重接近 15%。广州琶洲 CBD 被认定为国家新型工业化产业示范基地（大数据）和国家电子商务示范基地，琶洲实验室已引入脑机智能研究中心、人工智能模型与算法研究中心、脑疾病与健康研究中心等科研团队，聚焦人工智能基础研究和应用基础研究，加强产业核心技术攻关。银川阅海湾 CBD 依托中国移动、天翼云等平台，抢抓东数西算工程和国家算力枢纽节点建设以及银川跨境电商综试区的有利政策机遇，围绕自治区九大产业、"中国新硅都"建设，引进了一批算力工程、大数据、云计算、跨境电商等新产业、新模式。

三是完善创新创业生态，激发经济新活力。蓬勃成长的创新生态是 CBD 服务业高水平开放和创新发展的重要保障，提高原始创新能力、聚集创新资源、提供创新供给是 CBD 提升全球竞争力的重要路径。各地 CBD 基于全球技术变革和创新人才竞争的新形势，通过减负降税、优化产业生态圈、打造众创空间等措施，最大限度激发创新创业活力。为培育首店经济、创新消费业态，北京 CBD 成立了国潮孵化加速器和餐饮孵化加速器，前者整合区域的国潮国牌 IP 资源，重点孵化培育更多具有创新性和文化特色的原创自有品牌，支持其进商场、上平台、入驻特色街区；餐饮孵化加速器引入了社会化资本，为部分餐饮品牌提供招商研发、供应链优化、品牌孵化、上市等服务。广州天河 CBD 着力打造创新孵化体系，截至 2021 年，共有国家级孵化器 1 家、众创空间 6 家，市级孵化器 12 家、众创空间 19 家，注重培育创新主体，举办"国际创新节""天英汇"等国际化创新创业活动和赛事，打造天河风投大厦，推动风投、创投机构集聚发展。济南 CBD 着力推进投资便利化和贸易自由化的集成创新，成立了济南中央商务区暨自贸试验区海外文化交流驿站，采用线上线下方式，为跨境文化企业提供专业化的一站式服务平台。四川天府总部 CBD 成立现代法务集聚区——天府中央法务区，已吸引成都金融法庭、成都破产法庭、成都互联网法庭、四川大熊猫国家公园生态法庭等 4 个专业法庭入驻，通过构建全链条合作机制、畅通行政与司法衔接，为商务区企业提供高效、便捷的知识产权保护服务，营造良好创新生态。

市场主体在数字经济、新型消费、科技金融等创新业态的引领下显示出旺盛的生命力。如图 4 所示，2021 年广州天河 CBD 拥有各类企业总量达到 9 万家，其中数字服务类企业近 2 万家。上海虹桥国际 CBD 和北京 CBD 的企业总量均超过了 5 万家，广州琶洲 CBD 和郑东新区 CBD 的企业总量均在 3 万家左右。北京通州运河 CBD 作为北京城市副中心的重要功能板块，虽然规划建设起步较晚，但各类市场主体已接近 1.6 万家，其中租赁和商务服务业、科学研究与技术服务业、批发和零售业、文化体育和娱乐业等企业占运河商务区企业总数的 82.16%，市场主体快速增长，企业活力持续增强。

3. 纵深推进改革开放

以制度型开放引领高水平开放，不断增强全球资源配置能力和经济管控力是中国各地 CBD 应对全球经济动荡和全球产业链变迁的重要举措。依托中国自由贸易试验区、国家服务业扩大开放综合示范区、国家深化服务贸易创新发展试点、中国跨境电子商务综合试验区、中新战略性互联互通示范项目、国际开放枢纽等政策优势，中国 CBD 形成了特色鲜明、差异化的创新平台，积累了丰富的实践经验，形成了多样化的典型案例。

一是以规则和标准为引领加强制度创新。对标全球一流 CBD，中国

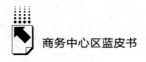

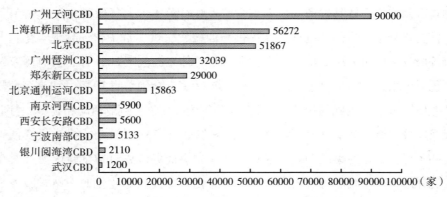

图4 2021年中国部分CBD入驻企业总数比较

资料来源：根据中国商务区联盟提供资料整理。

CBD通过率先构建与国际通行规则接轨的制度体系，持续促进贸易投资自由化便利化，压力测试成果不断涌现，对国内市场规则和标准建设的示范效应不断增强。如广州天河CBD通过对国内外CBD数字贸易国际规则的分析研判，形成了《推进数字贸易规则对接与制度创新发展战略研究报告》，有力推动了天河CBD数字服务规则对接和制度创新。北京CBD充分发挥"两区"政策叠加优势，围绕"国际金融、高端商务、国际商业、国际贸易、科技创新"5大重点领域，积极推进高水平开放，实现了"31个首"的案例突破，并形成了一批"可复制、可推广"案例。如"跨境贸易全链条数字化服务赋能新模式"入选2022年服贸会最佳实践案例；数字增信文旅产融模式创新、区块链数据资产保管箱助力外贸企业数字化经营2个案例在2021年服贸会上被评为全国十大服务业扩大开放综合示范区建设最佳实践案例。上海虹桥国际CBD紧抓国际开放枢纽建设机遇，在贸易形态创新发展、举办进口贸易高端活动以及开展贸易贷款和海关税款的担保、保险业务等方面进行了系列创新探索。济南CBD充分发挥自贸优势着力构建一站式外贸全流程服务体系、外资到账极速办结服务模式，打造艺术品保税仓服务中心、海外文化交流驿站等项目。

专栏 1　北京 CBD "两区" 建设实践成果

北京 CBD 充分发挥 "两区" 政策叠加优势，围绕 "国际交往、国际合作" 2 个突出优势，"总部、楼宇、数字" 3 大特色经济，"投资、土地、艺术" 3 个关键要素，"政务服务、法制建设、人才服务、知识产权" 4 大营商环境，"国际金融、高端商务、国际商业、国际贸易、科技创新" 5 大重点领域，提出打造 "23345" 对外开放新格局，实现了 "31 个首" 的案例突破。例如，全国首家另类投资保险资管公司——国寿投资保险资产管理有限公司；全市首家外资基金管理人——科勒（北京）私募基金管理有限公司；全国首批跨境资金池本外币一体化试点等，在其他领域的有首张自贸区地址标识的营业执照、全市首家国际高端艺术保税仓、首家实现碳中和的实体零售商场等。

资料来源：根据中国商务区联盟提供资料整理。

二是以稳定供应链产业链突出高水平开放。随着全球供应链加速调整，中国作为全球供应链区域中心之一，产业配套完整、市场空间巨大、劳动生产效率较高等核心供应链竞争优势仍然明显。CBD 基于成熟的市场环境、接轨国际的营商环境和高水平开放政策优势，仍然是跨国公司首选地。各地 CBD 聚焦产业链供应链关键环节，积极吸引跨国公司地区总部、民营企业总部、贸易型总部。如表 2 所示，上海陆家嘴金融城的总部企业数量高达 600 家，北京 CBD 则是世界 500 强企业和跨国公司地区总部集中度最高的区域之一，吸引了 459 家总部企业、214 家世界 500 强企业。2021 年，北京 CBD 功能区外资企业税收达到 631.3 亿元，占总税收的近 50%，同比增长 33.1%，成为外资企业入驻首选地。

表 2　2021 年中国 CBD 总部经济发展情况

单位：家

CBD	总部企业数量	世界 500 强企业数量
上海陆家嘴金融城	600	340
北京 CBD	459	214

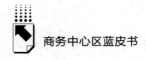

续表

CBD	总部企业数量	世界 500 强企业数量
广州天河 CBD	120	204
广州琶洲 CBD	78	—
重庆江北嘴 CBD	70	44
武汉 CBD	47	11
大连人民路 CBD	45	58
郑东新区 CBD	34	55
银川阅海湾 CBD	33	14
西安长安路 CBD	33	31
南京河西 CBD	26	29
北京通州运河 CBD	23	—

资料来源：根据中国商务区联盟提供数据整理。

三是服务和融入国家重大区域战略。各地 CBD 积极融入"一带一路"、京津冀协同发展、长江经济带发展、粤港澳大湾区建设、黄河流域生态保护和高质量发展等国家重大区域战略，形成了覆盖东、中、西部地区的全方位开放新格局。例如，北京 CBD 加强京津冀三地技术市场融通合作，对有效期内整体迁移的高新技术企业保留其高新技术企业的资格。深圳福田 CBD 坚持科技金融引领、强化与港澳联动，加快引导科技创新和金融要素聚集，促进科技创新链条与金融资本链条深度融合发展，积极打造粤港澳大湾区金融科技融合发展标杆。银川阅海湾 CBD 依托内陆开放型经济试验区和国家跨境电子商务示范区的政策叠加优势，积极融入共建"一带一路"，建设了中阿跨境贸易电商交易平台及支付平台，推动实现跨境贸易的专业化、高效化和便利化，为中阿跨境贸易提供一站式服务。四川天府总部商务区与重庆两江新区共同成立总部经济产业联盟，积极搭建现代服务业产业协同发展机制和合作交流平台，协同推动成渝地区双城经济圈建设，共同打造西部高质量发展的重要增长极。

4. 促进经济平稳健康发展

面对波谲云诡的国际形势、复杂敏感的周边环境、艰巨繁重的改革发展稳定任务，防范化解经济领域重大风险，保障经济平稳健康运行成为 CBD 工作的重中之重。各地 CBD 通过促进金融服务实体经济、完善金融风险预警系统、强化金融风险化解能力等措施，有力推动了经济持续健康发展。

在促进金融服务实体经济方面，上海陆家嘴金融城积极打造多层次资本市场体系，支持高成长企业发展壮大，在上交所新设科创板并试点注册制，为面向世界科技前沿的科技创新公司拓展了融资渠道，有力促进高新技术产业和战略性新兴产业的跨越式发展；济南 CBD 依托科技金融平台建立面向全省的科技成果转移转化与科技金融服务平台，构建起"评—保—贷—投—易"五位一体的科技金融服务体系，为中小微型科技企业知识产权评估难、融资难的问题提供了系统性解决方案和技术支撑、投融资服务。

在完善金融风险预警方面，北京 CBD 基于企业信用监管体系，建立了全面监测、重点监测、瞬时风险监测等监管模式，加强对企业信用风险的实时评判，及时发现经济发展面临的问题和风险。北京 CBD 企业信用监管体系已入选北京市"北京信用管理服务创新先导区"。北京通州 CBD 高标准建设了京津冀金融风险监测预警平台和北京城市副中心金融风险监测预警与监管创新联合实验室，不断健全开放型经济风险防范体系。广州天河 CBD 立足区域性金融风险防范，利用人工智能、大数据、云计算、区块链等金融监管科技，对辖内金融企业按照"识别—监测—预警—处置—反馈—再监测"风险处理流程，形成了"监测预警—处理反馈—持续监测"金融风险闭环管理防控机制。

在强化金融风险化解能力方面，上海陆家嘴金融城多家金融机构根据市场风险变化不断调整重要业务规则，如上海证券交易所 2021 年发布《债券质押式回购交易结算风险控制指引》，对回购标准券使用率、回购融资负债率、信用类债券入库集中度占比等指标做出约束，切实压降了回购交易风险。郑东新区 CBD 辅助郑州商品交易所持续完善风险管理机制，郑州商品交易所于 2019 年正式获批为"合格中央对手方"，即交易所在期货交易达成后成为所有卖方的买方和所有买方的卖方，可在某一方交易对手违约后依然确保交易完成，除常规保证金外还可以动用交易所的自有资金覆盖损失，能够有效阻断金融风险的外溢。

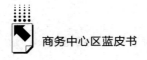

专栏2 广州天河中央商务区健全风险防范机制的做法与成效

广州天河CBD立足区域性金融风险防范，完善金融风险监测防控中心体系，利用人工智能、大数据、云计算、区块链等金融监管科技，对辖内金融企业按照"识别—监测—预警—处置—反馈—再监测"风险处理流程，形成"监测预警—处理反馈—持续监测"金融风险闭环管理防控机制，着力提升金融营商环境。以"城市客厅"花城广场和做好重大活动安保工作为牵引，全面落实重要目标和人员密集场所的安全防范措施，加快完善"情报、指挥、巡逻、视频、卡口、网络"六位一体的巡逻防控机制，优化"1、3、5分钟"快速处置圈布局，打造全国一流的"一点布控、全网响应"联查联动工作模式。全省首创区级一体化工作站，依托区综合指挥调度平台，构建"一站N中心"指挥调度联勤联动体系，按照"四个一"处置机制，形成立体式全链条应急处置闭环，切实提升驾驭社会治安大局、维护安全稳定的能力水平。

资料来源：根据中国商务区联盟提供资料整理。

（二）生态环境品质持续向好，环境韧性明显改善

1. 全域化推进海绵城市建设

海绵城市具有自然积存、自然渗透、自然净化的功能，是当前气候变化背景下各地协同经济社会发展和环境资源保护的重要举措。2021年4月，财政部、住建部、水利部印发《关于开展系统化全域推进海绵城市建设示范工作的通知》，决定开展系统化全域推进海绵城市建设示范工作，我国海绵城市建设进入全面推进阶段。各地CBD在规划建设中积极落实韧性城市、共生城市等理念，通过建设海绵城市、建设中央公园显著提升了CBD环境品质，增强了CBD应对暴雨洪涝等极端天气事件的能力。如北京CBD在中心区建成城市森林公园，通过打造健康绿道、慢行系统、花景样板街区，推进建筑空间退让和绿地整合，生态环境品质有效改善，慢行系统林荫率由65%提升至85%。北京通州运河CBD利用运河公园建设契机，积极探索

"海绵+公园""海绵+基础设施"建设，打造集生态保护、休闲健身、人文展示教育等多功能于一体的城市生态绿廊。郑东新区 CBD 依托国家海绵城市试点区，在核心区保留了大量成体系的城市绿地，规划设计中城市绿地与城市建筑群相互融合，实现了城市在公园中的理想，形成了完整的"中心突出，外围环绕"型的绿地体系，绿地面积占比超 50%。此外，郑东新区 CBD 的绿地容纳量、综合管廊设计坚持"规划先行、适度超前、因地制宜、统筹兼顾"原则，综合管廊按近期 10 年设计管线、远期 20 年预留增容空间，切实增强 CBD 发展弹性和韧性。武汉 CBD 编制了《绿色生态城区实施方案》《绿色生态指标体系》《武汉中央商务区四水共治——海绵城市》《武汉中央商务区城市绿道专项规划》等规划方案，建成武汉市最大人造山体公园和最大人造水体公园，全面提升了商务区内涝防治及水环境安全治理能力，已成功申报全国第二个、华中第一个绿色 CBD 示范创建城区（见图 5）。

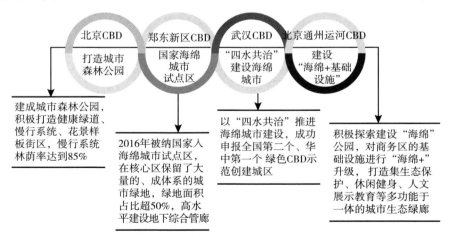

图 5　中国代表性 CBD 海绵城市建设实践

资料来源：根据中国商务区联盟提供资料整理。

2. 数字化打造智慧绿色楼宇

在气候变化风险、公共安全风险等复合风险频发的时代，利用绿色、低碳、智慧建筑技术推动高层建筑的安全、高效和绿色高质量发展尤为重要。各地 CBD 通过建设"绿色建筑""近零能耗建筑""低碳建筑"最大限度减少能源资源消耗和碳排放，保障 CBD 楼宇安全运行。如北京 CBD 基于 LEED、BOMA、WELL、绿色建筑等国际和国内建筑标准体系，研制《CBD 楼宇品质分级评价标准 2.0》，将"节能""环境""健康"三个模块作为重要考量，开展以绿色为导向的楼宇品质分级评价工作。广州天河 CBD 围绕"智慧+科技"，发布全国首个《零碳数智楼宇等级规范》，为楼宇建设和载体运营的零碳数智化提供清晰的标准指引。武汉 CBD 是国内首个从规划阶段就全面引入绿色建筑标准的"绿色 CBD"，也是国内首个通过规划环评的 CBD，其地标建筑"武汉中心"在空调新风系统、地源热泵系统、节水器具等方面进行了节水、节能、环保的系统设计，综合运用的绿色建筑技术多达 32 项，是国内少有的同时通过国际 LEED 金级预认证和国内绿色建筑三星标识的大型写字楼项目。四川天府总部 CBD 突出绿色低碳，全面引入三星级绿色建筑标准，按绿色建筑进行设计的有 161 栋，建筑面积 702 万平方米，二星级及以上绿色建筑占比达 72%，未来待建的 551 万平方米将全部按绿色建筑标准进行设计，并前瞻规划分布式能源站，探索集中供热、供冷、供电三联供模式。上海陆家嘴金融城引入"润腾"智慧楼宇管理系统，运用物联网、大数据、人工智能等技术，从卓越运营、安全责任、悉心服务、绿色发展等多维度、全方位打造智慧写字楼集群。

专栏 3　北京 CBD 绿色数智楼宇建设情况

北京 CBD 基于 LEED、BOMA、WELL、绿色建筑等国际和国内建筑标准体系，研制《CBD 楼宇品质分级评价标准 2.0》，将"节能""环境""健康"三个模块作为重要考量，开展以绿色为导向的楼宇品质分级评价工作，目前《CBD 楼宇品质分级评价标准 2.0》已申请楼宇行业"团体标准"，正在升级为北京市"地方标准"。截至 2021 年底，已有 100 余座商务楼宇（京外 20 座）参评，北京 CBD 楼宇品质分级评价标准正逐渐成为中国高端商务楼宇标准。同时，北京 CBD 积极推进楼宇节能改造，2017～2022

年，CBD 区域共涉及 47 个节能技改项目，累计年节能量为 21809.45tce；LEED 金级及以上绿色建筑认证累计 32 个，认证建筑面积达到 457.86 万平方米。

资料来源：根据中国商务区联盟提供资料整理。

3. 高标准建设新型基础设施

基础设施是保障城市正常运行和健康发展的物质基础，也是实现经济转型的重要支撑、改善民生的重要抓手、防范安全风险的重要保障。中国各地 CBD 遵循"绿色低碳，安全韧性""民生优先，智能高效"的原则，高标准建设新型基础设施，推动 CBD 绿色低碳发展，如图 6 所示。如北京 CBD 推进数字孪生 CBD 建设，充分利用城市的海量数据，建设城市数字孪生全要素数据资源体系，为企业数字化转型、数字化产业生态打造、数字经济高质量发展赋能，形成北京 CBD 版的"新基建"，打造全国数字化基建和数字经济发展样板。目前已初步建成国内首个 L4 级别高精度的城市级数字孪生平台，实现北京 CBD 1∶1 全要素、高拟真还原，打造真实的 CBD 虚拟空间，是全国智慧城市平台建设的新标杆，为企业数字化转型、数字化产业生态打造、数字经济高质量发展奠定了基础。上海虹桥国际 CBD 通过加强 5G 基础设施建设、推动国际互联网数据专用通道建设、打造 5G 应用场景、推进 5G 产业创新中心建设等多措并举建成国际领先的 5G 示范商务区；通过推动 AI 技术与 5G 网络技术深入融合、赋能城市管理和行业应用等方式推进 AI 赋能的信息化应用布局。北京通州运河 CBD 为实现全区域消防物联网、动态风险评估、安全分级管控一体化监管平台，立足"数据采集规范化、信息一体化、应用系统合成化、信息服务智能化"整合信息资源、深挖数据价值，达到预警、预知、预测的火灾防控目标，委托第三方专业机构建设运河商务区智慧消防平台，实现了 CBD 部分红线外中间地带、地上连廊与地下通道的数据联通和信息交互。银川阅海湾 CBD 组建了智慧园区综合管控中心和智慧旅游分析系统，打造宁夏首个智能体验中心，其中城市数据湖项目展厅已完成建设，为园区企业数据存储提供有力支撑；国家北斗导航位置服务数据中心落户商务区，成

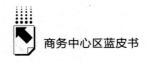

为全国第三个完成验收的省级北斗分中心。广州琶洲 CBD 探索建设智能计算中心等一批算法算力新型基础设施，为算法产业发展提供关键技术支撑。

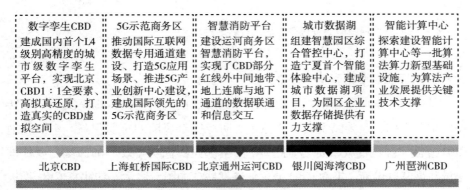

数字孪生CBD建成国内首个L4级别高精度的城市级数字孪生平台，实现北京CBD1：1全要素、高拟真还原，打造真实的CBD虚拟空间	5G示范商务区推动国际互联网数据专用通道建设、打造5G应用场景、推进5G产业创新中心建设，建成国际领先的5G示范商务区	智慧消防平台建设运河商务区智慧消防平台，实现了CBD部分红线外中间地带、地上连廊与地下通道的数据联通和信息交互	城市数据湖组建智慧园区综合管控中心，打造宁夏首个智能体验中心，建成城市数据湖项目，为园区企业数据存储提供有力支撑	智能计算中心探索建设智能计算中心等一批算法算力新型基础设施，为算法产业发展提供关键技术支撑
北京CBD	上海虹桥国际CBD	北京通州运河CBD	银川阅海湾CBD	广州琶洲CBD

中国CBD新型基础设施建设
信息基础设施、融合基础设施、创新基础设施

图 6　中国代表性 CBD 新型基础设施建设实践

资料来源：根据中国商务区联盟提供资料整理。

（三）社会治理模式持续创新，社会韧性显著增强

1. 探索创新社会管理模式

目前我国 CBD 多设立 CBD 管委会，以承担 CBD 的开发建设与日常管理职能。尽管各地 CBD 管委会的级别归属和职能权限等存在很大差异，但均承担了大量的开发建设、项目推进、企业管理、社会服务、综合协调等职能，有效保证了区域的经济发展与社会稳定。同时，各地 CBD 基于智慧城市建设，积极探索创新管理模式，提升治理效能与治理现代化水平。如上海陆家嘴金融城构建了基层数字治理"1+3+X"基本框架，即 1 个街道智能管理综合平台，3 个联勤联动平台，分别是居民区平台、街区平台、金融城核心区平台，X 是若干应用场景，努力让"两张网"切实为社区治理赋能。广州天河 CBD 积极推动城管体制改革，成立了 CBD 城管专业执法队，不断优化公共事务协管专职管理队伍。上海虹桥国际 CBD 充分发挥"一网统管"城市运行管理平台的作用，以网格化中心为平台，由市容、市场、防

疫、环保、安监、消防、交警、治安、专业养护等机构以及重要管理服务对象等组成大运行、大联动城市综合治理体系，形成强有力的城市公共设施运行保障机制，促进了城市的优质高效运行。

2. 着力完善应急管理机制

当前城市风险呈现不确定性、多样性、交错性、无止性等特征，而 CBD 具有对外开放程度最高、资源要素快速集散、系统更为复杂等特点，一旦危机发生，极易产生链式反应和放大效应，带来经济社会系统的巨大损失。各地 CBD 不断建立健全经济安全和社会安全危机管理框架，以应对各种风险挑战。例如，北京 CBD 设立了 CBD 安委会，完成了北京 CBD 突发事件应急组织机构职责修订、编写了北京 CBD 值守应急工作管理制度、制定了北京 CBD 突发事件信息报送实施细则及报送流程，并持续开展应急管理和机关安全专题培训以及高层建筑的消防培训及演练，提升了 CBD 应急处突能力。上海虹桥国际 CBD 建立了应急响应综合指挥平台，平台包含综合应急指挥响应系统、应急视频采集与监控系统、协调决策指挥功能系统、融合通信管理系统及相关配套工程等，为虹桥枢纽安全运行提供了保障。广州天河 CBD 不断完善"情报、指挥、巡逻、视频、卡口、网络"六位一体的巡逻防控机制，优化"1、3、5 分钟"快速处置圈布局，打造全国一流的"一点布控、全网响应"联查联动工作模式。依托区综合指挥调度平台，构建"一站 N 中心"指挥调度联勤联动体系，按照"四个一"处置机制，形成立体式全链条应急处置闭环，切实提升了驾驭社会治安大局、维护安全稳定的能力。

3. 搭建多元共建共治平台

社会韧性治理的关键在于政府、市场、社会组织等多元主体的参与和共治，CBD 作为最具经济活力和人文魅力的区域，近年来致力于改变政府单一主体的治理模式，积极探索多主体合作的治理模式，充分调动市场主体、社会组织和居民参与公共事务治理的主动性。如广州天河 CBD 建设融境外人士服务站、中外居民文化交流融情站、涉外志愿服务站、涉外人才服务站、中外居民共商共治议事厅于一体的广粤国际社区，通过为境外人士提供服务、开展中外文化活动等方式激发社区活力，提升共建共治共享水平。上海陆家嘴金融城成立了由127家业界代表组成的金融城理事会，并设置品牌推广、楼宇发展、绿色金融和金融风险管理四个专委会，搭建"业界共治+法定机构"的公共治理架构，加速释放业界韧性治理效能。北京 CBD 联合政、产、融、学、服等领域的企业成立北京国际 CBD 生态联盟、世界 500强与跨国公司智库联盟、北京 CBD 高精尖产业促进会、北京 CBD 楼宇联盟等业界共治和社会参与的合作交流平台，搭建政企沟通平台和企业生态联盟，推动业界共同治理。

4. 党建引领韧性共治格局

CBD 作为高度国际化的特殊经济功能区，具有外资企业高度集聚、外籍人口占比较高和市场主体多元的特征。为了提升区域凝聚力和向心力，各地 CBD 通过创新非公经济组织党建工作模式、搭建党群融合平台等方式，有力推动了党建工作与 CBD 建设有机融合，形成党建引领韧性共治的格局。如北京 CBD 党工委以区域党组织为核心，统筹区域所辖相关职能部门、属地街道、社区、楼宇业主与物业方、各类企业、群团组织等单位，建立了党建引领下的民主协商关系，形成了"联盟—楼宇—企业"的组织整合之网，构建了"联盟—联合会—党员/群众"的党群融合之网，在"一核 N 会三机制两平台"模式下打造了共建共治共享社会治理新格局。上海陆家嘴金融城创建了"金领驿站"这一党建引领下社会共商共治的服务平台，通过建立双向认领机制，形成需求、资源、项目"三类清单"，采用线上线下相结合的方式，为金融城的各类人群提供精准服务，形成了政府职能部门、各类社会组织、企业、社区、员工等多元主体参与的公共事务和社会服务体系。广州天河 CBD 探索构建"党建引领、智慧治理、多元参与、风险防控、法治服务"五位一体的社会治理新模式，以高楼立体空间为基本单元布建党的基层组织，实行高层楼宇党群服务站站长制，构建由楼宇党组织牵头，楼宇业主、物业公司、入驻企业等社会力量共同参与的定期议事机制，探索社会多元治理的天河模式。银川阅海湾 CBD 大力推行"党建+"工作模式，深入实施"党建+企业服务+创新创业"项目，实现了党建与业务工作同谋划、同落实、同推进。郑州郑东新区 CBD 为有效破解城市党建难题，建立了"党建+互联网+社工"的工作模式，创新提出商务社工概念，成功为楼宇党建商务服务中心引入社工服务，将政务服务、便民服务、商务服务充分链接，把党建成效转化为推动事业蓬勃发展的"新动能"。

二 韧性 CBD 建设面临的问题与挑战

（一）世界进入新的动荡变革期，全球经济面临诸多下行风险

当前，全球气候变化加剧、国际政经格局加速演变、全球疫情仍在持续变化，全球经济的不稳定性加剧，世界进入新的动荡变革期，全球经济面临诸多下行风险。国际货币基金组织 2022 年 1 月发布的《世界经济展望》显示，全球经济增速预计由 2021 年的 5.9% 下降至 2022 年的 4.4%（见表3），并进一步指出，经济前景的下行风险将占据极大的主导地位。中国贸促会的数据显示，2022 年 1 月全球经贸摩擦指数①为 123，仍处于高位，从分项指数来看，贸易救济措施指数、进出口限制措施指数和技术性贸易措施指数居前 3 位；从分国家和地区来看，美国和欧美对全球措施涉及金额最高，全球经贸摩擦指数由 2022 年 1 月的 123 攀升至 2022 年 3 月的 231，全球经济面临诸多风险和不确定性。WTO 明确指出，增强发展韧性已经成为主要经济体维护经济安全共同且必要的选择，美国、英国、欧盟等众多西方国家出台了加强本国供应链安全管控的政策措施；跨国公司生产区位选择和产业链布局从基于要素成本考虑，向基于市场和安全等多维考量转型。在非传统安全领域，重大气候灾害的发生频率不断增加，负面影响持续扩大，由于全球气候变化，重大自然灾害频发日益成为当今世界的常态。在全球经济增长低迷和国际大循环受阻的现实背景下，通过促进消费提升经济内生活力和发展韧性成为各国和经济体的普遍做法。有数据显示，美国、德国和日本消费支出

① 全球经贸摩擦指数主要根据 20 个国家（地区）发布的进出口关税措施、贸易救济措施、技术性贸易措施、进出口限制措施以及其他限制性措施计算。

对经济增长的贡献率分别达到83%、75.1%、77.6%（包括私人消费和公共消费两部分），2020年我国最终消费支出对经济增长的贡献率为54.3%，如何进一步发挥消费的基础性作用将是我国增强经济活力和经济韧性的重要途径。综上所述，面对外部环境变化带来的新矛盾新挑战，通过提升经济韧性、增强制度韧性保持经济平稳较快增长，是中国应对世界动荡变革期各类风险挑战的关键所在，亦是实现发展和安全动态平衡的行动指南。

表3　《世界经济展望》经济预测概览

国家（地区）	年同比								
	预测（%）				与2021年10月《世界经济展望》预测的差异（百分点）		第四季度同比预测（%）		
							预测		
	2020年	2021年	2022年	2023年	2022年	2023年	2021年	2022年	2023年
世界产出	-3.1	5.9	4.4	3.8	-0.5	0.2	4.2	3.9	3.4
发达经济体	-4.5	5.0	3.9	2.6	-0.6	0.4	4.4	3.5	1.8
美国	-3.4	5.6	4.0	2.6	-1.2	0.4	5.3	3.5	2.0
欧元区	-6.4	5.2	3.9	2.5	-0.4	0.5	4.8	3.2	1.8
德国	-4.6	2.7	3.8	2.5	-0.8	0.9	1.9	3.5	1.6
法国	-8.0	6.7	3.5	1.8	-0.4	0.0	5.0	1.9	1.7
意大利	-8.9	6.2	3.8	2.2	-0.6	0.6	6.2	2.5	1.7
西班牙	-10.8	4.9	5.8	3.8	-0.6	1.2	4.9	5.0	2.5
日本	-4.5	1.6	3.3	1.8	0.1	0.4	0.4	3.6	1.1
英国	-9.4	7.2	4.7	2.3	-0.3	0.4	6.3	3.8	0.5
加拿大	-5.2	4.7	4.1	2.8	-0.8	0.2	3.5	3.9	1.9
其他发达经济体	-1.9	4.7	3.6	2.9	-0.1	0.0	3.8	3.4	2.9
新兴市场和发展中经济体	-2.0	6.5	4.8	4.7	-0.3	0.1	4.0	4.3	4.8
亚洲	-0.9	7.2	5.9	5.8	-0.4	0.1	3.7	5.4	5.7
中国	2.3	8.1	4.8	5.2	-0.8	-0.1	3.5	5.1	5.0
印度	-7.3	9.0	9.0	7.1	0.5	0.4	4.3	5.4	7.5
东盟五国	-3.4	3.1	5.6	6.0	-0.2	0.0	3.5	5.6	5.9

续表

国家（地区）	年同比								
	预测（%）				与 2021 年 10 月《世界经济展望》预测的差异（百分点）		第四季度同比预测（%）		
							预测		
	2020 年	2021 年	2022 年	2023 年	2022 年	2023 年	2021 年	2022 年	2023 年
欧洲	−1.8	6.5	3.5	2.9	−0.1	0.0	5.8	2.2	3.0
俄罗斯	−2.7	4.5	2.8	2.1	−0.1	0.1	4.2	2.1	1.8
拉丁美洲和加勒比地区	−6.9	6.8	2.4	2.6	−0.6	0.1	3.7	1.8	2.6
巴西	−3.9	4.7	0.3	1.6	−1.2	−0.4	0.6	1.5	1.4
墨西哥	−8.2	5.3	2.8	2.7	−1.2	0.5	2.9	3.4	1.9
中东和中亚	−2.8	4.2	4.3	3.6	0.2	−0.2	—	—	—
沙特阿拉伯	−4.1	2.9	4.8	2.8	0.0	0.0	5.2	5.3	5.8
撒哈拉以南非洲	−1.7	4.0	3.7	4.0	−0.1	−0.1	—	—	—
尼日利亚	−1.8	3.0	2.7	2.7	0.0	0.1	2.4	2.1	2.3
南非	−6.4	4.6	1.9	1.4	−0.3	0.0	1.3	2.6	0.6
备忘项									
按市场汇率计算的全球增长率	−3.5	5.6	4.2	3.4	−0.5	0.3	4.2	3.9	2.8
欧盟	−5.9	5.2	4.0	2.8	−0.4	0.5	4.9	3.5	1.9
中东和北非	−3.2	4.1	4.4	3.4	0.3	−0.1	—	—	—
新兴市场和中等收入经济体	−2.2	6.8	4.8	4.6	−0.3	0.0	4.0	4.3	4.8
低收入发展中国家	0.1	3.1	5.3	5.5	0.0	0.0	—	—	—
世界贸易量（货物和服务）6/	−8.2	9.3	6.0	4.9	−0.7	0.4	—	—	—
发达经济体	−9.0	8.3	6.2	4.6	−0.7	0.6	—	—	—
新兴市场和发展中经济体	−6.7	11.1	5.7	5.4	−0.7	0.0	—	—	—
大宗商品价格（美元）									
石油/7	−2.7	67.3	11.9	−7.8	13.7	−2.8	79.2	−4.7	−6.8

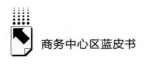

续表

国家（地区）	年同比						第四季度同比预测（%）		
	预测（%）				与2021年10月《世界经济展望》预测的差异（百分点）				
							预测		
	2020年	2021年	2022年	2023年	2022年	2023年	2021年	2022年	2023年
非燃料商品（根据世界大宗商品出口权重计算的平均）	6.7	26.7	3.1	-1.9	4.0	-0.4	17.2	1.5	-1.6
消费者价格									
发达经济体9/	0.7	3.1	3.9	2.1	1.6	0.2	4.8	2.8	2.0
新兴市场和发展中经济体9/	5.1	5.7	5.9	4.7	1.0	0.4	5.9	5.1	4.3

资料来源：国际货币基金组织：《世界经济展望》，2022年1月。

（二）中国面临百年未有之大变局，统筹发展和安全任务艰巨

2021年，在面临外部复杂环境和国内疫情散发等多重考验下，中国经济取得了8.1%的增长速度，多项关键经济社会指标保持增长，生产供给较快增长对支持全球经济复苏发挥了特殊作用，某些新兴行业疫情期间爆发式增长彰显活力。"中国经济体量大、韧性好"是习近平总书记针对中国经济运行进入新常态做出的重大判断。但当今世界正处于大变局的关键时期，中国经济运行出现趋势增速走低与波动加剧（见图7），2020年第一季度至2022年第一季度，中国GDP季度增速标准差达到6.27，是疫情前九年（2011~2019年）的6.27倍。与此同时，疫情期间第二产业增长贡献率逆势回升，第三产业贡献率反常下降。开放宏观经济内部结构和内外关系出现一系列新的不平衡因素，外贸出口存在减速压力，投资增长面临需求、金融和环境等多重制约，为在世界大变局惊涛骇浪中不断增强竞

争力、影响力、持续力，必须顺势而为增强经济发展韧性，建设强大的全球资源配置能力。

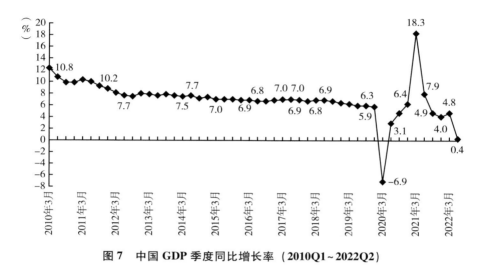

图 7 中国 GDP 季度同比增长率（2010Q1～2022Q2）

资料来源：国家统计局。

（三）CBD 深度嵌入全球价值链，面临多重外生冲击和风险

随着中国改革开放的发展进程，中国 CBD 持续深化制度创新和改革集成，发展成为国际高端资源集聚、要素枢纽功能突出、现代流通体系完善、营商环境接轨国际的特殊经济功能区，在保障中国产业链、供应链稳定，提升中国经济韧性方面发挥着重要作用。然而，CBD 深度嵌入全球产业链和供应链，对全球经贸形势变化、地缘政治冲突等外生冲击更加敏感；CBD 区域内聚集了各类市场主体，社会系统更为复杂，面临着防范化解重大社会风险的艰巨任务；CBD 是人流、信息流、资金流等高度聚集的区域，极端气候变化等自然灾害的冲击将造成巨大损失，一旦危机发生，极易产生链式反应和放大效应。加之 CBD 在组织管理机构设置、危机管理框架、社会协同共治、减灾救灾机制等方面存在的短板

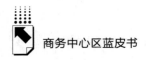

和制约，CBD 面临的经济风险、社会风险、环境风险日趋严峻，提升经济韧性、社会韧性、环境韧性和制度韧性是中国统筹发展和安全的必然选择。

三 国际典型经验与借鉴

本报告选取纽约、伦敦、巴黎、东京等具有世界影响力的全球城市，从经济、环境、社会三方面出发，梳理代表性全球城市韧性规划中涉及的挑战和策略，总结各全球城市韧性建设的关键特征，进而为中国韧性 CBD 建设提供可借鉴的经验。

（一）全球城市韧性建设趋势及挑战

面对复杂多变的发展环境，全球城市均意识到建设韧性城市的必要性。在经济韧性层面，城市发展以社会经济发展为基础，社会经济发展环境对城市韧性建设存在影响。纽约在全球经济趋势的影响下，一方面关注了收入不平等问题，另一方面关注了工作性质的灵活性对工作稳定、经济保障、健康及其他福利获取等的影响，此外还考虑了技术创新对低经济保障人群就业的冲击。在环境韧性层面，全球城市面临着气候变化所带来的风险和损失。纽约面临着城市热量和降水量持续增加、海平面不断上升、飓风灾害等挑战，存在着基础设施老化、健康和教育系统有待完善等问题。伦敦考虑到极端天气现象可能带来的环境危机，关注高温对城市基础设施及居民生命健康可能造成的威胁。日本着重考虑了地震及火山灾害等风险。在社会韧性层面，社区是城市居民日常生活的场所，也是国家治理能力及社会韧性建设的实践场所，韧性社区建设是韧性 CBD 建设的重要环节。纽约关注城市人口增加、社会不平等加剧、恐怖袭击、气候变化等自然灾害及公共安全事件对韧性社区建设的冲击。伦敦面临着传统社区规划效率偏低、地方经济潜能尚未充分发掘、社区居民参与积极性不高等问题。东京面临着社区的不同区位分布对社区治理带来的差异化挑战。

（二）全球典型 CBD 韧性建设经验与借鉴

1. 注重韧性规划和法律保障

针对不同城市的韧性建设环境，全球城市制定了韧性规划和策略，部分全球城市以法律保障为基础出台韧性规划（见表4）。在韧性规划层面，纽约和伦敦客观分析自身的发展环境及现状，发布城市韧性建设规划或专项规划。纽约位于美国东海岸，常年受洪水、风暴等自然灾害的影响，2015 版城市总体规划将"韧性城市"作为单独篇章，2019 年出台的城市总体规划，从实现碳中和、强化社区韧性、创造经济机会以及重视气候问责和公正等 4个目标出发制定韧性城市建设具体措施。2021 年，从总体规划的"强化滨水区韧性"目标出发，纽约金融区和海港片区出台气候韧性总体规划，以保护曼哈顿下城免受潮汐和沿海风暴影响、建设城市气候韧性基础设施、引入防洪基础设施提升公共滨水区品质为目标，制定措施打造气候韧性滨水区。伦敦围绕提升城市适应能力，明确其在城市治理上的发展方向，发布了具有实践意义的《伦敦韧性战略》。

在韧性规划和法律保障层面，纽约、巴黎和东京以法律为基础编制适应性规划。纽约从主体韧性、制度韧性等不同角度出发，以《城市宪章》为法律保障，针对不同类型社区编制韧性建设规划。法国于 2019 年颁布能源与气候法令，在法律层面明确 2050 年实现碳中和的目标，2016年发布《法国国家低碳战略》，要求大区、省、地方编制气候专项规划，《巴黎气候行动规划 2050》应运而生。日本于 2013 年制定《国土强韧化基本法》，规定了国土强韧化基本计划的编制流程，为推动国土强韧化奠定了法律基础，《国土强韧化基本计划》及《东京都国土强韧化地域规划》逐步制定并实施，旨在科学分析城市的风险和脆弱性，确定合理的应对策略。

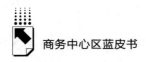

表 4　全球城市的韧性规划及法律保障

城市	法律保障	韧性规划	规划意义	规划时间
纽约	—	《一个纽约:建设一个强大且公正的城市的规划(2015)》	明确提出"韧性城市"理念,并将其作为单独篇章	2015 年
	—	《一个纽约 2050:建设一个强大且公正的城市的规划》	提出"宜居气候"战略,制定韧性建设目标措施	2019 年
	—	《纽约金融区和海港片区气候韧性规划》	以"强化滨水区韧性"为目标,探索纽约气候韧性建设策略	2021 年
	《城市宪章》	"197-a"规划*、《社区应急规划》	为纽约打造韧性社区提供保障	1989 年 2017 年
伦敦	—	《伦敦韧性战略》	提升城市适应能力,明确其城市韧性建设的方向	2020 年
巴黎	能源与气候法令	《巴黎气候行动规划 2050》	作为省级气候专项计划,推进巴黎实现碳中和	2018 年
东京	《国土强韧化基本法》	《东京都国土强韧化地域规划》	分析城市发展的风险及脆弱性,确定韧性应对策略	2016 年

注:《城市宪章》赋予社区参与制度合法性,其所在法条编号为 197-a,故被称为"197-a"规划。

资料来源:根据相关规划文件和法规条例整理。

2. 重视韧性建设多元共治

韧性规划的主体除政府之外,还应调动企业、各类机构、高校、社区居民等社会力量参与,从单一管理向多元共治转变。纽约、伦敦、东京等全球城市均制定了社区规划及治理措施,包括纽约的韧性社区规划、伦敦的邻里发展规划和东京的社区治理规划,有效推动了社区韧性建设的多元共治。纽约从社区综合利益出发，充分发挥韧性社区规划主体的能动性，成立社区委员会，并从空间利用、住房安全、经济增长、生态环境等角度编制规划，经由城市规划委员会和城市议会审核修订、市长签署后形成适应不同社区可持续发展的规划文件。东京从传统社区空间社会双重变迁的背景出发，由政府牵头组织利益相关群体参与社区治理，构建基于自身资源的社区多元共治模式。英国制定邻里发展规划，引导社区公众参与规划制定，为邻里社区拟定发展目标及路径，消除了传统规划应变能力与效率不足的弊端，充分释放了社区的经济潜能。

3. 强调风险监测和防范

全球城市在韧性城市建设过程中十分强调风险的监测及实施项目的效果反馈。风险监测在一定程度上能够帮助城市对突发灾害进行预警并采取应急措施，而韧性实施项目的效果反馈则可帮助城市及时完善相应措施，并为其他相关项目提供借鉴。大伦敦管理局发起气候变化监测项目，与多部门合作监控评估城市基础设施应对气候变化的能力。巴黎拟建立"3D Paris"城市三维地理信息系统，获取城市建筑项目的碳排放数据，监测评估其对城市环境的影响，督促其在建设过程中控制能源消耗。日本明确了国土强韧化目标，提出用脆弱性评价分析城市风险，设计应对风险的方法及策略，《东京都国土强韧化地域规划》结合地方特性，确定在自然灾害、核电、恐怖主义、地震等方面可能发生的风险，进而制定强韧化具体措施。

4. 聚焦经济、环境及社会领域细化韧性策略

全球城市在不断完善韧性规划的基础上，结合城市自身情况，在经济韧性、环境韧性、社会韧性等领域采取了具体措施（如表 5 所示）。在经济韧性维度，全球城市主要采取以下三大策略：第一，稳定城市产业发展。纽约大力发展先进制造业，打造纽约未来工厂，为制造业提供发展空间，引进先进制造设备、工业区、存储及设计服务，注重人员的阅读、写作和计算机技能等领域的专业培训。同时重点支持网络安全、数字医疗和区块链等新兴产业发展，以维持纽约在世界经济中的关键地位。巴黎通过

发行可持续发展债券，为韧性债券发行奠定基础。第二，保持城市财政金融稳定。为维持财政稳定，纽约通过节约短期成本和改善长期运营等方式改善政府运作以增加储蓄，具体措施包括采购清洁能源汽车、调整房地产规划、降低市政机构采购成本、缓解医疗保健成本等。第三，保持社会经济环境安全。伦敦强调网络安全对城市经济社会发展的重要性，支持城市间的反恐合作。巴黎注重提升政府信息系统抵御风险的能力，增强网络安全性以维持城市稳定。

在环境韧性维度，全球城市主要从减缓气候灾害影响、打造韧性基础设施两个方面进行了探索。第一，减缓气候灾害影响。纽约通过推进城市电气化、投资清洁电力、大幅削减能源使用及促进可持续交通实现碳中和，通过完善社区建筑、滨水区等的建设应对气候变化。伦敦以打造韧性零碳基础设施为目标，构建城市绿色屏障以应对夏季热量升高。第二，打造韧性基础设施。纽约将应对气候变化与发展绿色经济相结合，通过改造能源系统及建筑、创新绿色生产方式等措施为绿色经济创造机会，同时打造滨海大道将新型防洪系统融入城市结构。伦敦为应对水资源短缺问题致力于完善城市供水设施，使用数据分析手段确定优先改造的地区。巴黎鼓励建立能源循环系统，利用地热能、风能、太阳能等可再生能源探索建设"零碳"街区，推动交通模式低碳化转型，打造自动化低碳物流中心，以此降低城市能源消耗并实现碳中和。

在社会韧性维度，全球城市从推进韧性社区建设、加强城市应急管理、提升社会共享空间等层面进行了探索。第一，推进韧性社区建设。纽约全面实施租户法律援助计划，通过使用数据驱动工具、与其他机构建立合作伙伴关系等方式保护社区租户住房安全，同时通过土地使用行动、新的融资关系、与非营利组织的合作伙伴关系创新设计建造经济适用房，满足租户入住需求。伦敦为保障社区住房安全推进社区反恐合作，打造韧性社区以提高居民风险意识。第二，加强城市应急管理。纽约成立市长韧性办公室，借助前沿气候数据组织多部门合作，增强各部门的风险应对能力，建立社区应急管理网络旨在增强社区应对风险挑战的韧性。东京以城市现有资源为基础，构建临时集合场所、广域避难场地和避难所三个层级的避难疏散空间，为避免地震、火灾等自然灾害及其次生灾害，设置城市防灾轴线、主要延烧遮断带、一般延烧遮断带三个不同层次的城市生命线网络空间。第三，提升社会共享空间。纽约通过资本投资、公园规划等方式改善社区公园，合理利用城市街道打造步行广场；注重社区与公园的联通，继续推进更具吸引力、更易访问、与周边社区联系紧密的无界公园建设；成立多机构工作组，解决社区公共空间的安全卫生问题。

表 5　全球城市韧性建设策略

城市	细分领域							
	经济韧性			环境韧性		社会韧性		
	稳定城市产业发展	保持城市财政金融稳定	保持社会经济环境安全	减缓气候灾害影响	打造韧性基础设施	推进韧性社区建设	加强城市应急管理	提升社会共享空间
纽约	大力发展先进制造业；开展专业培训；支持新兴产业发展	采购清洁能源汽车；调整房地产规划；降低市政机构采购成本；缓解医疗保健成本	—	推进城市电气化；投资清洁电力；完善社区建筑、滨水区等的建设	改造能源系统及建筑；创新绿色生产方式；打造滨海大道	实施租户法律援助计划；保护租户住房安全；建造经济适用房	成立市长韧性办公室；建立应急管理网络	改善社区公园；建设无界公园；保护公共空间的安全卫生
伦敦	—	—	支持城市间的反恐合作	构建城市绿色屏障	完善城市供水设施	打造韧性社区；推进社区反恐合作	—	—

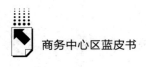

续表

城市	细分领域							
	经济韧性			环境韧性		社会韧性		
	稳定城市产业发展	保持城市财政金融稳定	保持社会经济环境安全	减缓气候灾害影响	打造韧性基础设施	推进韧性社区建设	加强城市应急管理	提升社会共享空间
巴黎	发行可持续发展债券	—	提升政府信息系统安全性	—	建立能源循环系统；推动交通模式低碳化转型；打造自动化低碳物流中心	—	—	—
东京	—	—	—	—	—	构建社区多元共治模式	搭建不同层级避难疏散空间	—

资料来源：根据相关规划文件和法规条例整理。

四　百年未有之大变局下建设韧性 CBD 的思路与对策

2021 年，在国际环境更趋复杂严峻和国内疫情频发带来的多重考验下，中国 CBD 经济彰显出稳中有进的韧性和活力，"稳"的基础不断加固，"进"的动能不断集聚，在这其中，中国特色社会制度在多尺度、多维度、多领域的风险交织叠加中体现鲜明的韧性，为 CBD 经济平稳健康运行、环境品质持续改善、社会治理能力持续提升提供了强有力的制度保障。在百年未有之大变局加速演进的态势下，中国 CBD 应科学统筹和把握国内国际两个大局之间多方面、深层次的联动关系，坚持做到于危机中育先机、于变局中开新局，从打造多元高质量的现代产业体系、构建绿色智慧的环境品质体系、完善多元共治的社会治理体系、构建稳健持续的制度体系等方面着手，切实提升 CBD 经济韧性、环境韧性、社会韧性和制度韧性，以期成为中国实现更加包容、可持续高质量发展的重要支撑。

（一）打造多元高质量的现代产业体系，增强经济韧性

1. 构建多元产业体系，增强经济内生力

一是推动传统优势产业提质增效。积极落实国家服务业对外开放政策，重视用新技术新理念推动国际金融、商务服务、科技服务、商贸物流等传统优势产业向价值链高端演进；着力提升总部经济能级和楼宇经济效益，鼓励 CBD 总部型企业进一步提升总部能级，重点支持和鼓励跨国公司总部在 CBD 设立研发、设计、管理中心等高端功能性机构。二是加快培育新业态新经济。以技术创新和模式创新为核心，加快培育数字经济、共享经济、跨境电商、金融科技等新产业、新业态，以构建多元高质的产业体系为核心提升产业韧性。三是着力发展新型消费。积极引育平台型电商，发展定制消费、智能消费、体验消费、健康消费等新业态新模式；大力吸引国内外知名品牌在 CBD 开设中国首店、亚洲首店，支持品牌在 CBD 举办大型新品首发活动，鼓励国内外知名品牌在 CBD 同步上市全球新品，打造全球知名品牌首选地、优质原创品牌集聚地，发展首店（首发）经济；利用新一代信息通信、大数据、人工智能等领域的技术发展，激活数字经济消费新市场，推进 CBD 商圈核心业务在线化、运营管理数字化、消费场景智慧化，提高商业服务运转效率。

2. 提升产业链稳定性，增强经济管控力

一是着力培育产业链龙头企业，提高产业链供应链稳定性。借助全球产业链重构的契机，加快培育一批群链牵引力强、创新水平高、核心竞争力突出、市场前景广阔的链主型龙头企业，支持龙头企业在研发设计、技术创新、生产管理、品牌建设等方面取得突破，促进龙头优势企业利用创新、标准、专利等优势加大对全球资源的整合和配置能力，提高产业链供应链稳定

性。二是加强国际科技合作，提高产业链供应链控制力。抢抓全球向绿色低碳和数字化转型带来的重大契机，依托 CBD 高端要素资源和创新资源，围绕人工智能、量子通信、数字孪生技术、虚拟孪生等关键前沿技术领域，支持 CBD 企业强化与重点国家在关键领域的产业链技术链供应链合作，提升对产业链供应链的控制力。三是创新营商环境，提高产业链供应链协同性。加强税收、金融、产业基金等政策工具的运用，保护和激发市场主体活力，为企业形成长期稳定发展预期；依托物联网、人工智能、大数据、云服务等新一代信息技术，加强产业链上下游的需求对接，提升供应链的运转效率和协同性。

3. 加强产业协同创新，增强经济创新力

一是加大前沿颠覆性技术创新。准确把握全球科技创新前沿趋势，围绕重大原始创新和关键核心技术，支持 CBD 创新主体开展跨学科、跨领域前沿颠覆性技术创新研究；促进互联网、大数据、人工智能与 CBD 主导产业深度融合，支持数字经济、平台经济、共享经济、体验经济等新经济快速发展，为 CBD 产业创新和转型升级提供新动能。二是建设开放协同的创新体系。加强众创空间、创新孵化器、创新扶持计划、知识产权保护等软硬环境建设，统筹协调区域创新资源，促进产学研用协同开放创新；鼓励跨国公司设立研发中心，开展"反向创新"，积极争取国家、城市群和都市圈层面的高层次创新服务平台、共性技术平台落户 CBD，提升 CBD 在全国和全球创新服务网络中的地位。三是加强知识产权保护领域的国际合作。探索建立针对海外知识产权风险和纠纷的快速应对机制，支持企业在境外申请知识产权保护；加大 CBD 区域内企业知识产权保护力度，激发市场主体创新能力，加快提升知识和技术的源头供给能力。

（二）构建绿色智慧的环境品质体系，提升环境韧性

1. 推进绿色基础建设，提升自然修复能力

以"海绵城市"理念系统推进 CBD 蓝绿基础设施建设，提升 CBD 应对暴雨、高温、台风等极端天气的能力。一是提升蓝色工程对雨水的排疏消纳

能力。加强对 CBD 区域内河流、湖泊、湿地等天然水体的保护，结合 CBD 景观加强人工水体的合理规划布局，确保雨洪有顺畅的排疏通道和充足的消纳空间。二是强化绿色工程对雨水的滞留渗蓄作用。加强绿荫系统、垂直绿化、雨水花园等多层次立体绿化，采用雨水调蓄与收集利用、透水铺装等措施，强化 CBD 的雨水积存与蓄滞能力，缓解"热岛效应"和"雨岛效应"。三是借鉴国际一流 CBD 雨洪管理经验，将雨洪管理与水生态修复、雨水资源化等目标结合起来，推进灰色工程与蓝色工程、绿色工程的有效衔接，不断提升 CBD 应对灾害和自然修复能力。

2. 夯实关键基础设施，提升灾害应对能力

一是加强城市生命线系统建设。统筹存量与增量、建设与管理、灰色与绿色、传统与新型城市基础设施协调发展，强化 CBD 水、电、气、路、通信、排水、排污管网等城市生命线系统建设，适度超前布局有利于引领 CBD 产业发展和维护 CBD 安全的基础设施。二是提升基础设施防灾、减灾、抗灾、应急救灾能力，提升极端条件下关键基础设施的安全防护和快速恢复能力；因地制宜推进 CBD 地下综合管廊建设，依托综合管廊提升基础设施管线韧性。三是提升交通运行效能和安全。强化 CBD 重点区域轨道交通建设与多网衔接，持续优化 CBD 地面公交线网和场站布局，推动既有和新建轨道交通站点与周边楼宇的接驳联系、强化地下空间互联互通，完善慢行交通体系，提高 CBD 通勤效率和运转保障能力。

3. 建设新型基础设施，提升智慧安防能力

一是加快建设具有商务区特色的新型基础设施，积极推进智慧能源、智慧水务、智慧电网等融合基础设施建设，推进 CBD 基础设施向绿色低碳、高速泛在、云网融合、智能便捷方向转化，提升传统基础设施运行效率。二是争取更多 CBD 开通国际互联网数据专用通道，增强商务区用户跨境信息交互体验，满足企业发展实际需求，提升国际交往的服务质量。三是积极争取国家和省市政策支持，优先在 CBD 区域试点实施智慧应急大数据工程，升级应急管理云计算平台，建立符合大数据发展的应急数据治理体系，强化应急管理系统开发和智能化改造，完善监督管理、监测预警、指挥救援、灾情管理、统计分析、信息发布、灾后评估和社会动员等功能，提升 CBD 智慧安防能力。

（三）完善多元共治的社会治理体系，强化社会韧性

1. 建立多元治理体系，加强社会协同治理

一是加强政府主体的韧性建设。加强政府在韧性 CBD 建设中的顶层设计、统筹协调、科学决策等职能和作用，制定恰当有力的风险管理和危机应对框架和机制，注重通过培训学习等提高各级党委、基层组织、领导干部等的应急处突能力，提高政府主体韧性。二是发挥市场主体的能动作用。坚持政府推动、市场运作原则，强化市场机制在风险防范、损失补偿、恢复重建等方面的积极作用；引导 CBD 外资企业、国际机构、民营企业等市场主体，积极构建产业链安全同盟关系，加强自身风险防范，维持 CBD 经济系统的稳定性。三是强化社会民众的自治作用。CBD 应加强与社会组织团体在防灾应急方面的协作，加大韧性知识、政策、技术的社会宣传教育，增强社区的自我管理与危机应对能力，实现"公助+共助+自助"，提高救助率及应急效率塑造坚韧坚强的良好社会风向和社会心态，保持社会安全稳定。

2. 完善风险管理机制，提升风险应对能力

一是构建"远近兼顾—平灾并重—刚柔并济"的风险管理机制。兼顾长期持续扰动和短期极端冲击的影响，按照平灾并重、刚柔并济的原则加快健全 CBD 风险管理机制，构建涵盖风险防控、应对准备、应急反应和恢复重建的全生命周期管控机制。二是健全公共安全综合风险管理体系。加快完善自然灾害、事故灾害、公共卫生事件、社会安全事件等综合风险管理体系，强化多灾并发和灾害链式反应的风险预判、分析与应对，推进交通、消防、医疗、应急避难场所、高层楼宇救援等公共安全设施建设，提升 CBD 应急救援和抵御灾害能力。三是优化应急管理机构职能配置。通过成立 CBD 安全委员会、应急管理中心等，不断优化 CBD 应急管理机构职能配置，加快推动 CBD 与市区层面的业务对接和数据信息共享，打破资源分散、条块分割、各自为政的僵局，促成统一指挥、专常兼备、上下联动、平战结合

的应急体制，健全部门协同、社会参与、多方支持的保障机制，推进 CBD 应急管理体制机制的不断优化。

3. 加强韧性 CBD 规划，提升空间发展韧性

一是以韧性思维加强规划顶层设计。将韧性思维和风险意识贯穿于 CBD 规划、建设、管理和运营的各个环节，推进韧性 CBD 建设制度化、规范化、标准化，科学合理设定韧性建设目标。二是积极落实《国家适应气候变化战略 2035》，将适应气候变化目标纳入 CBD 经济社会发展规划、空间布局规划、环境保护与治理等各领域各行业规划，联合市区主管部门，加强气候变化风险预警与风险管理，提升 CBD 应对高温、暴雨、风暴等气象灾害的能力。三是按照平战结合、刚弹相济的思路和原则，鼓励土地混合利用和集约开发，增加战略留白空间，增强 CBD 空间布局安全、完善防灾空间格局、保障疏散救援避难空间，提升 CBD 韧性规划对各类风险灾害的覆盖面和整合力度，增强 CBD 空间发展韧性。

（四）构建稳健开放的制度政策体系，保障制度韧性

1. 持续推进高水平制度型开放

一是构建与国际通行规则接轨的制度体系。加快建设与国际接轨的法治和规则环境，提升法律法规及政策的完善程度、透明度和可预期性，充分发挥司法规则引领功能，帮助域内国际机构更好地适应国际法制和监管规则；积极落实国家服务业对外开放政策，聚焦专业服务、国际金融、文化贸易、数字经济等重点领域，积极争取开放政策先行先试，加大产业全链条开放和改革力度，力争形成与国际先进规则相衔接的制度创新和要素供给体系。二是积极完善对外开放创新平台功能。积极支持各类国际组织（或中国代表处）、非政府组织和政府间组织（NGOs 和 IGOs）落户发展，积极争取国家政策，在 CBD 建设不同级别的服务贸易境外促进中心，提升海外贸易中心服务能级，进一步拓展承接海外贸易机构入驻载体，积极探索并建立网络化、规范化的海外机构承接平台体系，强化提升贸易及投资服务功能。三是优化全国 CBD 开放布局。巩固北京 CBD、上海陆家嘴金融城、上海虹桥国

际 CBD、广州天河 CBD 和深圳福田 CBD 等东部沿海地区 CBD 的开放先导地位，率先推动全方位高水平开放。加快中西部地区 CBD 对外开放步伐，着力促进中西部地区 CBD 积极融入"一带一路"建设和国家重大区域发展战略，加快构建内陆对外开放新前沿；郑东新区 CBD、西安长安路 CBD、银川阅海湾 CBD 应紧抓黄河流域生态保护和高质量发展战略，积极承接新兴产业布局和转移，形成对外开放新优势；西部地区的重庆解放碑 CBD、重庆江北嘴 CBD、四川天府总部 CBD 应紧紧把握成渝地区双城经济圈建设契机，积极打造西部地区的重要经济中心、科技创新中心和改革开放新高地，高标准高水平构建内陆多层次开放平台。

2. 着力加强风险防控制度建设

一是丰富贸易调整援助、贸易救济等政策工具，妥善应对经贸摩擦。加强落实国家和省市层面的贸易救济规则，着力提升 CBD 运用贸易救济规则能力和水平；充分发挥 CBD 行业协会和商会作用，强化不同行业之间的风险协调磋商，加强企业风险防范和化解，有效应对日趋严峻的国际经贸摩擦。二是建立服务业重点领域风险预警机制，设置风险控制的红线。CBD 应联合省市等主管部门，适时发布重点服务领域风险预警报告，制定应对措施规避各类贸易安全、金融安全和财政安全领域的风险，提升风险防范水平和安全监管水平。三是发挥 CBD 驻外机构桥梁纽带作用，充分利用驻外机构、驻外企业做好重点领域、重点行业、重点区域的风险跟踪、分析和研判，联合主管部门建立重大风险监测和政策储备机制，增强 CBD 发展的安全缓冲能力。

3. 协同提升经济-环境-社会韧性

韧性 CBD 建设应从全域全要素出发，全面开展经济韧性、环境韧性、社会韧性的系统优化提升，通过健全完善应急管理机制和动态监测风险管理，为 CBD 韧性提供保障和支撑。在经济韧性方面，不仅提升 CBD 应对外部风险等能力，更重要的是在风险应对过程中形成调整自身发展路径的创新和转型能力；还应考虑各地 CBD 经济发展水平和经济发展路径的差异，因地制宜制定韧性经济发展战略。在环境韧性方面，重视运用基于自然的解决方案，协同推动适应气候变化、生态保护修复和经济社会发展。在社会韧性方面，不仅要增强 CBD 抵御各类风险冲击的能力，更为重要的是加快完善社会治理机制，注重多元主体的协作、参与和治理，形成风险共担、发展共参的共同体，系统提升 CBD 抗御重大灾害能力、适应能力和快速恢复能力。

参考文献

习近平：《习近平谈治国理政》第三卷，外文出版社，2020。

丁国胜、付晴：《纽约市城市规划响应气候变化的经验与启示——基于"3 个规划"的分析》，《现代城市研究》2021 年第 4 期。

唐任伍、李楚翘：《中国经济韧性的现实表征、动态演化与决定因素》，《北京师范大学学报》（社会科学版）2020 年第 1 期。

苏杭：《经济韧性问题研究进展》，《经济学动态》2015 年第 8 期。

王永贵、高佳：《新冠疫情冲击、经济韧性与中国高质量发展》，《经济管理》2020 年第 5 期。

徐圆、邓胡艳：《多样化、创新能力与城市经济韧性》，《经济学动态》2020 年第 8 期。

杨子晖、陈雨恬、张平淼：《重大突发公共事件下的宏观经济冲击、金融风险传导与治理应对》，《管理世界》2020 年第 5 期。

王海峰：《构建开放型经济新体制是实行高水平对外开放的制度保证》，《中国发展观察》2021 年第 6 期。

卓贤：《增强韧性是保产业链供应链稳定的关键》，《经济日报》2020 年 10 月。

盛朝迅：《新发展格局下推动产业链供应链安全稳定发展的思路与策略》，《改革》2021 年第 2 期。

沈尧等：《英国邻里发展规划探析——以大伦敦地区为例》，《国际城市规划》2021 年第 6 期。

钟晓华：《纽约的韧性社区规划实践及若干讨论》，《国际城市规划》2021 年第 6 期。

Mayor's Office of Resiliency. Climate Resiliency Design Guidelines［EB/OL］，https：//www1. nyc. gov/assets/orr/pdf/NYC_ Climate_ Resiliency_ Design_ Guidelines_ v4-0. pdf，2020~09.

NYC. OneNYC 2050：Building a Strong and Fair City［EB/OL］，https：//onenyc. cityofnewyork. us/wp-content/uploads/2019/05/OneNYC-2050-Full-Report. pdf，2019.

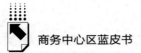

NYC. One New York: The Plan for a Strong and Just City [EB/OL], https://onenyc. cityofnewyork. us/wp-content/uploads/2019/04/OneNYC-Strategic-Plan-2015. pdf, 2015.

NYC. Financial District and Seaport Climate Resilience Master Plan [EB/OL], https://fidiseaport. azureedge. net/wp - content/uploads/2021/12/FiDi - Seaport - Climate - Resilience - Maste r-Plan_ 1228_ compressed. pdf, 2021.

B.2
2021年中国 CBD 发展评价

总报告编写组 *

摘　要： 本报告围绕韧性 CBD 的核心要义，对标国际一流 CBD，从经济韧性、环境韧性和社会韧性 3 个维度对中国商务区联盟 26 个 CBD 进行量化评价。评价结果显示，2021 年，中国 CBD 经济平稳健康发展、生态环境品质持续改善、社会治理能力显著提升，彰显出强劲的发展韧性。随着百年未有之大变局加速演变，CBD 发展面临的外部环境日趋复杂，各类风险进一步交织叠加，亟须通过经济韧性、环境韧性、社会韧性和制度韧性的系统优化，提升 CBD 风险防御能力、适应恢复能力和创新发展能力。

关键词： 韧性 CBD　经济韧性　环境韧性　社会韧性

一　韧性 CBD 评价维度

结合韧性城市的内涵特征与时代要求，借鉴国际一流 CBD 发展经验，本报告认为韧性 CBD 建设应包括经济韧性、环境韧性和社会韧性三个维度，高质量的现代产业体系、低碳智慧的环境品质体系和多元共治的社会治理体

---

* 武占云，中国社会科学院生态文明研究所副研究员，博士，主要研究方向为城市规划、城市与区域经济等；单菁菁，中国社会科学院生态文明研究所规划室主任，研究员，博士，主要研究方向为城市与区域经济发展战略、城市与区域规划、城市与区域管理等。

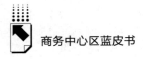

系是 CBD 防范和化解经济风险、社会风险、灾害风险等的重要屏障，亦是 CBD 增强发展韧性的重要基础。

（一）经济韧性维度

经济韧性是一个经济体（包括城市、区域和国家）应对外部干扰、抵御冲击或扰动并调整自身发展路径的能力，暴露于危机下的敏感性或脆弱性、面对冲击影响的抵抗力、经过调整保持核心功能运转的适应能力以及从冲击中恢复的程度共同决定了一个区域的经济韧性水平。多样化的产业结构不仅能抵御外生冲击、分散风险，还有助于促进技术创新，帮助经济体在恢复期做出适应性的调整和创新。CBD 是现代服务业的高度集聚区域，深度嵌入全球产业链和供应链，对全球经贸形势变化、地缘政治冲突等外生冲击更加敏感，在向高质量发展稳步迈进的过程中，面对内外部环境的复杂变化，增强 CBD 经济韧性显得愈发重要。本报告重点从多元产业体系、持续创新活力、高水平对外开放和经济平稳健康增长等维度系统评估 CBD 经济韧性。

（二）环境韧性维度

环境韧性强调城市系统在暂时扰动后恢复平衡或稳定状态的能力，包括韧性的基础设施、网络化的生态绿地体系、便捷畅达的交通运输体系等均有助于抵御气候变化、自然灾害、公共卫生风险等外生冲击。环境韧性不仅强调城市系统的自我适应能力，还强调通过工程手段增加缓冲容量、实现新稳态和存续性等吸收扰动的能力。CBD 是高密度建筑、高流动人群、大容量通勤的特殊经济功能区，同时聚集了各类金融基础设施、信息和大数据中心，极端气候变化等自然灾害冲击将对 CBD 的信息安全、金融安全和生命安全构成巨大威胁，环境韧性是保障 CBD 安全平稳运行的天然屏障。本报告重点从海绵城市建设、智慧楼宇建设、生态绿地系统和畅达交通系统等维度系统评估 CBD 环境韧性。

（三）社会韧性维度

社会结构是一个复杂的适应性系统，充满了难以预测的不确定性，社会韧性往往被视为社会系统"抵御对其社会基础设施的外部冲击的能力"。这种能力不仅包括社会实体保护自己免受外部冲击的能力，还包括面对扰动和压力以及新事物机会的吸收能力。审议、协作、参与和治理被认为是构建社会韧性的重要内容，社会韧性的构建过程也是通过社会资本和关系进行的政治、规划和适应性学习过程。对于 CBD 而言，区域内聚集了外资、国企和民企等各类市场主体，社会系统更为复杂，面临着防范化解重大社会风险的艰巨任务。本报告重点从多元化的社会治理主体、智慧化的社会治理模式和创新型的社会治理机制等维度系统评估 CBD 社会韧性。

图 1　中国 CBD 韧性发展评价维度

资料来源：课题组绘制。

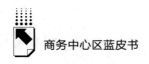
二 2021年中国CBD韧性发展评价

（一）经济韧性维度评价

1.多元产业体系

面对经贸摩擦、地缘政治风险、新冠肺炎疫情等难以规避的外部冲击，全球各经济体均注重加强抵御和适应危机的能力，希冀能够尽快在危机后恢复正常增长轨迹，避免经济低迷、深陷危机，增强经济韧性已经成为主要经济体维护经济安全共同且必要的选择。产业结构多样化被视为是影响经济韧性的重要因素，多样化的产业结构可以分散长期风险、钝化危机对经济的短期影响，有助于区域经济实现较快的自我调整和修复。多样化、高质量的产业体系历来是中国CBD稳定经济增长、提升全球竞争力的关键所在。中国CBD经过多年发展，已经形成了以国际金融、商务服务、总部经济、信息科技、商贸服务等为主导的多元产业体系，一定程度上抵御了全球经济下行、新冠肺炎疫情冲击等外部不确定性风险。例如，北京CBD在国际金融、高端商务、总部经济和文化创意等优势产业基础上，紧抓中国（北京）自由贸易试验区和国家服务业扩大开放综合示范区建设契机，重点培育了数字经济、科技金融、新型消费、高端时尚等新业态，形成了产业结构多样的现代服务业体系；广州天河CBD形成了以总部经济为引领，金融服务、商务服务、数字服务、现代商贸为主导的多元产业体系；上海虹桥国际CBD着力打造"四高五新"产业体系①，位于西部地区的银川阅海湾CBD已形成了以金融保险、数字经济、信息服务、总部经济、商贸物流等为主导的多元产业体系，并积极打造"三园一区"产业平台建设（见图2），已成为银川市产业高质量发展的标杆区和示范区等。

---

① "四高"即高能级总部经济、高流量贸易经济、高端化服务经济和高溢出会展经济，"五新"即数字新经济、生命新科技、低碳新能源、汽车新势力和时尚新消费。

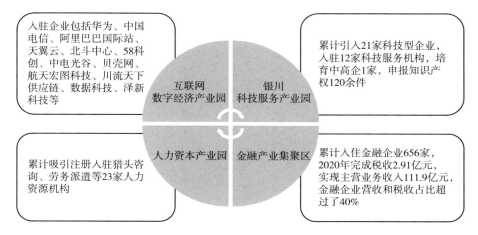

入驻企业包括华为、中国电信、阿里巴巴国际站、天翼云、北斗中心、58科创、中电光谷、贝壳网、航天宏图科技、川流天下供应链、数据科技、泽新科技等

累计引入21家科技型企业，入驻12家科技服务机构，培育中高企1家，申报知识产权120余件

互联网数字经济产业园　银川科技服务产业园

人力资本产业园　金融产业集聚区

累计吸引注册入驻猎头咨询、劳务派遣等23家人力资源机构

累计入住金融企业656家，2020年完成税收2.91亿元，实现主营业务收入111.9亿元，金融企业营收和税收占比超过了40%

图 2　银川阅海湾 CBD "三园一区"多元产业平台建设成效

资料来源：根据中国商务区联盟提供资料整理。

2. 持续创新活力

经济韧性不仅仅是 CBD 短期内对外生不确定性冲击的抵御能力和恢复能力，亦强调危机后通过生产要素重新配置、生产效率提升进而形成更稳定、更高质量的发展路径。这其中，促进区域经济产业结构升级、技术变革的创新能力尤为关键和重要，全球发展实践亦表明，拥有创新活力的经济体在危机期间表现出更强的恢复能力和韧性。中国 CBD 通过创新消费新业态、着力培育数字经济、完善创新创业生态等措施，极大地激发了市场主体的创新活力、持续释放经济动能。2021 年各地 CBD 通过建设新型消费商圈、推动消费融合创新、打造消费时尚风向标和加强消费环境建设等举措，积极培育首店经济、夜间经济、体验经济、网红经济等消费新业态。如上海虹桥国际 CBD 和杭州武林 CBD 的社会消费品零售总额均超过了 500 亿元，北京 CBD 则超过了 250 亿元（见图 3），为繁荣地区消费、拉动经济增长做出了积极贡献。其中，北京 CBD 联合上合组织秘书处和新华社等外宣平台，积极打造包括民族美食节、国际消费专属城市名片、国潮行动和数字人民币应用在内的国际消费节系列活动，有效支撑北京国际消费中心城市建设。

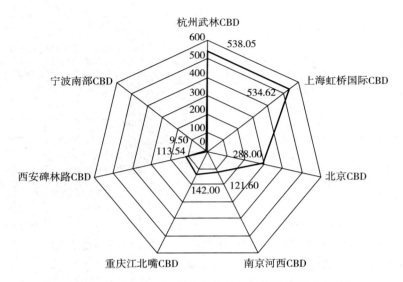

图 3　2021 年中国部分 CBD 社会消费品零售总额（亿元）

注：上海虹桥国际 CBD、南京河西 CBD 为 2021 年数据，其他 CBD 为 2020 年数据。

资料来源：根据中国商务区联盟提供资料整理。

　　蓬勃成长的创新生态、持久的创新能力是提升经济韧性和经济活力的重要保障，各地 CBD 尤为重视原始创新能力的培育、优质创新资源的集聚以及众创空间的打造，最大限度激发创新创业活力。如广州天河 CBD 着力打造创新孵化体系，截至 2021 年共有国家级孵化器 1 家、众创空间 6 家，市级孵化器 12 家、众创空间 19 家。上海虹桥国际 CBD 与上海股权托管交易中心合作，推进长三角资本市场服务基地虹桥分公司的项目建设，旨在探索与资本精准对接的创新路径，以期对企业的融资融智进行创新。西安长安路 CBD 深入实施双创"龙腾计划"，建成 13 个国家级、9 个省级、28 个市级众创载体，成立西安环大学成果转化创投基金和校地融合种子基金，设立 3 个总规模达到 6.1 亿元的环大学产业发展基金。济南 CBD 积极构建"评—保—贷—投—易"五位一体的科技金融服务体系，为中小微型科技企业知识产权评估难、融资难的问题提供了系统性解决方案和技术支撑。

专栏1 济南 CBD "评-保-贷-投-易" 五位一体
的科技金融服务体系

一是"评——知识产权评估"。知识产权价值评估采用"专利价值分析指标体系",为中小微科技型企业知识产权价值评估和企业投资价值判断。二是"保——融资担保"。依托济南市科技局,联合多家政策性担保公司为企业提供担保增信,引入省科技融资担保、市融资担保、财金农业担保。三是"贷——贷款融资"。引进各大银行的科创支行,构建丰富贷款通道,银行贷款为主体,小贷、保理、信托、融资租赁有效补充。四是"投——股权投资"。联合多家基金公司服务于种子期、初创期、IPO 等阶段,提供全方位的投融资机会。搭建债股结合的投资联盟,为自主创新性科技企业引入全方位的投融资机会。五是"易——多元化的交易模式和交易平台"。线上打造泉城科创交易大平台,线下依托山东省技术成果交易中心,以"线上+线下"的模式形成迅捷流动的交易通道,同时打造济南科技成果转移转化"1+6+N"平台,形成校内、校外协调互动合作机制。

资料来源:根据中国商务区联盟提供资料整理。

3. 高水平对外开放

联合国贸发会 2022 年 1 月发布的《全球投资趋势监测报告》显示,中国的外商直接投资流入量达到 1790 亿美元,增长了 20%。CBD 作为高水平开放的窗口,在吸引外商投资、全球总部型企业方面亦取得了积极成效。如北京 CBD 充分发挥"两区"政策叠加优势,紧密围绕自身发展定位,积极探索高水平开放模式,形成了一批"可复制、可推广"案例。如"跨境贸易全链条数字化服务 赋能新模式"入选 2022 年服贸会最佳实践案例;数字增信文旅产融模式创新、区块链数据资产保管箱助力外贸企业数字化经营 2个案例在 2021 年服贸会上被评为全国十大服务业扩大开放综合示范区建设最佳实践案例;预付费资金监管新场景获得北京市"两区"建设第一批改革创新实践案例。广州天河 CBD 加大与广州市总部经济协会的合作力度,成立天河区总部企业服务中心,推动龙头企业设立独立法人机构和功能型总部。2021年广州天河CBD实际利用外资12.6亿美元，占天河区比重为80%；实现外贸进出口338.9亿元，占天河区比重为55.9%，国际经济与贸易蓬勃发展。郑东新区CBD以郑州国家中心城市建设、"一带一路"重要节点城市建设和河南自贸区建设等国家重大发展机遇为契机，持续推进高水平对外开放，外商投资稳步增长。2021年郑东新区实际利用外资6.3亿美元，自贸区郑东区块共新设外商投资企业58家，同比增长20.8%，占自贸区郑州片区的81.7%，推动河南自贸区持续扩大对外开放。

随着全球供应链加速调整，中国作为全球供应链区域中心之一，产业配套完整、市场空间巨大、劳动生产效率较高等核心供应链竞争优势明显。CBD基于成熟的市场环境、接轨国际的营商环境和高水平开放政策优势，仍然是跨国公司首选地，聚焦产业链关键环节，吸引各类跨国公司地区总部、民营企业总部、贸易型总部成为各地CBD竞相发展的重点。如图4所示，上海陆家嘴金融城的总部企业数量高达600家，北京CBD则是总部企业和世界500强企业总部集中度最高的区域之一，吸引了459家总部企业，214家世界500强企业。2021年，北京CBD功能区外资企业税收达到631.3亿元，占总税收的近50%，同比增长33.1%，成为外资企业入驻首选地。

4. 经济平稳健康增长

2021年，在面临外部复杂环境和国内疫情散发等多重考验下，CBD多项关键经济社会指标保持平稳增长，彰显出较强的经济韧性。从营业收入来看，北京CBD和上海虹桥国际CBD均超过了5000亿元，广州琶洲CBD、南京河西CBD、宁波南部CBD均超过了2000亿元（见图5）。北京CBD紧抓中国（北京）自由贸易试验区、国家服务业扩大开放综合示范区建设发展机遇，不断开拓创新，经济综合实力稳步提升。2021年，北京CBD中心区营业总收入7079亿元，同比增长5.5%；税收总额640亿元，同比增长8.6%，占全区28.6%，占全市4.5%（比2021年提高近1%），成为首都经济增长的重要引擎。

从楼宇经济来看（见图6），2021年，在中美经贸摩擦加剧和新冠肺炎疫情的冲击下，上海陆家嘴金融城楼宇经济仍表现出强劲韧性，楼宇数量超

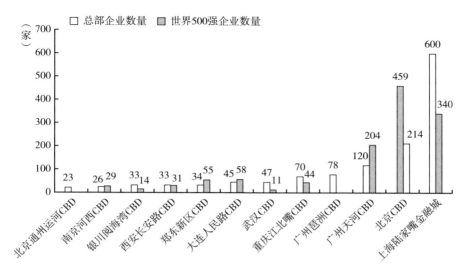

图 4 2021 年中国部分 CBD 总部企业与世界 500 强企业数量

注：南京河西 CBD、西安长安路 CBD、大连人民路 CBD、上海陆家嘴金融城为 2020 年数据，其他 CBD 为 2021 年数据。

资料来源：根据中国商务区联盟提供数据整理。

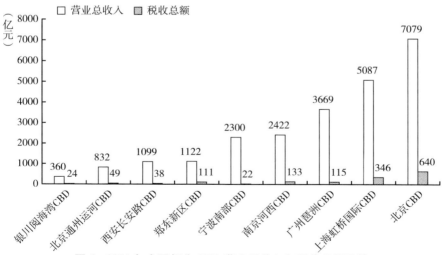

图 5 2021 年中国部分 CBD 营业总收入与税收总额比较

资料来源：根据中国商务区联盟提供数据整理。

过了 300 座，纳税过亿楼宇达到 110 座，纳税 10 亿元以上楼宇 32 座，纳税 20 亿元以上楼宇 20 座①，成为全国楼宇经济密度最高的地区之一。北京 CBD、北京通州运河 CBD、大连人民路 CBD、广州天河 CBD 和杭州武林 CBD 的楼宇数量均超过了 120 座。众多 CBD 的单座楼宇纳税超过 1 亿元甚至 10 亿元（见图 7）。广州天河 CBD 和四川天府总部 CBD 纳税过亿楼宇占比则超过了 60%。北京 CBD 纳税过 1 亿、过 10 亿楼宇数量分别为 55 座和 12 座，楼宇纳税贡献率达 87.92%，楼宇经济的集约性和高效性日益凸显。

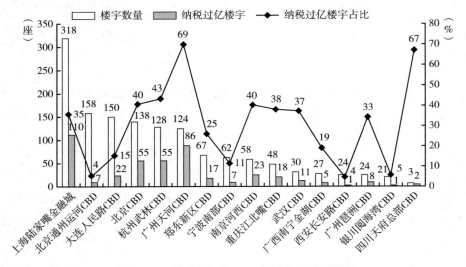

图 6　2021 年中国部分 CBD 楼宇经济发展情况

注：上海陆家嘴金融城、大连人民路 CBD、杭州武林 CBD、重庆江北嘴 CBD 和四川天府总部 CBD 为 2020 年数据，其他 CBD 为 2021 年数据。

资料来源：根据中国商务区联盟提供数据整理。

（二）环境韧性维度评价

1. 全域海绵城市建设

《国务院办公厅关于推进海绵城市建设的指导意见》明确提出了"源头

_____

① https：//baijiahao.baidu.com/s? id＝1707878708787705956&wfr＝spider&for＝pc。

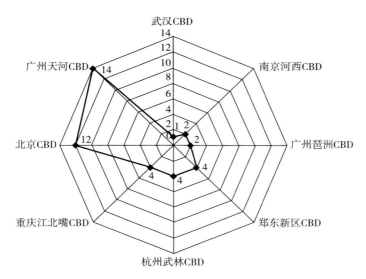

图7　2021年中国部分CBD纳税过10亿元楼宇数量

注：杭州武林CBD和重庆江北嘴CBD为2020年数据，其他CBD
为2021年数据。
资料来源：根据中国商务区联盟提供数据整理。

减排、过程控制、系统治理"的海绵城市建设理念，2021年4月财政部、住建部、水利部印发《关于开展系统化全域推进海绵城市建设示范工作的通知》，明确提出开展系统化全域推进海绵城市建设示范工作。各地CBD将海绵城市建设作为推动区域高质量发展和可持续发展的重要手段，通过建设海绵城市、中央公园，优化绿地系统、改善水生态系统等举措，有效提升了CBD应对暴雨洪涝风险的应对能力。如北京CBD在中心区建成城市森林公园，积极打造健康绿道、慢行系统、花景样板街区，慢行系统林荫率达到85%。北京通州运河CBD按照"自然保护、生态修复、低影响开发"的设计原则，积极探索建设"海绵"公园，并对商务区的基础设施进行"海绵+"升级，打造集生态保护、休闲健身、人文展示教育等多功能于一体的城市生态绿廊。郑东新区CBD的龙湖地区于2016年被纳入海绵城市试点区，在核心区保留了大量的、成体系的城市绿地，绿地面积占比超过50%。武汉CBD坚持绿色发展理念，构建城市与生态和谐统一，成功申报全国第

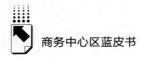

二个、华中第一个绿色 CBD 示范创建城区，建设全市最大人造山体公园和全市最大人造水体公园。

专栏 2　北京通州运河商务区海绵城市建设经验

根据"建设自然生态的海绵城市，尊重自然生态本底，持续深化海绵城市试点建设"要求，北京通州运河商务区按照"蓝绿交织、清新明亮、水城共融"的发展理念，着力加强滨水空间景观风貌提升，打造蓝绿交融、韵味深厚、品质高端的生态文明景观带。推进骨干河道生态修复和景观提升，统筹滨水空间慢行系统建设，满足市民休闲、娱乐、观赏、体验等多样化需求，拓展绿色空间。利用运河公园建设契机积极探索建设"海绵"公园，结合河岸地貌增设雨水花园、下凹绿地、雨水塘，按"自然保护、生态修复、低影响开发"的设计原则和海绵城市建设要求，对河岸绿地进行生态修复和全面整治。同时，对商务区的基础设施进行"海绵+"升级，开展街道绿化提升、将绿地取水口连接调蓄池自动灌溉。在商务区内的重点生态廊道中设置生态蓄水池、生态拦蓄沟、雨水花园，并对现有水系扩容改造，将其打造成为集生态保护、休闲健身、人文展示教育等多功能于一体的城市生态绿廊。

资料来源：根据中国商务区联盟提供资料整理。

2. 智慧基础设施建设

基础设施是 CBD 功能安全运转和可持续发展的重要载体，是 CBD 的"生命线"，气候变化风险、信息安全风险和应急处置能力等三大关键问题是 CBD 基础设施建设面临的重要挑战。中国各地 CBD 遵循"绿色低碳，安全韧性""民生优先，智能高效"的原则，积极构建智慧绿色基础设施。如上海虹桥国际 CBD 在"智慧新城"建设框架基础上，构建由"一张网络建设"（国际精品 5G 网络）、"两大技术赋能"（AI+、大数据+）、"三大特色平台"（城市运营中心、进博会保障服务平台、数字贸易公共服务平台）、"四大功能体系"（智慧交通、智慧会展、智慧商务、智慧生活）组成的新基建建设总体框架。北京 CBD 推进数字孪生 CBD 建设，充分利用城市的海量数据，建设城市数字孪生全要素数据资源体系，为企业数字化转型、打造数字化产业生态、数字经济高质量发展赋能，创建全国数字化基建和数字经济发展样板。银川阅海湾 CBD 不断完善数字新型基础设施，加快部署完善 5G 网络，提高城市数据获取能力，新建 10 处 5G 基站，实现全区首个区域级 5G 网络全覆盖；组建了智慧园区综合管控中心和智慧旅游分析系统，依托"智慧园区大脑"全方位、全景式、多维度进行园区综合运营展示和管理。广州琶洲 CBD 已被认定为国家新型工业化产业示范基地（大数据）、国家电子商务示范基地等国家级平台称号，并被认定为省级高新技术产业开发区、省人工智能产业园区、省 5G 产业园、省首批特色产业园（数字创意）等省级平台称号，人工智能应用新场景建设成效显著。

专栏 3　广州琶洲 CBD 人工智能应用新场景建设成效

广州琶洲 CBD 被认定为国家新型工业化产业示范基地（大数据）、国家电子商务示范基地等国家级平台称号，并被认定为省级高新技术产业开发区、省人工智能产业园区、省 5G 产业园、省首批特色产业园（数字创意）等省级平台称号。一批人工智能应用场景集中落地琶洲。交通方面，阅江路成为广州中心城区自动驾驶汽车测试与应用的唯一开放路段，全程约 11 公里。生态方面，推进智慧湿地建设，对海珠湿地生态和自然环境进行远程视频监测，打造智慧湿地的数据中枢、指挥中枢和展示中心。商贸方面，建立专业批发市场电子商务平台、纺织服装数字化特色产业集群平台。政务方面，创新"区块链+政务服务"模式，打造全国首个区块链全流程"指尖办"服务模式。都市工业方面，建立家装定制产品智能设计与制造集成平台。医疗方面，省第二人民医院与华为合作，打造全国首家全场景智能医院。

资料来源：根据中国商务区联盟提供资料整理。

3. 韧性交通体系建设

交通是推动 CBD 发展的基础功能，极端天气事件、突发公共卫生事件等导致 CBD 交通功能和服务可靠性面临严峻挑战，提升交通系统韧性对韧

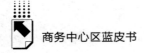

性 CBD 建设至关重要。各地 CBD 通过构建多方式交通服务体系、推进智慧交通设施建设，有效增加交通服务供给韧性，保障 CBD 系统高效安全运行；通过公共交通、慢行系统等构建低碳绿色高效的交通出行方式，加强 CBD 内部交通的顺畅与连接通达，推动交通出行的节能减排。如上海虹桥国际 CBD 拥有全国最大的现代化综合交通枢纽，形成了涵盖长三角、辐射全国、联通国际的综合交通门户。银川阅海湾 CBD 拥有银川河东国际机场、银川空港口岸，"一带一路"国际卡车班列和中欧班列都实现了常态化运行，银威海铁联运集装箱班列开通，进一步加强了与天津港、青岛港等沿海港口的无缝对接。北京 CBD 大力实施智慧交通工程、交通优化示范工程、交通综合治理工程，着力促进轨道交通与 CBD 一体化融合，推动公交去枢纽和地下空间互联互通，构建绿色畅行交通网络。广州琶洲 CBD 通过打造"一主四辅"五大核心交通枢纽，完善轨道交通、过江通道、快速路网等措施，积极接入珠三角城际网、国家高铁网，打造高效智能交通服务体系。

（三）社会韧性维度评价

1. 多元治理主体

韧性 CBD 建设既需要产业规划、空间布局与环境治理的良好衔接与协调统一，更需要政府、社会组织、市场主体和个人等多元主体的协作，共同推进韧性 CBD 建设和可持续发展。各地 CBD 通过构架多元共治平台、建立政府与社会共事的机制和渠道，协调多元主体参与社会治理和经济事务，提高社会自组织与应变适应能力。如上海陆家嘴金融城成立了由 127 家业界代表组成的金融城理事会，并设置品牌推广、楼宇发展、绿色金融和金融风险管理四个专委会，搭建"业界共治+法定机构"的公共治理架构，加速释放业界韧性治理效能。北京 CBD 联合政、产、融、学、服等领域的企业，搭建政府、社会组织、市场主体和个人共同参与的业界共治平台，充分调动多元主体参与 CBD 公共事务治理和各类风险防范的主动性。广州天河 CBD 建设集境外人士服务站、中外居民文化交流融情站、涉外志愿服务站、涉外人才服务站、中外居民共商共治议事厅为一体的广粤国际社区，通过为境外人士提供服务、开展中外文化活动等方式激发社区活力，提升共建共治共享水平。

2. 智慧治理模式

我国"十四五"规划和 2035 年远景目标纲要明确提出建设"宜居、创新、智慧、绿色、人文、韧性"城市，各地 CBD 依托人工智能、物联网、大数据等新一代信息技术，大力推进智慧 CBD 建设，切实提升了 CBD 精细化、智慧化、人本化的治理水平。如广州天河 CBD 构建大数据共享平台，上线天河区政务服务大数据分析系统，通过采集汇聚和加工处理包括辖区总体概况、营商环境、事项服务、办件服务、数据共享、预约服务、排队服务、自助终端、政务咨询、服务质量等 10 类约 100 项政务信息。上海陆家嘴金融城针对核心区常态管理要求高、要事保障任务重的特点，围绕人、车、楼三大核心要素进行应用场景设计，通过提供标准通用的功能模块接口，无缝接入公安、城管等部门现有的智能系统，以"日常+综合""日常+专业""要事+综合""要事+专业"相结合的管理模式，形成协同联动管理。上海虹桥国际 CBD 充分发挥"一网统管"城市运行管理平台的作用，以综合养护一体化工作为切入点，以网格化中心为平台，市容、市场、防疫、环保、安监、消防、交警、治安、专业养护等机构以及重要管理服务对象等组成的大运行、大联动城市综合治理体系，形成强有力的城市公共设施运行保障机制，促进了 CBD 的优质高效运。银川阅海湾 CBD 深入推进"互联网+政务服务"，有效拓展公共服务职能，扩大政务服务种类和覆盖面，鼓励社会治理主体依法参与政务数据的开发利用，推动人口、车辆等公安基础数据与政务数据的深度融合，有效提升了社会治理智能化、精细化、专业化水平。

3. 创新治理机制

为调动各类治理主体参与 CBD 治理的积极性与有效性，各地 CBD 创新性的依托党建阵地不断完善社会治理机制，通过党建引领凝聚多方力量，实现大事共议、实事共办、急事共商、难事共解。如北京 CBD 以增强党群组织的凝聚力和向心力为核心，不断完善"一轴四网"区域化党建体系，探索商圈党建新模式，成立北京 CBD 商圈党建工作联盟，构建"一核 N 会三机制两平台"工作机制，形成"共聚组织整合、共促服务优化、共推阵地活化、共借资源集聚、共享平台交流"的新型党建模式。宁波南部 CBD 立足园区 66 个两新党组织，全力打造党建模板"基地"，深化"楼宇红管家"、"楼小二"工作机制和"三联两转"特色小镇党建模式。广州天河 CBD 积极探索"党建引领、智慧治理、多元参与、风险防控、法治服务"五位一体的社会治理新模式，通过党建引领凝聚多方力量，整合链接保障性和普惠性基本公共服务，探索来穗人员参与社会治理的天河模式。此外，北京 CBD 积极推进企业信用体系建设，加大金融风险预警与防范，保障区域经济社会平稳运行。

专栏4　广州天河 CBD "五位一体"社会治理新模式

广州天河 CBD 探索构建"党建引领、智慧治理、多元参与、风险防控、法治服务"五位一体的社会治理新模式，以"党建势能"促"发展动能"。一是突出健全党建引领机制，提升治理组织力。以高楼立体空间为基本单元布建党的基层组织，构建起"楼宇网格基础—街道片区统筹—CBD 区域支撑"的三级党组织联动体系，有效联系管理 247 个两新组织党组织。二是突出完善"智慧"治理体系，提升政务服务效能。构建大数据共享平台，上线天河区政务服务大数据分析系统，汇集处理包括辖区总体概况、营商环境、事项服务、办件服务、数据共享、预约服务、排队服务、自助终端、政务咨询、服务质量等 10 类约 100 项政务信息，建立政务服务数据多维分析模型。三是突出加强多元参与机制建设，实现共建共治共享。依托楼宇党群服务站打造议事协调平台，构建由楼宇党组织牵头，楼宇业主、物业公司、入驻企业等社会力量共同参与的定期议事机制，实现大事共议、实事共办、要事共决、急事共商、难事共解。四是突出健全风险防范机制，促进社会运行安全有序。利用人工智能、大数据、云计算、区块链等金融监管科技，对辖内金融企业按照"识别—监测—预警—处置—反馈—再监测"风险处理流程，形成"监测预警—处理反馈—持续监测"金融风险闭环管理防控机制。

五是突出打造高水平法治化国际化营商环境，建设粤港澳大湾区法治高地。充分发挥天河 CBD 作为全市三大法律服务集聚区之一、全市律师事务所最多的优势，与广州市律师行业党委、广州公证处党委签署党建共建协议，构建"党建+法律服务+营商环境"融合模式，统筹发挥辖内律师、公证、仲裁、鉴定等高端法律服务资源聚集优势，为商务区企业提供优质高效法律服务。

资料来源：根据中国商务区联盟提供资料整理。

专栏 5　北京 CBD"一网一库三平台"社会信用体系建设情况

一是以"大数据+信用"为支撑，建立企业优选体系和楼宇风险评价体系，初步形成"一网一库三平台"的信用体系框架，打造"CBD 区域诚信生态圈"；积极与市经信局沟通，争取"北京信用管理服务创新先导区"的具体政策落地。二是继续推进数字孪生 CBD 建设，深化实施数字经济战略，充分利用城市的海量数据，建设城市数字孪生全要素数据资源体系，为企业数字化转型、数字化产业生态打造、数字经济高质量发展赋能，形成北京 CBD 版的"新基建"，打造全国数字化基建和数字经济发展样板。三是进一步用好 CBD 功能区产业转型升级及楼宇经济管理平台，月度协调工商、税务部分数据，实现"实时跟踪、月度监测、季度分析、年度报告"，及时发现问题与风险，保障经济社会平稳运行。

资料来源：根据中国商务区联盟提供资料整理。

三　趋势与展望

当前，世界处于百年未有之大变局，气候变化风险、经贸摩擦风险、新技术革命风险、多重社会风险等叠加交织，应对上述各种风险因素或者风险事件所带来的挑战，除了借助经济政策、工程措施和生态措施减弱风险或者消除风险本身，更为重要的是提升 CBD 适应新的风险环境。在无法减弱或避免风险的现实背景下，如何通过提升发展韧性实现社会经济体系的调整和

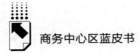

重建，成为中国 CBD 实现高质量可持续发展的必由之路。全球经济、区域经济、国家经济、城市经济和 CBD 经济的演化总是相互影响的，增强经济韧性已经成为世界主要经济的重要发展战略，也是我国新时代经济转型的重要内容。然而，经济韧性不仅局限于经济规模、产业结构等内生禀赋，还取决于科学技术、制度安排、政策工具等外生变量，需要环境韧性、社会韧性、制度韧性的系统性保障。因此，韧性 CBD 建设应从全域全要素出发，全面开展经济韧性、环境韧性、社会韧性和制度韧性的系统优化提升，通过健全风险监测和预警机制、完善应急管理机制，为 CBD 韧性提供保障和支撑。此外，还应考虑各地 CBD 经济发展水平和经济发展路径的差异，因地制宜制定韧性发展战略，以期从容应对百年未有之大变局，成为中国实现更加包容、可持续高质量发展的重要支撑。

参考文献

王永贵、高佳：《新冠肺炎疫情冲击、经济韧性与中国高质量发展》，《经济管理》2020 年第 5 期。

武占云、单菁菁、张双悦：《中央商务区融入双循环新发展格局的优势、问题及对策》，《商业经济研究》2022 年第 14 期。

武占云、单菁菁：《中央商务区的功能演进及中国发展实践》，《中州学刊》2018 年第 8 期。

徐圆、邓胡艳：《多样化、创新能力与城市经济韧性》，《经济学动态》2020 年第 8 期。

曾鹏：《韧性城市与城市韧性发展机制》，《人民论坛·学术前沿》2022 年第 1 期。

郑艳：《气候变化引发的系统性风险及其应对策略》，《环境保护》2021 年第 8 期。

经济韧性篇

Economic Resilience Chapters

B.3
韧性视角下 CBD 产业高质量发展研究

张卓群 姚鸣奇*

摘 要: 在新冠肺炎疫情对经济社会发展产生持续影响的情况下,构建富有韧性的产业体系,保持经济长期向好、稳定发展的基本面,成为当前工作的重中之重。CBD 作为现代服务产业发展的高地,从韧性视角出发,在传统产业、新兴服务产业、总部经济和楼宇经济等先进经济服务模式上取得一些重要经验,对增强我国服务业抗风险能力具有重要启示。与此同时,我国 CBD 产业韧性转型升级仍然面临一系列的问题与挑战,亟须在建设特色产业韧性发展体系、缩小不同地区发展水平差距、提升辐射周边发展能级、构筑国际人才集聚高地、深度融入"双循环"发展格局等方面持续发力,努力促进产业高质量发展和现代化经济体系建设。

---

* 张卓群,中国社会科学院生态文明研究所助理研究员,经济学博士,研究方向为城市与环境经济学、数量经济与大数据科学;姚鸣奇,中国社会科学院大学应用经济学院硕士研究生,研究方向为韧性城市。

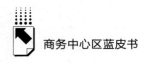

关键词： 产业韧性 特色产业体系 双循环 CBD

一 引言

自新冠肺炎疫情突发以来，全球主要经济体受到重大冲击，经济增速下降、失业率上升、跨境贸易与投资萎缩、大宗商品价格出现异常波动。中国作为全球第二大经济体和第一大发展中国家，面对复杂严峻的国际环境和国内疫情散发等多重考验逆势而上，2021年实现国内生产总值114万亿元，比上年增长8.1%，两年平均增长5.1%，对世界经济增长的贡献接近30%，成为全球经济增长的最大引擎。

中国经济应对疫情的突出表现，来源于中国经济发展内在的强有力韧性。显著的制度优势、强大的供给能力和旺盛的需求潜力，形成中国经济韧性强、潜力足、长期向好的基本面，构成推动经济发展和抵御外部风险的根本依托。而产业作为经济发展的核心和关键所在，产业韧性对经济体系的整体韧性具有决定性的作用。

CBD作为新兴服务产业发展的高地，其产业的韧性水平在一定程度上能够对其所辐射区域产业的韧性水平产生重大影响。特别是北上广深一线城市，其CBD的产业韧性建设代表了我国高端服务产业持续支持经济发展的能力与水平。因此，有必要选取国内具有典型特征的CBD，剖析其产业韧性发展的特点与经验，识别问题与风险点，为增强我国CBD产业韧性水平，引领我国新兴服务产业高质量发展提供政策空间。

二 CBD产业韧性发展的主要经验

自CBD在我国落地生根以来，发展高端服务产业、打造区域产业聚集区就成为其最本质的功能之一。从韧性视角出发，我国CBD产业在传统产业、新兴服务业、总部经济和楼宇经济等先进经济服务模式上取得重要经验，对引领我国新兴服务产业高质量发展、强化产业韧性体系具有重要意义。

（一）上海陆家嘴金融城：构筑金融业开放与创新的国际高地

在经济日益全球化的今天，我国金融业的国际化、创新化发展已经成为必然的历史趋势。在此过程中，一方面需要谨防外部的输入性风险，持之以恒防范化解重大金融风险；另一方面随着中国经济实力的增强，对金融资源的全球配置能力同步提升，亟须更高层次地主动参与全球金融治理。CBD作为金融开放的"主战场"，在加快推动金融业国际化、创新化的进程中扮演着"先锋官"的角色。在此方面，上海陆家嘴金融城具有典型代表性。

上海陆家嘴金融城从其设立之初，就将发展金融产业摆在首要位置。1988年2月，由中法两国合作编制的《陆家嘴中心地区规划》，提出依托陆家嘴中心区和外滩金融聚集带建设商务中心区；1990年，国务院正式批准开放浦东新区，并设立"陆家嘴金融贸易区"，成为上海陆家嘴金融城国际化的起点。经过30余年的发展，上海陆家嘴金融城以其优越的地理位置和先行先试的政策集成优势，吸引了一大批国内外顶尖金融机构的入驻。截至2020年底，陆家嘴集聚了中外金融机构6000多家，围绕金融特色构建起的专业服务机构超过3000家，全国90%以上的外资资管公司、87%的期货公司和76%的证券公司在陆家嘴均设有机构。"十四五"时期，陆家嘴将加快建设全球人民币金融资产配置中心、打造全球顶级资产管理中心，对标纽约、伦敦等国际金融中心，进一步提升金融市场国际化水平。

此外，在金融创新领域，上海陆家嘴金融城也走在了国内前列。在金融制度创新方面，积极打造多层次资本市场体系、开展首批跨境贸易结算试点、实行外资机构发行金融债券先行先试、推动上交所新设科创板并试点注册制等。在金融科技创新方面，先后颁布"陆九条"1.0和2.0政策，从打造中国首个金融科技垂直领域的孵化器和加速器，更进一步打造全球最优金融科技生态圈。在金融监管创新方面，上海陆家嘴金融城自2017年以来，借助上海市新型金融业态监测分析平台及楼宇大数据，制定"潜在风险名

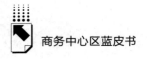

单""重点监测名单""预警处置名单"三套名单机制，形成了对区域内企业大数据金融风险控制体系。

（二）北京 CBD：打造千亿级的国际消费中心

随着我国经济社会发展进入新时代，逐步形成以国内大循环为主体、国内国际双循环相互促进的新发展格局，已经成为推动我国开放型经济向更高层次发展的重大战略部署。这就需要充分发挥我国超大规模市场优势和内需潜力，进一步扩大服务业比重，持续促进消费升级。CBD 是商圈经济的核心地带，承担着引领消费升级的重任。北京 CBD 作为国内时尚消费的风向标，对北京建设国际消费中心城市形成重要引领。

北京 CBD 是中国北方最重要的消费商圈之一，区域内汇集了华贸、国贸、北京 SKP 等一批国内顶级的商业综合体。2021 年，中心区营业收入7079.2 亿元，同比增长 5.5%；税收 639 亿元，同比增长 8.6%，占朝阳区税收的 28.6%；地均产出首达千亿元，劳均产出突破 200 万元，成为首都经济增长的重要引擎。其中北京 SKP 全年销售收入超 240 亿元，继续蝉联全球"店王"。

近年来，北京 CBD 致力于打造首店经济。2021 年，引入首店 157 家，占朝阳区的 32%、北京市的 17%。通过促进新产品、新品牌、新业态加速聚集，引进更多的国际高端品牌，已经形成了国际大牌、名牌、潮牌产品的聚集区。2022 年 4 月，由北京 CBD 内多个商业项目共同发起的北京 CBD 商圈联盟正式成立。该联盟致力于促进商圈成员共同发展，形成商圈与产业链上下游的协同合作，特别是在"首店""首发"等方面形成错位竞合，助力打造千亿级商圈。"十四五"时期，北京 CBD 还将在服装设计、珠宝设计、智能家居、艺术品、奢侈品等行业重点发力，为多元化、个性化、品质化消费提供载体和服务，将北京 CBD 打造成为国际时尚品牌集聚中心。

此外，北京 CBD 还开展了一系列主题活动，促进消费升级。如 2021 年携手上合组织共同举办了"上合—北京 CBD 民族美食节"，发布北京 CBD首个"大使菜肴"特色餐厅指南、推出美团"北京 CBD 丝路美食"专属聚合页、开展"CBD 数字低碳餐饮新消费"等；2022 年以"致敬美好生活"为主题开启 CBD 消费节，突出数字商圈、绿色商圈、人文商圈建设，组织开展"国际"遇见"国风"、艺术流淌在 CBD 消费节、消费链接美好生活系列时尚消费活动。

（三）四川天府总部商务区：建设富有韧性的总部经济和楼宇经济

总部经济和楼宇经济作为商务中心区重要的经济形态，在促进 CBD 产业韧性提升上具有重要作用。CBD 的总部经济和楼宇经济是以商务楼、功能性板块和区域性设施为主要载体，聚集综合型、区域型、功能型总部企业入驻，培育稳固税源，形成 CBD 带动周边地区协同发展的良好态势的一类经济模式。四川天府总部商务区以"总部"为特色，打造我国西南地区总部经济和楼宇经济发展的新增长极。

四川天府总部商务区是一个年轻的商务中心区，是国家级新区——天府新区的重要组成部分，2019 年 6 月，以总部基地项目正式启动为标志，其建设与发展进入快车道。作为天府新区总部商务产业的主要承载地，天府总部商务区重点吸引六类 500 强、行业领军企业、独角兽等设立国际企业地区总部、区域型总部，以及研发、运营等功能型总部，积极布局供应链总部等新兴总部赛道。截至 2021 年底，已成功引进招商局集团、正大集团、新希望集团等一批大型央企、国企、龙头民企总部，累计引进重大产业项目 91 个，总投资超 2500 亿元，其中高能级总部项目 67 个，总投资近 2000 亿元，集聚企业超 5000 家，较上年增长 46%。

在楼宇经济方面，四川天府总部商务区已经从"以地招商"的传统发展模式转向"以楼聚产"的楼宇经济集聚模式。在 28.6 平方公里"元宝状"的天府总部商务区重点开发区域中，布局了 710 万平方米的商务办公楼宇。在其 8.5 平方公里的核心区中，布局有超百米楼宇约 119 栋，其中 200 米以上的高楼有 12 栋，目前楼宇建设正在有条不紊地推进过程之中。在建楼宇突出绿色低碳，全面引入三星级绿色建筑标准，前瞻规划分布式能源站，探索集中供热、供冷、供电三联供模式，为总部企业向天府新区集聚提供了高品质的空间载体。此外，在楼宇管理中，致力于按照不同产业定位，提升楼宇业态和功能水平，打造特色鲜明的"专业楼宇"；完善楼宇服务机制，围绕企业在创业、扩张、转型等不同时期发展诉求，提供"管家式"一对一全流程企业服务；引进优秀运营管理团队，提高楼宇税源涵养，挖掘新的税收增长点，不断提升经济贡献。

（四）广州琶洲商务区：专注数字经济产业链条创新

随着信息技术的快速发展及其与经济运行方式的不断融合，数字经济已被视为经济增长的"新引擎"，在世界上多数国家的发展战略中占据重要位置。2016 年 9 月，在杭州举行的 G20 峰会发布《二十国集团数字经济发展与合作倡议》，"发展数字经济、促进全球经济增长、惠及世界人民"成为与会各国的共识。CBD 具有丰富的人力、技术和资金资源，是发展数字经济的理想沃土。广州琶洲商务区提出打造广州人工智能与数字经济试验区琶洲核心片区，在全国 CBD 数字经济发展中居于领先地位。

2020 年 2 月，广东省推进粤港澳大湾区建设领导小组印发《广州人工智能与数字经济试验区建设总体方案》，确立了琶洲核心片区的重要地位。三年以来，琶洲核心片区数字经济规模迅速增长，电子商务、产业互联网、大数据、数字创意等产业细分领域蓬勃发展，引入腾讯、阿里巴巴、唯品会、小米、科大讯飞等一批人工智能与数字经济龙头项目。2021 年实现主营业务收入 3668.52 亿元，同比增长 23%；带动全区新一代信息技术服务业实现主营业务收入超 593.58 亿元，同比增长 17.9%。

在科技研发方面，琶洲核心片区着力打造琶洲实验室，引入脑机智能研究中心、人工智能模型与算法研究中心、脑疾病与健康研究中心等科研团队，聚焦人工智能基础研究和应用基础研究，加强产业核心技术攻关；引进百度集团、商汤科技、科大讯飞、佳都科技等一批算法领域知名机构和企业，共建创新集聚、开放活跃的算法产业创新生态，做强琶洲试验区产业之核；琶洲试验区及周边共汇集中央属科研院所 9 家，省属科研院所 6 家，国家级重点实验室、工程技术开发中心、企业技术中心 9 家，省级重点实验室、工程技术开发中心、企业技术中心 35 家，形成基于人工智能和数字经济的创新研发高地。

在转化应用方面，一批人工智能应用场景集中落地琶洲。交通方面，阅江路成为广州中心城区自动驾驶汽车测试与应用的唯一开放路段，累计开放自动驾驶汽车测试路段 20 条共 29.66 公里；生态方面，推进智慧湿地建设，对海珠湿地生态和自然环境进行远程视频监测，打造智慧湿地的数据中枢、指挥中枢和展示中心；商贸方面，建立专业批发市场电子商务平台、纺织服装数字化特色产业集群平台；医疗方面，广东省第二人民医院与华为合作，打造全国首家全场景智能医院。丰富的创新应用场景与强大的科技研发能力相互结合，形成琶洲核心片区面向"十四五"时期的数字经济全产业链条创新发展态势。

（五）郑州郑东新区 CBD：培育夜间经济新业态、新模式

夜间经济是以城市空间为依托，发生在下午 6 点到次日早上 6 点以服务业为主的相关经济活动，其对带动经济增长、提升城市魅力、塑造社会空间、满足居民社交需要等具有重要作用。CBD 夜间经济活跃，是夜间人流集散的主要区域之一，夜间经济作为 CBD 服务产业的新业态，能够有效拉动消费需求，有力增强 CBD 产业发展的韧性。

郑州郑东新区 CBD 是近年来我国中部新进崛起 CBD 的典型代表。"十三五"时期，郑东新区 CBD 表现出了强劲的经济活力，截至 2020 年底，累计完成固定投资 510 亿元，全口径财政收入 1200 亿元，全口径税收、主营业务收入、累计主要经济指标的年增速均保持在 10% 以上，建成投用商务楼宇的平均出租率达到 95.97%，连续五年获评全省唯一的"六星级"服务业"两区"。为了持续扩大内需，应对新冠肺炎疫情对经济产生的负面冲击，郑东新区 CBD 将发展夜间经济作为拉动消费的着力点之一，打造富有活力的郑州夜生活。

在管理模式创新方面，实施试点放宽夜间外摆位管制，在夜间特定时段允许有条件的酒吧、饭店等开展外摆试点；鼓励适时延长图书馆、文化馆、

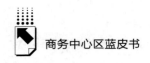

博物馆、群众艺术馆等公共文化场馆的开放时间，增加图书馆、展览馆、健身馆开放数量；建立"夜间区长"和"夜生活首席执行官"制度，招聘具有夜间经济相关行业管理经验的人员参与夜间秩序管理。

在消费模式创新方面，围绕 CBD 商圈丰富业态种类，增加夜间消费的产品供给，包括引入国内外流行的沉浸式演出、新锐导演话剧、音乐剧、歌舞剧等各类具有吸引力和知名度的夜间文化艺术项目；积极培育"绿色饭店""智慧餐厅""无人餐厅""乡村民宿"等新的业态模式；积极扶持深夜影院、深夜书店、音乐俱乐部、驻场秀等夜间文化娱乐业态；组织购物节、活力创意集市、新青年展览、论坛、小型展览等活动，引领消费升级。

三　CBD 产业韧性升级面临的问题与挑战

CBD 作为发展现代新兴服务产业的"排头兵"，在建设产业韧性体系、引领城市经济发展上取得了一系列显著的成效。但在我国发展的内部条件和外部环境发生深刻复杂变化的情况下，国内 CBD 产业韧性转型升级仍然面临一系列的问题与挑战。

第一，国内 CBD 产业韧性发展状况差异较大。CBD 的发展状况与所属城市的经济状况直接相关，二者存在相互促进的正向关系。以北上广深为代表的一线城市 CBD，其产业发展已经表现出强大的韧性，如北京 CBD 聚焦"高精尖"服务业发展，上海虹桥国际 CBD、上海陆家嘴金融城打造面向国际开放的现代服务产业高地等。而在我国中西部地区，除了郑州郑东新区CBD、重庆解放碑 CBD、四川天府总部商务区等少数发达城市 CBD 产业发展表现出较好的韧性之外，多数二、三线城市 CBD 的产业结构先进性不够，抗冲击能力不强，特别是近两年在新冠肺炎疫情冲击之下，出现了门店大量关闭、楼宇空置率攀升等一系列问题。发达城市与二、三线城市 CBD 产业发展的分化，不利于缩小地区间不平衡发展的差距，不充分发展的问题仍然相对突出。

第二，多数 CBD 辐射支撑周边发展能级有待提升。CBD 作为高端服务产业的聚集区，应当处于产业价值链的上游，其生产性服务业和生活性服务业对周边地区形成辐射带动发展作用。现阶段，我国的一些 CBD 已经开始向此方向发展，例如广州琶洲 CBD 专注发展数字经济创新体系。但对于大多数 CBD，仍然存在重生活性功能、轻生产性功能的问题，CBD 成为区域内消费的中心，而以科技服务业带动周边地区协同发展的动能不足。大量中西部地区企业，在需要财务、人力资源、法律、环保节能管理、企业战略管理咨询时，会直接跳过本地区 CBD，转而寻求一线城市 CBD 中的科技服务龙头开展相关业务。这固然有一线城市 CBD 的"明星效应"，但是也暴露出本地区 CBD 难以支持地方产业发展转型的弊端。

第三，对标国际一流 CBD，我国 CBD 的人才储备具有一定差距。以英国伦敦金融城为例，其有 68% 的就业人口属于高技能职业，约 41% 的就业人员非英国出生，其中 18% 来自欧盟国家，23% 来自世界其他各地。相比之下，我国对外开放的时间并不长，CBD 国际化的时间也较短，特别是在加入 WTO 之前，人才国际化的程度非常低。近年来，我国 CBD 人才的素质和国际化水平快速提升，但距离支撑强有力的产业韧性体系、打造具有国际一流水准 CBD 的愿景仍有差距。这种差距一方面体现在尖端服务产业所需高级技术和管理人才存在较大缺口，人才的国际化程度与全球领先 CBD 相比不高；另一方面体现在对人才服务不完善，国内外人才互认标准不统一，教育、医疗等方面的国际高端服务资源稀缺等。

第四，新冠肺炎疫情阴霾仍未散去，世界经济复苏不确定性上升。自新冠肺炎疫情在全球范围蔓延以来，世界经济陷入深度衰退，2020 年全球主要经济体中只有中国经济增速为正，其他均为负，2021 年虽然大部分主要经济体录得正增长，但经济发展的内在动力仍未恢复到疫情前水平。世界卫生组织发布数据显示，截至 2022 年 6 月 20 日，全球新冠肺炎确诊病例超过 5.3659 亿例，并且每日仍以数十万计的速度增长。世界经济复苏的形势不容乐观，美国、欧洲、日本等经济体的通胀压力进一步升高，大宗商品价格持续攀升，国际贸易低迷、需求不振的情况仍将持续。CBD 作为对外开放的窗口，其产业的国际化发展受疫情冲击的影响严重，产业链和供应链不畅

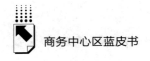

有可能引发经济体系的系统性风险。

第五，国内新旧动能转换，对 CBD 产业韧性发展提出更高要求。在外需不振的情况下，国内经济发展亟须扩大内需，促进新旧动能转换。生产性服务业方面，在国内出现新一轮工业由东部发达地区向中西部、东北地区迁移的浪潮，CBD 作为区域生产性服务业高地，要能够有效支持本区域产业结构的变化，形成对本区域优势产业和引进产业转型升级的有效支持。生活性服务业方面，亟须发挥 CBD 作为消费中心的支撑作用，释放巨大潜能，实现内需拉动经济增长。

四　增强 CBD 产业韧性的对策建议

《中华人民共和国国民经济和社会发展第十四个五年规划和 2035 年远景目标纲要》指出，要聚焦产业转型升级和居民消费升级需要，扩大服务业有效供给，提高服务效率和服务品质，构建优质高效、结构优化、竞争力强的服务产业新体系。CBD 作为发展现代服务产业的"桥头堡"，需要在建设特色产业韧性发展体系、缩小不同地区发展水平差距、提升辐射周边发展能级、构筑国际人才集聚高地、深度融入"双循环"发展格局等方面持续发力，不断增强 CBD 产业体系的抗风险能力。

第一，依托城市发展基础，建设富有特色的 CBD 产业韧性发展体系。要依托不同城市的资源禀赋和政策环境，突出 CBD 的特色发展产业，打造推动地方经济发展的新引擎。例如在北上广深等一线城市重点在"高精尖"和国际化的高端服务产业发力，对标纽约曼哈顿 CBD、伦敦金融城 CBD、巴黎拉德芳斯 CBD 等国际一流 CBD，建设全球消费中心、金融中心、科创中心；在西安碑林 CBD、重庆江北嘴 CBD、天津意风区 CBD，依托各自独特的历史遗迹和文化资源，打造集历史文化、商业娱乐、旅游观光、生态居住等多功能为一体、强调多功能复合的全域旅游产业等。以特色产业作为主导产业，形成独特的竞争优势，进而增强地方经济系统的韧性与活力。

第二，建立联系协调机制，改善 CBD 发展不平衡不充分局面。要充分利用中国商务区联盟等国家级平台的联系和交流优势，促进城市群内的 CBD、发达地区与后进地区的 CBD 建立更为深入的实质性协调发展机制。以"市长联席会议""管委会主任论坛"等多种形式，促进城市群内部 CBD 之间拓宽合作领域，提高合作水平，形成合作互动、优势互补、互利共赢的协同发展格局。以对口帮扶、共建共赢等模式，促进发达地区与后进地区的 CBD 形成配合工业转移的生产性服务业转移机制，进一步缩小不同层级 CBD 之间的发展差距，形成一线 CBD 面向国际和二三线城市 CBD 支撑地方经济发展的错位竞争格局。

第三，重视科技创新发展，提升 CBD 辐射支撑周边发展能级。要在有条件的 CBD 优先布局一批创新基础设施和科技创新平台，促进高等院校、科研院所与 CBD 高新企业之间形成紧密的科技创新联盟，依托 CBD 丰富的应用场景，进一步推动人工智能、大数据、5G 等新型基础设施与园区、会展、交通等应用领域的深度融合，加快推进智慧交通、智慧商圈、智慧楼宇等智慧应用体系建设。在 CBD 科技创新能力持续提升的基础上，进一步发挥 CBD 总部经济优势，加强科技创新的空间正向溢出，形成总部在 CBD、生产基地在周边地区的产业布局模式，以 CBD 的科技研发占据创新链条上游，协同带动周边地区产业转型升级和经济发展。

第四，构筑国际人才高地，形成 CBD 经济高质量发展的有力支撑。对于一线 CBD 来说，要在提升人才国际化水平方面持续发力。可以采取的措施包括但不限于开展国内外高端人才资格互认的先行先试，为国际化高端人才提供工作、居住手续上的便利服务；建设国际化的医院、学校，满足国际人才的公共服务需求；完善双（多）语标识系统，开展国际文化社区建设等。对于二三线城市 CBD 来说，要针对本区域的主导发展产业，有针对性地开展人才引进工作，重点吸引具备专业技能的骨干人才和具有扎实功底的基础人才，在持续吸纳就业的同时，促进地方产业韧性逐步提升。

第五，融入"双循环"体系，打造服务业"双支柱"促进经济发展格局。要紧紧围绕以国内大循环为主体、国内国际双循环相互促进的新发展格局这一主线，将持续扩大内需作为 CBD 提升经济韧性的主要发力点，形成

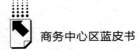

生产性服务业和生活性服务业协同促进经济发展的良好态势。在生产性服务业方面，以产业数字化为抓手，从技术上促进区域经济一体化发展，从而为CBD 的现代服务业和总部企业提供更为广阔的市场。在生活性服务业方面，可以重点发展商圈经济，通过布局"首店经济""夜间经济""网红经济"等新业态和新模式，打造高品质商圈，持续促进消费升级，有效激发市场活力，不断满足人民对美好生活的需要。

参考文献

宫汝娜、张卓群：《西安市碑林区长安路 CBD：支持西安深度融入国内国际双循环的经验与对策》，载郭亮、单菁菁主编《中国商务中心区发展报告 No.7》，社会科学文献出版社，2021。

蒋永穆：《为什么说中国经济韧性强》，《经济日报》2022 年 6 月 7 日。

毛中根、龙燕妮、叶胥：《夜间经济理论研究进展》，《经济学动态》2020 年第 2 期。

乔森：《伦敦金融城的产业发展》，载郭亮、单菁菁主编《中国商务中心区发展报告 No.4》，社会科学文献出版社，2018。

谭洪波：《双循环下中央商务区服务业对内开放的意义与路径》，《江西社会科学》2021 年第 9 期。

魏艳、李保国、周园：《郑州 CBD 高质量发展策略研究》，《城市建筑》2021 年第 35 期。

武占云：《上海中央商务中心区建设实践及启示》，载魏后凯、李国红主编《中国商务中心区发展报告 No.1》，社会科学文献出版社，2015。

许宪春、张美慧：《中国数字经济规模测算研究——基于国际比较的视角》，《中国工业经济》2020 年第 5 期。

张卓群：《CBD 科技服务业开放的现状、问题与对策》，载郭亮、单菁菁主编《中国商务中心区发展报告 No.6》，社会科学文献出版社，2020。

张卓群：《以提升 CBD 科技创新能力促进"双循环"发展的主要经验和思路对策》，载郭亮、单菁菁主编《中国商务中心区发展报告 No.7》，社会科学文献出版社，2021。

B.4
发展新型消费助力提升 CBD 经济韧性的思路与对策

陈 瑶*

摘 要： 在物联网融合发展的影响下，各种新型消费业态不断涌现，作为城市消费中心的 CBD 为新型消费提供了良好的发展环境与聚集空间。同时，新型消费为 CBD 高质量发展增添消费新动能，对经济韧性提升的作用不断凸显。本文阐述了新型消费的内涵，并从增强 CBD 发展动力、扩大内需空间等角度解析新型消费对 CBD 经济韧性提升的支撑作用，总结当前中国 CBD 新型消费发展取得的成就与存在的问题，从创新新型消费业态、加快建设 CBD 智慧基础设施、提高 CBD 的国际消费能级、优化 CBD 新型消费发展环境等方面提出新型消费助力 CBD 经济韧性提升的思路与对策，以期为提升 CBD 经济韧性提供有益借鉴。

关键词： 中央商务区 新型消费 经济韧性

一 引言

随着互联网技术创新与居民收入水平持续提高，居民消费规模不断扩大，消费方式不断创新，以新模式、新业态、新场景为特色的新型消费成为

---

* 陈瑶，中国社会科学院生态文明研究所博士后，研究方向为区域与城市经济等。

居民生活中不可或缺的内容。依托物联网、人工智能等新技术,新型消费较好地实现了市场供给与消费需求两侧的精准对接,推动线上线下有效融合,不断释放出新红利。新型消费通过创造新的消费点和创新消费方式,在稳定经济增长、释放经济活力、挖掘市场潜力等方面起到重要作用,有效提高了经济韧性。近几年,新型消费带来的物流畅通与消费方式改变极大地缓冲了新冠肺炎疫情对经济的冲击,很大限度上起到恢复经济和扩大内需的积极作用,逐渐成为引领国内大循环的核心动力之一。在数字经济时代,新型消费成为城市现代服务业发展的典型,而象征城市中心区域繁荣程度的 CBD 是新型消费内容的主要聚集地。CBD 是以现代服务业为核心的特殊经济功能区,发展新型消费对促进 CBD 现代服务业升级、提升产业活力和创新力具有重要作用。CBD 凭借区位优势和商业底蕴加速形成新型消费要素资源引力场,充分激活消费能量和创新能量,充分发挥提升上下产业链经济韧性的枢纽作用,在创新新型消费业态与模式方面进行了一系列探索和创新。北京、上海、广州、天津、重庆等国际消费中心城市均将 CBD 作为新型消费发展的重要载体。未来,加快发展新型消费、提升消费能级、释放消费潜能,增强主导产业辐射功能,拓宽市场空间,打造高质量新型消费产业生态圈,将是 CBD 增强经济韧性、保持经济健康平稳增长的必然选择。

二 新型消费成为提升 CBD 经济韧性的重要支撑

新型消费是经济发展到一定阶段后的新现象。与传统消费相比,新型消费能极大地激发消费潜力,引导消费需求。面对新冠肺炎疫情与国际竞争的双重压力,培育新的发展动力、提升经济韧性,可从新型消费方面探索经济发展新的增长点和突破口。

(一)新型消费:"产+消"物联网对接下消费升级的产物

通过助力新型消费发展来实现 CBD 经济韧性提升首先需要厘清新型消费的内涵,以及新型消费对驱动 CBD 经济韧性提升的作用。新型消费是消费升级的必然产物，生产物联网和消费物联网有效结合加速了新型消费的形成，并丰富了新型消费的内容，创新了新型消费形式。新型消费是所有新型消费形态的统称，并不是某种单一的消费。从其内涵上理解，新型消费具有阶段性，其形成是一个动态过程。新型消费是伴随社会发展的客观存在，在不同的发展阶段，新型消费的内容和方式不同。当前的新型消费与现代互联网技术密切相关，是伴随以互联网技术为核心的技术创新下形成的新的消费理念、消费内容和消费方式。新型消费的"新"主要体现在以下方面。一是消费内容新。在新技术和新理念的支撑下，新的消费内容和模式不断涌现。新的消费产品主要包括新的实物消费和新的服务消费，如基于互联网平台的信息类产品，包括信息技术消费、电子商务消费等。新的服务型消费主要包括享受类和发展类消费，如康养消费、生态旅游、教育培训等。二是消费品质新。消费者对产品和服务的要求显著提升，重视物质和精神两个层面的消费。三是消费模式新。新型消费主要依托"互联网+"的模式，以数字化和信息化为主要特征，线上线下相结合，消费方式和消费场景更加多元和细分。

近年来，国家出台了一系列政策来支持新型消费发展。2015 年国务院发布的《关于积极发挥新消费引领作用 加快培育形成新供给新动力的指导意见》和 2020 年国务院办公厅发布的《关于以新业态新模式引领新型消费加快发展的意见》均强调了新型消费的作用，并对加快新型消费发展提出了新的要求；党的十九大报告提出要培育新的增长点并形成新动能；等等。可以看出，国家大力发展新型消费的重大战略安排，技术的发展与政策的支持为新型消费发展奠定了扎实的基础。在国家政策支持下，我国新型消费产业蓬勃发展，逐渐成为我国经济发展的新增长点。

表1　国家支持新型消费的部分政策文件

发文部门及文号	政策文件
国办发〔2020〕32 号	《国务院办公厅关于以新业态新模式引领新型消费加快发展的意见》

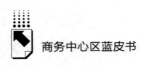

发文部门及文号	政策文件
国办发〔2019〕42 号	《国务院办公厅关于加快发展流通促进商业消费的意见》
国办发〔2019〕41 号	《国务院办公厅关于进一步激发文化和旅游消费潜力的意见》
发改产业〔2019〕967 号	《关于印发〈推动重点消费品更新升级 畅通资源循环利用实施方案〉(2019—2020 年)的通知》
国办发〔2018〕93 号	《国务院办公厅关于印发完善促进消费体制机制实施方案(2018—2020 年)的通知》
国发办〔2017〕40 号	《国务院关于进一步扩大和升级信息消费 持续释放内需潜力的指导意见》
国办发〔2016〕85 号	《国务院办公厅关于进一步扩大旅游文化体育健康养老教育培训等领域消费的意见》
发改环资〔2016〕353 号	《国家发展改革委、中宣部、科技部等印发关于促进绿色消费的指导意见的通知》
国发办〔2015〕66 号	《国务院关于积极发挥新消费引领作用 加快培育形成新供给新动力的指导意见》

资料来源:作者整理。

(二)新型消费为经济韧性提升带来充足动力

在疫情常态化下,发展无接触的商业模式对恢复经济非常重要。CBD 作为城市发展的中心,其面对冲击的恢复能力是支撑城市健康发展的重要因素。随着数字经济发展,无接触配送到家等新型消费不断崛起,新的消费形式不断出现并扩大了内需。尤其是在新冠肺炎疫情的冲击下,传统经济受到较大抑制,新冠肺炎疫情倒逼信息技术加速向网络购物、移动支付、线上线下融合等新型消费领域渗透,新业态新模式表现出强大生命。国家统计局发布的数据显示,2020 年,全国网上零售额比上年增长 10.9%,实物商品网上零售额增长 14.8%,实物商品网上零售额占社会消费品零售总额的 24.9%,新型消费加速了快递物流业发展,全年快递业务量超过 830 亿件,比 2019 年增长超过 30%。可见,在全球疫情加速演变、经济下行压力依然较大的形势下,新型消费已经成为新的经济增长点,在稳增长、扩内需方面将发挥更为积极的作用。

（三）发展新型消费有助于打开 CBD 内需新空间

与传统消费相比，新型消费具有创新性和成长性，能较好地契合居民的消费升级，CBD 作为城市最繁华的消费中心，应起到引领消费的作用，提高新型消费产品的供给能力，CBD 大力培育新型消费能为 CBD 中长远发展创造新的空间，具体表现在以下方面。一是创新 CBD 业态模式，推动线上线下深度融合。场景融合是新型消费的典型特征，线上线下融合是新型消费的主导模式，线上线下相结合的消费模式有助于 CBD 扩大跨界产品供给能力，丰富 CBD 新型消费的内容。二是提高产销的配置性，提高 CBD 商品流通效率，实现资源高效配置。CBD 是城市消费资源聚集中心，CBD 能依托大数据了解消费者需求的变化，帮助生产者或供应商及时调整产品供给类别与数量，并通过整合营销、支付、物流等环节来创新供应链，以满足消费者的需求。三是提高 CBD 发展的可持续性。在网络和技术的支持下，新型消费扩大了消费内容和范围，有助于提高 CBD 商品和服务的价值，增加 CBD 消费业态的多样性。CBD 通过产消直接匹配，能降低入驻商家的营销成本，扩大新型消费的规模，提高服务效率。可见，新型消费能从创新消费产品、增强产品价值、提高发展持续性等多个角度来提升 CBD 的经济韧性。

（四）新型消费是提升 CBD 经济韧性的必然选择

强劲的经济韧性是 CBD 面对冲击的重要支撑，依托网络技术与大数据支持，CBD 发展新型消费适应消费升级来提高经济韧性是 CBD 未来发展之路的必然选择。一是 CBD 能依托新型消费业态模式为消费者提供更多的特色产品，能更好地满足消费者的个性化需求。CBD 通过加强技术场景应用，能丰富产品的供给内容、增强产品的创意、推动服务模式创新，提升商圈品质。二是 CBD 发展新型消费是促进 CBD 高质量发展的必然选择。CBD 围绕新型消费的发展趋势来引导投资、创新和发展布局的调整，能引导新型消费催生新技术新内容，提高 CBD 商圈的投资价值，提高 CBD 的附加值与综合竞争力。三是发展新型消费有助于推行 CBD 更好地服务国家发展，畅通国内大循环。消费是增强经济动力与扩大内需的有效方式，消费是经济循环的终点与起点，发展新型消费是助力 CBD 融入新发展格局的必然选择。助力 CBD 新型消费发展，有效打通生产到消费的环节，促进现代物流业快速发展，能显著提高 CBD 经济循环的活力，提高 CBD 的商品流动性，在创造更大的经济价值的同时提高经济韧性。四是发展新型消费有助于 CBD 提高智能化水平与新场景的应用水平。科技化、智慧化和创新性是新型消费的重要特征，是新型消费供给端的发展方向，有助于提高新型消费的供给能力并创造新的消费点。CBD 作为城市的高端消费中心，应最先掌握新型消费的应用场景，起到对消费和创新的引领作用。另外，消费者对新型消费的需求会倒逼创新，促进 CBD 加强技术应用。

三 中国 CBD 发展新型消费的成效与问题

（一）中国 CBD 发展新型消费的成效

我国各大城市 CBD 均是城市经济发展的风向标，新型消费成为 CBD 培育新增长点的重要着力点。中国 CBD 发展新型消费的成效主要体现在以下方面。

一是创新消费新业态，释放经济新动能。中国 CBD 在聚集优质消费资源、建设新型消费商圈、推动消费融合创新、打造消费时尚风向标和加强消费环境建设等方面已经取得了重要实践成果。各地 CBD 凭借成熟的商圈环境和国际化氛围聚集了丰富的优质消费资源，大力发展品牌经济、首店经济。如北京 CBD 积极落实北京市《促进首店首发经济高质量发展若干措施》，通过完善品牌首店首发服务体系、支持品牌首店落地发展、打造全球品牌首发首秀展示平台、支持商业品牌总部发展等措施，吸引了一批国内外顶级首店、旗舰店、创新概念店入驻。2021 年，北京 CBD 引入 157 家首店，成为北京市首店引入最多的区域。上海虹桥国际 CBD 在承接中国国际进口博览会等重点展会方面产生溢出效应，通过大力发展首发、首秀经济，吸引国内外消费品首店、国内外知名品牌、网红品牌、国潮品牌落地，打造新一代进口商品消费商圈。

二是丰富消费业态，打造消费时尚风向标。如上海虹桥国际 CBD 通过加强指导商业重点项目建设、数字商圈、夜间活动等内容，不断形成高能级、高品质的消费地标。2021 年，光大安石虹桥中心 ArtPark 大融城、首位SHOWAY 和富昱前湾印象城均被列为上海市市级重点消费地标。北京 CBD按照《北京市"十四五"时期商业服务业发展规划》，着力发展"时尚活力型、商旅文体融合发展型、便民服务型"夜间经济形态，打造具有全球知名度的"夜京城"消费品牌。郑东新区 CBD 积极探索建立夜间经济发展协调机制，建立"夜间区长"和"夜生活首席执行官"制度，鼓励公开招聘具有夜间经济相关行业管理经验的人员担任"夜生活首席执行官"，协助"夜间区长"工作，在一系列政策的支持下，CBD 商圈夜间消费成为拉动城市经济发展的重要力量，形成了丰富的夜生活消费业态。

三是推动消费融合创新，伫立起数字经济"新标杆"。如广州天河 CBD积极引育平台型电商，发展定制消费、智能消费、体验消费等新业态，发展"线上引流+实体体验+直播带货"新模式，形成了多元融合的消费场景业态模式。广州琶洲 CBD 积极培育发展 MCN（多渠道网络服务）、内容创作服务等机构，积极拓展数字技术应用场景，聚焦交通、医疗、教育、安防、城市管理、传统产业转型升级等领域持续建设应用场景示范项目，利用直播等新媒体推动商贸服务业创新发展。北京"总部"经济、"数字"经济加速聚集，多家数字化特征明显的总部落户北京 CBD，形成数字总部聚集发展趋势。

四是建设新型商圈，商业能级显著提升。CBD 重视商业能级提升，围绕商业重点项目建设、数字商圈、夜间活动开展等方面加强指导，不断引入高能级、高品质的消费地标。如上海大力发展保税、免税、离境退税、即买即退、跨境电商新模式等，引入多个高能级消费地标。北京通州运河 CBD依托重点商业综合体项目，探索搭建智慧商圈大数据管理平台和"云逛街"平台，打造数字消费商圈。西安市碑林区长安路 CBD 依托长安路中轴线，有效利用城市轨道交通，形成文化旅游与精品商业相辅相成的体验式购物商圈。

五是打造智慧新生活，培育壮大"互联网+"消费新模式。如上海虹桥国际CBD加强新型消费场景应用，大力培养数字商圈，建设直播基地，帮助电商平台孵化新品牌，开展了多场消费活动，如举办购物节、直播月等商业活动以提高新品牌的社会影响力。2021年，上海首发超3000款新品、开设首店超1000家等。广州天河CBD重点推广线下线上集合，加大政策支持力度，完善基础设施，多路径全面壮大新型消费。重庆解放碑CBD全方位提升消费者的体验感，加快促进新型消费与生活生产的有效融合，积极打造地方文化特色突出的特色消费场景。此外，多个CBD区域都在积极探索新型消费发展的有效方式，推出了系列新型消费培育方案，以地方特色为宣传点打造特色消费场景，促进形成新的消费业态，发展新的消费模式，以此不断激发市场潜力，提升CBD的经济韧性。

（二）中国CBD发展新型消费存在的问题

与此同时，CBD新型消费领域发展过程中还存在一些短板，总体表现为新产业、新业态、新模式发展不足，高技术含量、高附加值、高人力资本投入的未来产业发展不活跃，生态化程度有待提高，新兴产业尚未形成规模经济，亟须培育新的发展动能。

一是新型消费产业化基础薄弱。整体而言，中国新型消费还处于发展阶段，传统消费还没有完成全面升级，新型消费还缺乏产业化基础。当前新型消费从生产、销售到支付还没有形成完整的产业链，新型消费产品的供给能力不足，还没有体现出普惠性，特别是个性化的定制类新型消费价格昂贵，还没有充分发挥其对经济韧性的支撑作用。新型消费最突出的特色是其充分的便利性，消费者购买商品和服务不受时间和空间限制，而满足CBD消费便利性需要建立完善的新型基础设施，让CBD的基础设施可以匹配新场景应用。如郑州郑东新区CBD夜间消费区域主要依附于传统商圈，商业项目整体较为分散，传统的核心商圈内的项目互动不足。品牌层级与周边客群消费水平不符，对全市客户的吸引力不足，辐射范围偏小，一定程度上影响了商业价值提升。

二是新型消费创新人才缺乏。人才是发展的第一资源，新型消费需要新型人才支撑。新型消费包含内容丰富，消费形式多样，需要与之相匹配的人才资源。第一，新型消费依托平台实现产销对接，而平台开发与维护特别需要掌握相关技能的高级人才，普通服务人员不能充分满足平台所需的技能。第二，新型消费对服务人员的要求更高。随着人们消费需求的扩张，个性化、定制化的专属服务普及度提高，而这类消费需要专业化的人才提供服务。另外，如教育、康养等新型消费产品需要高级人力资源来创新产品功能，而当前我国新型消费专业人才并不充足，特别是中西部地区受整体收入水平的限制，CBD 更加缺乏人力资本。如宁夏 CBD 辖区缺少发展新型消费所需的高端型、创新型人才，同时由于缺乏相应工作岗位、薪酬水平较低、人才政策吸引力弱等问题，CBD 对人力资本的吸引能力不足，人才队伍结构性短缺，存在本地人才留不住、外地人才不愿来的困境。

三是特色优势不明显且产业融合不足。我国新型消费对经济的激发作用已经凸显，但目前 CBD 新型消费产业高质量发展还存在短板。第一，我国新型消费产业起步晚，缺乏核心竞争力，招引的企业带动、孵化、辐射能力不强，数字经济优势发挥不明显。第二，CBD 新型消费产业还没有形成以关联产业为集群的产业特色楼宇，楼宇经济、楼宇产业集聚效应发挥不到位，特别是中西部地区的 CBD 以传统消费业为主，新型消费发展水平不足。第三，依托数字经济发展的新型消费业态的产业细分精准度不够，数字经济产业竞争力不强，与工农业融合不足。很多 CBD 仍处于产业链中低端，大数据、人工智能、区块链、城市大脑等数字经济高级业态处于发展不足的阶段，其产业特色优势不明显，缺乏龙头企业的引领，新型消费的总部经济优势不足，数字经济、科技服务缺乏具有核心竞争力的技术与产品，新型消费楼宇产业集聚效应发挥不到位。

四是区域 CBD 新型消费发展不平衡。中国东部 CBD 和中西部 CBD 新型消费发展水平还存在较大差异。东部的北京、上海和广州 CBD 的国际化程度高，对外开放程度也是最高，其新型消费业态丰富、技术情景应用充分。而中西部部分 CBD 以金融类总部入驻为主，其新型消费业态发展不足，新型消费供给能力较低，餐饮休闲娱乐配套、教育、医疗等生活资源融合程度不高，对高端优质企业吸引力不足。

四　新型消费提升 CBD 经济韧性的思路与对策

（一）推动线上线下相结合，创新新型消费业态

新型消费业态的创新与发展需要线上线下有效融合才能不断丰富内容，要加强传统产业的数字化改造，利用智慧平台高效地完成传统消费的数字化升级，引导 CBD 开发更多原创性的新型消费产品，组织多种推广模式引导品质消费，推动消费者从传统消费模式向新型消费模式发展，并推动传统产业全面升级。CBD 要发展以互联网为载体的现代产业，建立和提升"互联网+服务"的新型模式与电子商务服务平台，加快 CBD 入驻商家与社会需求的有效对接，促进线上线下融合发展。CBD 要大力发展消费者所需的新型消费业态，重点有序发展线上教育、扩大网络课程规模并创新网络教学模式，让消费者能够更加便利的获得消费产品，推动教育类资源共享，扩大消费覆盖面。CBD 要大力培育新型健康产业，大力发展康养产业、互联网健康医疗产业，通过建立配套的网络平台分时段进行预约诊疗、网络消费等服务，减少消费者无效等待的时间。深入发展在线文娱产业，将线下文化消费转移到线上，尽可能减轻各种冲击对文化娱乐产业的影响，支持企业依托互联网将线下文化娱乐打造为数字精品内容并通过网络平台更好地实现资源传播。发展新型消费新业态还可重点发展智慧生态旅游、线上健身培训等，不断将新消费拓展到更宽广的领域。要推进 CBD 大中小企业协同联动发展、推动新型消费和传统消费相互促进，为网络消费和实体消费融合发展创造宽广的空间，加速形成 CBD 更为完整的消费产业链。

（二）加快 CBD 智慧基础设施建设，提升 CBD 服务保障能力

新型消费离不开新型基础设施的支撑，因此 CBD 要加大数字平台建设力度，包括 5G 网络、数据中心、物联网等新型基础设施，重点覆盖 CBD 核心商圈、CBD 园区等主要应用场景。打造 CBD 一流的网络环境、建设全覆盖的安全通信网络，实现 CBD 基础设施数字化智慧化升级。加强打造 CBD 数字示范平台，依托数字平台使产业链由单一链条向网络链条转换，以此提高 CBD 的产业韧性。CBD 的数据平台可重点放在建设数据交易示范平台和专业研发创新示范平台这两个方面，通过平台对 CBD 消费数据及时进行整合，为相关部门制定 CBD 发展规划提供更加真实的消费信息。CBD 还应在有效风险防控的前提下，推动智能化技术集成创新应用，加快商品溯源、跨境消费与汇款、供应点金融以及电子票据的数字化应用场景，安全有序地推进 CBD 数据共享，打通 CBD 之间信息传输的应用堵点，提高 CBD 之间的数据商用共享水平，更好地为商家提供算力支持和探索受消费者欢迎的服务，以此更好的激发 CBD 新型消费潜力。

（三）建设国际 CBD 消费中心，提高 CBD 的国际消费能级

CBD 是城市经济最繁华的地方，也是城市参与国际竞争的有力支撑。近年来，虽有大量的国际大公司入驻各个城市的 CBD，但中国 CBD 的国际消费能级总体不高，CBD 的国际竞争力还比较欠缺，北京、上海、广州等一线城市世界 500 强企业入驻较多，但中西部城市 CBD 的国际大公司总部入驻情况并不理想，与国际消费能级较高的一线城市 CBD 相比还有很大差距。国家和 CBD 所在城市相关部门要围绕发展战略打造以 CBD 为核心的新型消费增长极，培育城市国际消费中心，建设经济辐射范围广、能力强、资源整合优势突出的国家能级 CBD。中国 CBD 要借鉴国际消费能级高的 CBD 的成功经验，总结它们新型消费发展的特点和新业态模式，聚焦"国际"方向，紧扣"消费"核心，积极引进更多国际大公司总部入驻中国 CBD，积极引进首店，积极打造具有国际影响力的消费中心，提升中国 CBD 在国际市场

中的信任度和综合实力，提升中国 CBD 应对市场冲击力的抵御能力，提升 CBD 以及整个城市的国际消费能级，以此全面提升中国 CBD 的经济韧性。

（四）加大新型消费支持力度，优化 CBD 新型消费发展环境

CBD 建设需要财政和金融政策的大力支持，财政部门要拓宽 CBD 融资渠道，按市场化的方式支持新型消费的发展，重点支持 CBD 发展综合服务与建设相关配套设施，对全力支持新型消费发展的 CBD 入驻商家给予减税降费福利。CBD 要积极深化银企合作，帮助入驻商家拓宽新型消费领域投融资渠道，优化新型消费的支付环境，推动移动支付在便民领域的广泛应用，降低商家和消费者的支付成本；CBD 要完善跨境支付管理制度，保障 CBD 商家的资金安全，同时引导生产要素向应用场景更广的新型消费领域聚集；CBD 要完善劳动保障政策和人才支持政策，帮助 CBD 商家更加精准和高效的匹配人力资本，要重视保障劳动力的合法权益，为新型消费领域吸引更多的人力资本；CBD 要特别重视营造良好的营商环境，加强相关制度建设、深化包容审慎和协同监管、健全服务标准体系，加大对 CBD 的营销宣传，多主体齐发力共同打造 CBD 良好的新型消费发展环境，为 CBD 新型消费提供充分的发展空间，以此不断增强 CBD 的经济活力，提高 CBD 的经济韧性。

参考文献

徐向梅：《新型消费打开内需新空间》，《经济日报》2022 年 5 月 8 日。

郑英隆、李新家：《新型消费的经济理论问题研究——基于消费互联网与产业互联网对接视角》，《广东财经大学学报》2022 年第 2 期。

赵竹青：《支持发展首店经济、首发经济壮大新型消费》，《大众投资指南》2022 年第 6 期。

内蒙古自治区宏观经济研究中心课题组、杜勇锋、华连连：《新型消费内涵及发展新型消费对内蒙古的重要意义》，《北方经济》2022 年第 2 期。

林晓珊：《新型消费与数字化生活：消费革命的视角》，《社会科学辑刊》2022 年第 1 期。

　　高富锋、董经圣：《中国经济高质量发展下新型消费市场的"三核"竞争力研究》，《内蒙古财经大学学报》2021 年第 6 期。

　　高振娟、赵景峰、张静、李雪：《数字经济赋能消费升级的机制与路径选择》，《西南金融》2021 年第 10 期。

　　杭州市发展和改革委员会、浙江省发展和改革研究所联合课题组：《消费数字化、数字消费化推动国际新型消费城市建设》，《浙江经济》2021 年第 5 期。

　　王桂荣、苏贵良：《消费对经济增长的拉动作用研究——基于城乡消费结构的比较》，《南京审计学院学报》2014 第 11 期。

B.5
建设新型商圈增强 CBD 经济韧性的思路与对策

张双悦　武占云*

摘　　要： CBD 经济韧性的核心在于增强其在城市中的自组织、适应压力和变化的能力，完善抵抗、恢复、重定向、更新的韧性能力。在面对我国经济下行压力、新冠肺炎疫情反复、国际形势复杂多变的形势下，中国 CBD 在支撑国际消费中心城市建设、建设新型消费商圈等方面取得了重要实践，为扩内需、促增长做出了积极贡献，但仍面临诸多新形势和新挑战。CBD 应以促进商圈业态创新、建设智慧商圈、优化商圈布局、提升商圈品质等为着力点，加快建设新型商圈、增强发展韧性。

关键词： CBD　新型商圈　经济韧性

目前，我国数字经济正在进入快速发展阶段，已逐渐成为我国经济高质量发展的新引擎。新冠肺炎疫情不仅给国际经贸形势带来严峻挑战，还增加了我国国内经济下行风险与压力，同时给新发展格局的构建带来不利影响。新型商圈作为践行"互联网+"消费与应用数字经济的重要承载地，在促进消费、扩大内需和畅通国内大循环中都具有重要作用，是拓宽消费渠道、发展新消费模式的关键一环。因此，积极发展智慧商圈、数字商

---
* 张双悦，天津商业大学经济学院讲师，博士，研究方向为城市与区域发展；武占云，中国社会科学院生态文明研究所副研究员，博士，研究方向为城市与区域经济、国土空间开发与治理等。

圈，加快建设新型文旅商业消费聚集区、打造新型网络消费节点，发展新业态、新模式等，是应对新冠肺炎疫情、增强 CBD 经济韧性和经济活力的必然选择。

一　建设新型商圈，增强 CBD 经济韧性的必然性

所谓"韧性"，联合国政府间气候变化专门委员会（IPCC：Intergovernmental Panel on Climate Change）认为："韧性用来描述一个系统能够吸收干扰，同时维持同样基础结构和功能的能力，也是自组织、适应压力和变化的能力。"戈德沙尔克（Godschalk）认为，"韧性"应该强调的是可持续的发展能力，对于城市而言，就是城市可持续的物质系统和人类社区的结合体；杰哈（Jha）、迈纳（Miner）和斯坦顿－格迪斯（Stanton-Geddes）在上述研究基础上，进一步论述了城市韧性包括基础设施韧性、制度韧性、经济韧性和社会韧性等四个维度[①]。对于 CBD 经济韧性而言，就是要增强其在城市中的自组织、适应压力和变化的能力，完善抵抗、恢复、重定向、更新的韧性能力。在当前形势下，CBD 的韧性发展面临诸多机遇与挑战。

（一）全球经济下行给 CBD 建设带来挑战

党的十八大以来，面对经济发展过程中不断交织叠加的新矛盾、新问题、新困难，以习近平同志为核心的党中央科学研判国内外形势，始终保持战略定力，不断创新宏观调控，有力的实现了"十四五"规划和第二个百年奋斗目标新征程的良好开局。当前，我国经济发展韧性强、潜力大，长期向好的基本面没有发生变化。但必须认识到，无论从国内还是国际来看，全球经济的发展都面临着巨大挑战。

[①]　邵亦文、徐江：《城市韧性：基于国际文献综述的概念解析》，《国际城市规划》2015 年第 2 期。

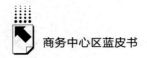

从国内来看，我国已由高速增长转向中高速增长，国内经济面临着"需求收缩、供给冲击、预期转弱"三重压力，经济发展遭到直接冲击，尤其是服务业遭受的冲击更为严重，国内供应链遭到一定程度破坏，在高质量发展等方面存在诸多障碍。从国际来看，在疫情冲击之下，全球正处在公共卫生风险、经济金融风险、地缘政治风险等多风险叠加中，国际市场的循环开始出现不畅通的现象，这不仅给我国的"引进来"与"走出去"战略带来挑战，而且给我国"双循环"新发展格局的构建带来阻碍。总之，无论是国内还是国际层面，全球供应链都受到极大冲击，全球经济在较长一段时间都难以恢复。在诸多问题叠加之下，民众消费文化心理、消费习惯等都发生了诸多改变。与此同时，伴随人工智能+大数据+5G+区块链的结合，多个行业也迎来了革命式的发展。因此，CBD 经济韧性的发展面临着机遇与挑战。

（二）国际消费中心城市建设为 CBD 经济韧性建设提供机遇

2018 年 9 月，中共中央、国务院公布《关于完善促进消费体制机制　进一步激发居民消费潜力的若干意见》，提出建设若干国际消费中心城市的目标。通常而言，国际消费中心城市是一个高度发达和繁荣的消费市场，是一国乃至全球消费市场的制高点、全球消费资源的配置中心、引领全球消费发展的创新高地。国际经验表明，GDP 万元级以上城市更有可能率先成为国际消费中心城市，北京、上海、广州、南京等城市就具备此条件。

2020 年 5 月 14 日，中央政治局常务委员会会议首次提出要"充分发挥我国超大规模市场优势和内需潜力，构建国内国际双循环相互促进的新发展格局"。在新冠肺炎疫情的冲击下，亟待依靠国内大循环来保证经济平稳健康发展。而国际消费中心城市的建设，不仅是有力提升国内市场规模、进一步刺激消费潜力的空间载体，而且更是增强经济韧性的重要抓手。CBD 作为城市发展的高地，往往是城市的消费中心。其起源于商业中心，之后逐渐演变为复合性的地域空间，兼具"商业+商务"功能；时至今日，CBD 演变为以商务为主、商业为辅的发展模式，有鉴于此，其更要利用好建设国际消费中心城市的契机，促使商务功能朝着高质量的方向发展，提升商业功能，增强 CBD 抵抗、恢复、重定向、更新的韧性能力。

（三）统一开放的市场体系为 CBD 增强经济韧性提供环境支持

CBD 是商贸流通的重要枢纽，统一开放的市场体系不仅为 CBD 传统商圈改造、生活性服务业的升级提供基础，更为营商环境的改善、社区服务圈的优化提供支撑，更为 CBD 消费能级、消费活力和消费创新能力的提升提供了重要渠道。首先，统一市场体系为要素流通提供了渠道，为推进商务领域城市更新、推动传统商业提质增效提供软环境支撑。[①] 在增加消费领域增长点的基础上，提升了传统商圈的消费活力。其次，统一市场体系为进一步推动"一刻钟社区服务圈"乃至 CBD 内部的高品质商圈构建等奠定了基础，在提升社区生活品质的同时提升了社区服务圈的品质，并进一步加快社区服务圈的升级。最后，统一开放的市场体系为更多创新要素、创新产品等畅通高效地流入 CBD 内提供了环境，从而促使 CBD 不断发展更多新业态与新模式，提升其消费能级与创新能力。

（四）"互联网+"及"数字经济"时代为 CBD 增强韧性夯实基础

"十四五"时期，我国提出要继续加快促进数字技术向经济社会和产业发展各领域广泛深入渗透，推进数字技术、应用场景和商业模式融合创新，推动相关体制机制的协同创新。而"数字时代"，恰好为提升 CBD 的抵抗、恢复、更新能力提供机遇。

从恢复来看，"互联网+"、数字经济为传统商圈与产业的升级提供了数据平台，有效实现了在线交易、精准营销，进一步赋能传统商圈提质升级，重构商业形态，提升商业效率。从更新来看，"互联网+"、数字经济为新商

---

① 北京市商务局：《关于印发〈北京市"十四五"时期商业服务业发展规划〉的通知》，2021。

圈加快培育发展智慧流通服务平台、新零售门店、智能消费体验中心等新技术、新模式、新业态，挖掘 CBD 网络消费新增量等提供了机遇。同时，大数据技术还为增强线上供需信息匹配、线下商品集散配送能力，提升 CBD 营商环境与商业效率提供技术支持。此时，"恢复"与"更新"能力形成"抵抗"的合力，为 CBD 打造更多商业发展新热点、新平台、新载体，培育智慧商业新业态新模式，促进传统商圈向体验式、参与式、互动式转变，打造国际化、品质化、数字化试点商圈构建坚实基础。①

二　国内 CBD 商圈建设的实践进展与问题

新冠肺炎疫情的冲击给我国经济发展带来了巨大的下行压力，同时也给 CBD 经济韧性的发展带来了十足的挑战。当前，CBD 在支撑国际消费中心城市建设、发展新型商业业态、促使智慧商圈建设等方面取得了重要的实践进展。但在消费能级、同质化竞争、品质、体制机制保障等方面仍然面临诸多问题与挑战。

（一）CBD 成为建设国际消费中心城市的重要支撑

2021 年 7 月，经国务院批准，我国在上海、北京、广州、天津、重庆五个城市率先开展国际消费中心城市培育建设。五个试点城市在培育建设国际消费中心城市的进程中，均将 CBD 作为建设国际消费中心城市的重要载体。如北京市提出依托 CBD 的华贸购物中心、国贸商城、北京 SKP 等商业综合体，加快形成千亿级国际化商圈；重庆市以推进 CBD 建设作为提升消费平台、打造国际消费集聚区的重要任务；广州提出要加强珠江新城 CBD 的消费引领作用；香港中环 CBD 作为连接内地与其他国家和地区的门户，借助"一国两制"的制度优势已发展成为国际消费中心，其成功经验在于在区域内实行低税率的自由港政策、树立优质消费品牌形象以及积极发挥品

---

① 北京市商务局：《关于印发〈北京市"十四五"时期商业服务业发展规划〉的通知》，2021。

牌效应等。总的来说，各地 CBD 通过打造数字消费新业态、促进商圈提档升级、丰富消费场景、发展智慧商圈等方法，有效推动了新型消费的快速发展，同时为城市发展注入了新活力。

2021 年，北京 CBD 首店经济实现新突破，助力国际消费中心城市建设。中心区和功能区社会消费品零售总额分别为 434.6 亿元和 1359.3 亿元，同比增长 14.1% 和 15.4%。CBD 商圈引入首店 157 家，占全市 901 家的 17%，占朝阳区 483 家的 32%，是全市引入首店最多的商圈，其中，SKP 和 SKP-S 引入首店 34 家、国贸商城引入 22 家。同时，北京 CBD 国际顶尖资源占比为北京市最高，跨国公司总部占比达到 60%，常住外籍人口占比达到 50%，国际商会及组织占比达到 80%；与其他 CBD 相比，广州 CBD 世界 500 强机构数量为 138 个，上海 CBD 为 136 个，北京 CBD 则达到163 个①。

（二）新型商业业态不断涌现

自新冠肺炎疫情发生以来，在我国乃至全球，均涌现出一批新型商业业态，如新能源、三坑文化、亲子业态、微醺经济等，在适应疫情形势及国际国内形势变化的同时，新业态的涌现也推动了经济发展与产业优化升级。

在零售业方面，出现了如橙心优选、盒马邻里、苏果 City、HARMAY 话梅（北京西单更新场店）、The Colorist 等新业态（见表 1）。此外，新型商圈的消费模式正逐渐朝着"多元化的融合"方向发展，如西西弗书店，其内部就采用"书店+咖啡"的复合经营模式。② 总之，以上新业态最大的特点便是针对年轻群体，着力打造新消费场景、构建新渠道，目的是提升消费能级，进而促进城市功能的完善与经济的高质量发展。

---

① 资料来源：根据中国商务区联盟提供数据整理。
② 和桥商业研究中心：《盘点 2021 十五大新型业态（下）：酒+& 复合+新业态、山系生活、圈层文化……激发购物中心新活力》，http：//news. winshang. com/html/069/6862. html，2022 年 2 月 28 日。

表1　2021年全国新型商业业态一览

时间	新业态模式	内容
2021年3月20日	橙心优选仓储量贩店	具备零售终端消费场景，且可以额外分担橙心优选部分中心仓的容量压力，补充橙心优选线下仓储配送能力
2021年4月28日	盒马邻里	该店是盒马继盒马X会员店、盒马mini等业态后于2021年推出的第9个新业态，重点以社区商业为主
2021年6月25日	苏果City	首次亮相准安金地MALL、泰州万象城。作为全新业态品牌，苏果City聚焦年轻人群、新一代城市家庭，是苏果超市的精品升级版门店
2021年7月2日	苏宁家乐福全国首家社区品质生活中心	门店主打"品质生活"的新概念商超通过重塑供应链、打造新场景、构建新渠道
2021年9月17日	R-one	主打高端超市业态品牌，是人人乐在消费升级背景下对主营业务上的新尝试
2021年9月29日	雪王城堡体验店	蜜雪冰城在郑州推出集作餐出餐、咖啡·烘焙、奶茶·果区、炸串、冰激凌屋、冰激凌互动区、雪王魔法铺、主题打卡点、休息区于一体的体验集合店
2021年9月30日	京东MALL	其全国首店在西安正式开业，定位为全场景综合类消费主题购物中心
2021年11月11日	MUJI無印良品中国首家生鲜复合店	在上海开业，其门店主要由無印良品店铺和七鲜超市两大区域组成

资料来源：新零售财经：《复盘2021：零售圈十大新业态》，https：//baijiahao.baidu.com/s？id=1720299757995252226&wfr=spider&for=pc。

　　进一步聚焦到城市生活经济与生产经济发展的高地CBD上，各CBD在首店经济、夜间经济、体验经济、网红经济等领域的业态创新发展水平与力度也在不断提升。上海虹桥国际CBD承接中国国际进口博览会等重点展会溢出效应，大力发展首发、首秀经济，吸引国外消费品首店、体验店、国内外知名品牌、网红品牌、国潮品牌落地，促使商圈能级的进一步提升。北京CBD则是加大重点项目的引进力度，充分发挥"首家""首批""首店"的效应；同时按照《北京市"十四五"时期商业服务业发展规划》，着力发展"时尚活力型、商旅文体融合发展型、便民服务型"夜间经济形态，打造具有全球知名度的"夜京城"消费品牌。广州天河CBD积极引育平台型电商，发展定制消费、智能消费、体验消费等新业态；丰富消费场景业态模式，发展"线上引流+实体体验+直播带货"新模式。郑州郑东新区 CBD 正在积极探索建立夜间经济发展协调机制，建立"夜间区长"和"夜生活首席执行官"制度，鼓励公开招聘具有夜间经济相关行业管理经验的人员担任"夜生活首席执行官"，协助"夜间区长"工作。

（三）智慧商圈建设步伐加快

数字经济是继农业经济、工业经济之后的主要经济形态，正推动生产、生活和治理方式的深刻变革①，在促使新业态新模式竞相发展的同时，为全球化以及智慧商圈、智慧场景、智慧城市的构建带来了新机遇。目前，北京运河 CBD、北京朝阳 CBD、上海南京路 CBD 等地均在提高城市治理现代化水平和网络运作能力，在推进数字商圈建设等方面都取得了重要成就。

一是 CBD 智慧商圈的建设推动了城市治理现代化水平的提升。北京通州运河 CBD 全面推进 5G 技术在运河商务区楼宇全覆盖，提升网络信息空间安全策略管控、网络监测预警、网络内容与行为管理、网安联动、应急协同调度等防护能力，切实提高了城市治理的现代化水平。

二是各区域 CBD 数字商圈的建设在稳步推行。北京 CBD 于 2022 年 4 月 18 日推动了 CBD 商圈联盟的成立②，联盟成立后，将推动商圈错位发展、良性互动，助力北京国际消费中心城市建设。③ 北京通州运河 CBD 依托爱琴海、新光大等重点商业综合体项目，探索搭建智慧商圈大数据管理平台和"云逛街"平台，打造数字消费商圈。上海南京路 CBD 采用电子围栏的方

---

① 《国务院关于印发"十四五"数字经济发展规划的通知》（国发〔2021〕29 号），2021。

② 联盟成员主要包括北京 CBD 各行各业，由北京 CBD 辖区内的中国国际贸易中心、北京银泰中心、北京 SKP、合生汇、秀水街商厦等 15 个商业项目，以及北京星巴克、建投书局、元气森林、华为技术有限公司、泡泡玛特等 10 余家企业。

③ 北京市朝阳区人民政府：《北京 CBD 成立商圈联盟　推进国际消费中心城市主承载区建设》，http://www.bjchy.gov.cn/dynamic/zwhd/4028805a8037f07a01803a8c9f6e021f.html。

式，将进入南京西路商圈的游客、消费者情况进行数据采集。广州人工智能与数字经济试验区琶洲核心区大力推动新零售业的发展，积极培育发展MCN（多渠道网络服务）、内容创作服务等机构，利用网络直播等新媒体推动商贸服务业创新发展。西安碑林区长安路CBD依托长安路中轴线，有效利用城市轨道交通，形成文化旅游与精品商业相辅相成的体验式购物中心，吸引多元消费群体。武汉CBD聚焦智慧城市建设，加强人工智能、区块链、5G等创新技术在商务区的发展和应用，加快推动智慧商务区建设等。

三是楼宇经济管理系统不断升级。北京CBD在其功能区产业转型升级中推出了楼宇经济管理系统，具体包括通知通告、企业基本信息管理、政策申报、政策集合、企业服务需求采集以及后台管理等六大模块。同时，聚焦打造智慧交通体系，升级改造停车诱导系统，采用中英文双语发布信息，5G传输提升时效性和精度，打造了全国首例停车数据线上线下同步发布的停车诱导系统。

四是数字货币试验区建设为深化数字人民币试点工作提供了机遇。北京通州运河商务区积极推进"北京法定数字货币试验区"建设，重点加快区内5G网络建设，完善移动支付基础设施；不断打造数字人民币生态场景、拓展应用功能，探索建设新型数字金融体系；发挥试验区先行先试政策优势，持续深化数字人民币试点工作。

（四）商圈布局不断优化升级

CBD往往定位于最高级别的商圈，其消费水平、功能完善程度、总部经济发展水平等都处在一个城市的较高地位。因此，其空间布局的优化有利于进一步促使某地经济发展水平的提高，同时对其他地区、其他商圈的发展起到一个支撑和引领作用。

一是从CBD在全市商圈布局中的地位来看，CBD的辐射带动作用仍在不断增强。如北京通州运河CBD就承担着有序承接中心城区非首都功能疏解、推进首都城市功能重组和布局优化的重要功能。上海虹桥国际CBD则担负着引领打造上海西片国际级消费集聚区、提升消费能级、支撑上海市

"4+X+2" 的商业空间体系优化升级的重要功能。[①] 广州人工智能与数字经济试验区琶洲核心区则以打造世界一流的数字经济示范区为导向，重点打造 "数字+会展+总部" 集聚区、数字文旅协同区以及数字生态拓展区，大力支持广州市数字产业发展。[②] 西安碑林长安路 CBD 则以 "聚核与辐射、破界与立场、触媒与再生、缝合与织补" 为策略，打造片区级商业中心，精细利用特色资源，强化核心特色。

二是从 CBD 自身商圈的布局优化来看，主要包括形态维度、功能维度、品质维度、活力维度等多个维度功能的完善。如北京通州运河 CBD，其主要依托标志性重大项目的落地建设，以此承接更多的优质资源向运河商务区布局和发展。同时，着力发展健康、养老、育幼、家政等便民服务，完善 CBD 的形态和品质维度。[③] 而广州天河 CBD 则在商圈的功能维度、品质维度等方面做出了重要探索，积极建设 "天河路世界级商圈"；优化商圈交通设施布局，提升天河路商圈作为商贸业集聚平台的载体功能和形象。[④] 广州人工智能与数字经济试验区琶洲核心区则大力扶持广州塔片区发展数字创意产业；积极支持海珠湿地东片区发展高端软件、集成电路设计、智慧医疗等潜力产业，聚力提升和完善各项维度的功能。

（五）CBD 新型商圈建设面临的问题与挑战

虽然我国 CBD 新型商圈的建设已取得诸多成就，首店经济、夜间经济等新消费方式已经开始为增强 CBD 新型商圈的经济韧性发挥作用，但不可否认的是，在增强 CBD 新型商圈经济韧性等方面仍面临诸多问题与挑战。

---

① "4+X+2" 是指："国际级消费集聚区、市级商业中心、地区级商业中心、社区级商业" 构成的 4 级商业中心体系，"特色商业街区、首发经济示范区、夜间经济集聚区、农产品批发市场" 等构成的 X 个特色商业功能区，以及以 "商贸物流体系、商业数字化体系" 为主的 2 个配套支撑体系。

② 琶洲人工智能与数字经济试验区工作办公室：《广州人工智能与数字经济试验区琶洲核心区数字经济产业发展规划（2021—2025 年）》，2021。

③ 《运河商务区建设发展第十四个五年规划》，2021。

④ 《广州市天河中央商务区 "十四五" 发展规划》，2021。

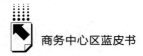

一是商圈能级有待提高。当前，虽然我国部分 CBD 商圈已提出要依托本地发展水平较高的商业楼宇、贸易中心等建设世界级商圈，但总的来看，国内 CBD 新型商圈的国际化程度仍然不高，缺少世界级商圈。以北京 CBD 和上海陆家嘴金融城为例，与国外 CBD 相比，2018 年，在甲级写字楼办公面积方面，北京 CBD 甲级写字楼占办公面积比例为 30%，上海陆家嘴金融城为 60%，纽约曼哈顿中城和伦敦金融城分别为 60%、80%。

二是商圈品质有待提升，包括交通、文化设施、绿地等公共品质。部分 CBD 区域内的楼宇建设年代久远，装修档次较低，高端写字楼的数量较少，结构性矛盾突出。同时，与国际知名 CBD 商圈相比而言，商圈内部的景观、文化氛围、国家化标识等设施的品质也较低。为此，必须进一步提升商圈内部的交通运输效率，推动商圈和商圈外部及其他商圈的联系；提高绿地面积覆盖率，打造特色景观，促进景观与商业结合，吸引办公人群、附近居民和游客，创造高品质的社交场合和商业氛围，切实提高商圈品质。

三是商圈建设面临同质化竞争。部分商圈专业化特色不明显，行业分布混杂，融合度较低，一座楼宇内往往同时存在传统服务业、房地产业、法律咨询等现代服务业；性质类似的企业又散落在各栋楼宇内，彼此之间未形成品牌效应和产业集聚效应。同时，部分起步较晚的 CBD 商圈和市域其他商圈的发展相比也较落后，且商圈内缺乏千亿级的龙头企业带动创新步伐；新兴产业仍处于起步期，面临较高的不确定性，创新能力有待增强。为此，需要关注商圈之间的错位发展，充分发挥各个商圈的比较优势，凸显 CBD 特征。

四是相关体制机制仍有待完善。目前，CBD 建设发展进入新阶段，原有体制机制不能满足新阶段发展需求，管委会、企业、商圈主体等多维主体发展的格局有待进一步优化。同时，随着我国经济由高速增长转向高质量发展阶段，当前的环境也不再适用于商圈高质量发展的要求，且部门间的协调机制也尚未构建或构建还不完善。因此，必须加快完善相关体制机制，积极服务 CBD 商圈的高质量发展，保障商圈能级的提升与品质的提高。

三 加强 CBD 新型商圈建设，提高经济韧性的总体思路

"商圈是零售企业的经营活动空间和顾客的消费行为空间直接或间接重叠创造出的一种动态空间范围。"简言之，商圈就是个实实在在的经营、消费空间，具象的组成要素则是琳琅满目的品牌商铺、门店。而新型商圈通常是城市新中心，具有高品质、年轻化、高知化、高收入、高消费、消费新、5G 网络、物联网优先覆盖等特点。在新冠肺炎疫情影响和构建"新发展格局"的背景下，新型商圈的内涵和特征则要更加丰富。当前，新型商圈的建设必须进一步提质增效、加快创新，同时完善智慧基础设施的建设，打造区域协同联动的新局面，以完备的国际营商环境为提高经济韧性提供思路。

（一）加快商圈业态创新，提升商圈能级

基于城市现状和发展需求，引入新理念、新技术、新业态、新模式，促进商圈差异化发展，形成不同层级商圈功能和业态互补的发展格局。重点打造集线上与线下融合发展的智慧商圈发展模式。

具体而言，智慧商圈的创新模式体现在新服务概念、新顾客交互作用、新服务价值网络、新收益分配模型、新服务交付系统等维度。未来的新型商业服务水平的提升，需要深度融合线上、线下的消费模式，充分发挥线上销售在商品成本、跨地域销售等方面的竞争优势，同时积极提升线下商业的体验感、享受性和社交价值。积极在线下营造富有科技感的体验式休闲交互空间，将消费空间升级为休闲娱乐空间；在线上实现消费者与商家、服务的互动交流，打通会员、商品、订单、积分、支付、导购、配送、物流的全流程，构成体验型消费，提升消费者黏性。

（二）完善智慧基础设施，打造智慧商圈

深入推进智慧基础设施建设，需要前瞻性地设计智慧 CBD 的总体架构，构建新一代通信网络工程。具体而言，一是借助新一代信息和通信技术，以

系统整合的方式统筹设计 CBD 区域的规划、建设、运行和管理等全流程，依托互联网、物联网、大数据、云计算等先进手段，及时感知和快速分析 CBD 运行管理的各类重要信息；二是以构建高速、移动、泛在、安全的新一代通信网络工程为目标，深入普及高速无线宽带，积极启用 5G 商用，加快推进智慧交通、智慧商圈、智慧社区等智慧应用体系建设，打通公共交通站点与办公场所的空间通行；三是完善公共服务设施和生活配套设施，为企业（尤其是先期投用的内环商务楼宇入驻企业）顺利办公做好基础保障。

（三）加强区域联动发展，优化商圈布局

加强各区域 CBD 商圈与其他一流 CBD 商圈在文化、产业、消费等领域的交流与合作。依托全球商务区创新联合会的平台，与巴黎拉德芳斯、芝加哥卢普商务区、蒙特利尔中心商务区等国际中央商务区加强联系，实现资源共享、共谋发展。在疫情防控到位的情况下，举办国际消费节，为搭建国际化营销新平台提供支撑。同时，为进一步加强区域联动发展，还需要充分发挥智慧基础设施建设的作用，持续优化交通布局，提升城市精治共治能力。如北京 CBD 需要牢牢抓住疏解非首都功能的"牛鼻子"，主动融入京津冀协同发展大格局，推进区域创新共同体的建设，强化北京城市副中心与天津、河北产业联动，带动区域资源优化配置，打造京津冀协同发展"桥头堡"。

（四）完善国际营商环境，提升商圈品质

完善国际营商环境，对于 CBD 内的企业而言，就是要着重提升企业的获得感与幸福感。积极了解企业经营情况、政策需求，结合各个商圈制度创新工作实际，为企业在政策创新方面提供支持，切实解决企业发展中亟待解决的问题。加强供需对接，为企业争取跨境电商优惠政策，在制度创新、模式创新及便利化服务方面为企业创造优势条件，助力企业发展。

对于 CBD 本身而言，就是围绕教育协同、文化协同、医疗协同、职住协同四个维度，全方位布局打造配套好、服务优、活力强的公共服务体系。运营好银企融资平台、人才招聘服务平台、楼宇运营数据平台等，尽快打造

优质的营商环境。对于总部企业的入驻以及新业态、新模式的引进，需要进一步优化政务服务环境，深入推进一次性告知、首问负责、绿色通道、限时承诺等制度，营造一流政务环境。此外，还可考虑建立营商环境反馈流程，积极构建亲清政商关系，建立常态化的政企沟通机制，规范行业秩序、降低交易成本，为提升商圈品质提供保障。

四　结语与展望

当前，我国经济增长已由高速增长转向高质量发展阶段，贯彻落实新发展理念与构建新发展格局就显得十分重要。国际消费中心城市的建设，是构建新发展格局与提升对外开放水平的重要空间载体，其中 CBD 新型商圈作为集聚先进生产力与创新能力的高地，通常具有较强的综合服务能力和较完备的基础设施，其经济韧性的提高，不仅有利于促进城市空间结构的优化，而且更是促使国际消费中心城市功能提升、消费水平升级，满足人民对更高质量生活追求的抓手。未来，我国 CBD 及 CBD 新型商圈的建设应以信息化为抓手，以社区化、生活化的商圈建设为目标，按时序推进，支撑新发展格局的构建，打造商圈联动的新局面。

第一，我国目前仍然缺乏能带动区域经济增长的强商圈以及世界级的商圈，不仅是行政区之间的分割导致了商圈间的恶性竞争，而且从客观的地理与后天的交通因素来说，也是阻碍城市内、城市间商圈交流的重要因素。因此，各区域 CBD 商圈的首要任务就是要以信息化水平的全面提升为抓手，提升 CBD 商圈交通的智能化水平，积极借鉴法国巴黎拉德芳斯城市综合体建设的经验，以商圈的综合化、立体化建设为目标，着力将信息化覆盖到生活性服务业、生产性服务业、总部经济等各个方面；其次，各个商圈要根据比较优势，结合城市发展需求与方向等，打造具有特色的首店经济、夜间经济等。

第二，新加坡在建设城市时提出 CBD 是"一个适宜生活和娱乐的活力场所"，因此，CBD 商圈的建设不仅要重视商业中心和总部经济等的建设，而且要关注居民的住宅问题。高品质的住宅能为商圈带来更多常住人口与中等收入人群，而老旧写字楼、老公寓的改造等也将为商住混合项目、酒店或其他创新功能建筑的发展提供机会，从而在整体面貌上提升CBD商圈的品质。同时，还应将智能化、社区化的理念融入商圈建设中，将商圈打造成集购物、生活、办公于一体的高品质微中心，支撑城市经济增长和发展。

第三，各商圈还可以借鉴伦敦建设城市经济韧性的思路，按时序推进。特大城市和大城市CBD的商圈应以高品质的微中心建设为基点，加强同世界级商圈的合作，为构建新发展格局提供空间支撑，并以高效便捷的地下与地上交通网络为纽带，增强商圈内部、商圈之间、CBD之间的联结，打造商圈联动发展的新局面。中小城市CBD的商圈则应尽早落实"双碳"目标，在增强抵御风险能力的基础上，超前布局商圈发展的空间格局，提升商圈功能。

参考文献

北京市朝阳区人民政府：《北京CBD成立商圈联盟　推进国际消费中心城市主承载区建设》，http://www.bjchy.gov.cn/dynamic/zwhd/4028805a8037f07a01803a8c9f6e021f.html。

北京市商务局：《关于印发〈北京市"十四五"时期商业服务业发展规划〉的通知》，2021。

程实、高欣弘：《疫情的长期影响：数字经济加速进化、重心下沉》，《第一财经日报》2020年2月25日。

董志勇、李成明：《国内国际双循环新发展格局：历史溯源、逻辑阐释与政策导向》，《中共中央党校（国家行政学院）学报》2020年第5期。

李彤玥：《韧性城市研究新进展》，《国际城市规划》2017年第5期。

徐亚平、费荣荣：《新时代我国宏观调控思路和方式的重大创新与理论贡献》，《上海经济研究》2022年第5期。

Godschalk DR. Urban Hazard Mitigation：Creating Resilient Cities ［J］. *Natural Hazards Review*，2003，4（3）：136-143.

Jha AK, Miner TW, Stanton-Geddes Z. *Building Urban Resilience：Principles，Tools，and Practice* ［M］. World Bank Publications，2013.

B.6
以提升 CBD 金融韧性防范化解
重大金融风险的经验与对策*

冯冬发　张卓群　李均超**

摘　要： 维护金融安全和防范化解重大金融风险，是我国"十四五"时期经济社会持续健康发展的重要基础，提升金融体系韧性是金融工作的焦点目标之一。我国 CBD 是现代城市的金融核心，也是防范化解重大金融风险的"桥头堡"，在促进金融服务实体经济、完善金融风险预警系统、强化金融风险化解能力、深化金融服务贸易开放等方面取得了一系列重要的经验。在"十四五"时期及更长久的未来，我国 CBD 在进一步提升金融韧性时，依然会面临许多来自外部环境的挑战，应当在深化体制机制改革、扩大对外开放水平、加强人才梯队建设、运用前沿数字科技等方面继续发力，为切实维护我国金融安全做出应有的贡献。

关键词： 商务中心区　金融安全　金融韧性　金融风险

一　引言

自改革开放以来，我国经济长期处于中高速增长阶段，如今正逐步迈向

---

* 本报告为国家自然科学基金青年项目"国际金融危机传染的时空机制及对策研究"（项目批准号为41801115）的成果之一。

** 冯冬发，北京大学数字金融研究中心博士后，经济学博士，研究方向为数字金融、数量经济学；张卓群，中国社会科学院生态文明研究所助理研究员，经济学博士，研究方向为城市与环境经济学、数量经济与大数据科学；李均超，中国社会科学院大学博士研究生，研究方向为数量经济学。

高质量发展阶段。在新的历史时期，以习近平同志为核心的党中央深入分析了错综复杂的国内外发展环境，提出总体国家安全观，要求将安全发展贯穿国家发展各领域和全过程，积极防范和化解影响我国现代化进程的各种风险，筑牢国家安全屏障。总体国家安全观的树立反映了新时代下国家安全形势面临的新特征和新问题，是中国共产党国家安全理论的重大发展，也是我国在"十四五"时期乃至更长久的未来都要始终坚持的重要指导思想之一。金融体系是现代经济的核心，金融安全是国家非传统型经济安全的重要组成部分，维护金融安全关乎我国经济社会发展全局，应牢牢守住不发生系统性风险底线，将防范和化解重大金融风险作为金融工作的根本性任务，提升我国金融体系的韧性则是其中较为关键的一环。

商务中心区（Central Business District，CBD）作为现代城市的金融核心，汇聚了大量的金融机构，是我国金融服务贸易发展的"先锋官"，在党和国家高度重视统筹发展与安全的时代背景下，更是防范化解重大金融风险的"桥头堡"。本报告系统总结了CBD以提升金融韧性防范化解重大金融风险的主要经验，细致辨析了当前CBD在提升金融韧性方面所面临的机遇与挑战，并在此基础之上，提出了强化CBD金融韧性可行的对策与建议，为切实维护我国金融安全提供有益的借鉴与参考。

二 我国CBD以提升金融韧性防范化解
重大金融风险的主要经验

2008年金融风暴席卷全球，给世界经济造成了难以估量的损失，提升金融韧性逐渐成为我国监管当局和各地CBD金融工作的焦点目标之一。经过十余年的探索与实践，我国已形成了一批富有金融韧性的CBD，在促进金融服务实体经济、完善金融风险预警系统、强化金融风险化解能力、深化金融服务贸易开放等方面取得了许多宝贵经验，有力推动了我国金融高质量发展的进程。

（一）促进金融服务实体经济

金融与实体经济共荣共生，前者为后者配置资金并推动其向前发展，后者持续健康发展则是前者实现价值增值的基础，金融的本源就是服务好实体经济。一旦金融的资金配置功能失灵，便会损害实体经济的投资盈利能力，增加金融工具的违约风险，甚至诱发系统性金融风险。高韧性金融体系的第一要义便是高质量地服务于实体经济、畅通国民经济循环，这也是防范化解重大金融风险的根本所在。在这方面，上海虹桥国际中央商务区（以下简称虹桥 CBD）和上海陆家嘴金融城（以下简称陆家嘴 CBD）的经验具有较大的借鉴意义。

虹桥 CBD 积极推动金融与贸易深度融合。2021 年 2 月，国家发改委印发《虹桥国际开放枢纽建设总体方案》，提出建设全球高端资源要素配置新高地的愿景，虹桥 CBD 以其卓越的交通区位优势、优异的商务发展环境和坚实的产业发展基础，成为建设虹桥国际开放枢纽的核心承载区。为构建高端资源配置国际贸易中心新平台，虹桥 CBD 积极促进资金流高效便捷流动，鼓励各类金融机构在依法合规、风险可控、商业可持续的前提下开展金融创新，支持具备资质的企业拓宽融资新渠道。例如，虹桥 CBD 大力支持区内国际贸易企业通过自由贸易账户开展跨境交易本外币结算和境外融资业务，定期向对口主管部门报送符合条件的推荐企业名单，已经帮助 167 家企业开立了自由贸易账户，享受到日常结算、结售汇及融资等相关业务上的便利。此外，虹桥 CBD 还将继续扩大离岸经贸企业"白名单"，支持符合条件的企业积极开展离岸经贸业务；鼓励商业银行提升基于自由贸易账户的跨境金融服务质量，优化非自由贸易账户离岸贸易资金结算流程，强化与仓库、货代、船代等物流企业间的数据共享，探索基于人工智能、区块链等技术提升风险管控能力的可行路径。

陆家嘴 CBD 着重发挥金融对实体产业的引领、服务和带动能力。一方面，陆家嘴 CBD 抢抓金融服务业全面开放机遇，不断强化金融核心功能，截至 2020 年底，已拥有股、债以及期货等 12 家国家级要素市场和金融基础设施，集聚度名列全国首位，多数要素市场的成交量处于世界前列，其中上交所的 IPO 数目和筹资额均为全球第一，域内汇聚中外金融机构超过 6000 家，涉及全国 90% 以上的外资资管公司、87% 的期货公司和 76% 的证券公司，是我国生态功能最完整、国际化程度最高的第一流金融城，奠定了我国高水平发挥金融资源配置能力的基础。另一方面，陆家嘴 CBD 积极打造多层次资本市场体系，支持高成长企业发展壮大，比如在上交所新设科创板并试点注册制，为面向世界科技前沿的科技创新公司拓展了融资渠道，有力促进了我国高新技术产业和战略性新兴产业的跨越式发展；建设长三角金融服务一体化平台，创造性地设计出上市发现培育机制，为长三角城市群内优质的科创企业提供"上市问诊"服务，为其上市融资提供便利；积极发展普惠金融，设立政策性融资担保基金，引导金融机构设计适合中小微企业的金融产品和解决方案，并促进银企间有效交流互动，截至 2020 年底，已有近 2000 家（次）浦东中小微企业累积获得直接担保贷款 60.47 亿元，同比增长 89%，显著缓解了中小微企业融资难、融资贵的窘境。

（二）完善金融风险预警系统

金融在国民经济体系中承担了经营和管理风险的职能，其功能正常发挥的基本前提是有效防控金融风险，故而高韧性金融体系必然具备较强的风险管理能力。相比于风险爆发时出台紧急措施和风险爆发后总结经验教训，更为科学和稳健的做法是防患于未然，将金融风险遏制于萌芽状态和早期阶段，避免爆发破坏性巨大的系统性风险，这也是我国数次直面重大风险考验却从未发生全面金融危机的关键原因之一。提升金融韧性需要积极主动地应对风险隐患，完善金融风险监测预警系统，尽可能早地发现风险苗头并加以处置。在这方面，重庆江北嘴中央商务区（以下简称江北嘴 CBD）和陆家嘴 CBD 较早开始探索和实践，并取得了瞩目的工作成效。

江北嘴 CBD 大力践行三方联动、三色预警、三环相扣的"三三制金融风险防控"工作法。三方联动指江北区综合运用行政、司法和社会力量，形成涵盖政法、公安、管委办、检察、法院、物业等的风险防范合力，其中江北嘴 CBD 首创商务楼宇物管风险防范网格化管理机制，配备楼宇管理员并要求其承担起金融风险日常排查和企业入驻风险把关的责任，防止有风险隐患的企业入驻楼宇并及时举报有问题的已入驻企业。三色预警指江北区综合各行政部门内部信息和金融机构大数据，构建出包含合法经营、风险苗头和涉嫌犯罪的三层金融风险量化评估模型，并以绿橙红等三种颜色加以区分，进而有针对性地开展服务或整治打击，其中江北嘴 CBD 开发的"企业大数据服务平台"，截至 2019 年底，已记录并报送企业动态信息超过 2000 条，联合多部门开展线下执法检查 20 多次，有利于及时化解苗头性风险。三环相扣指江北区在企业入驻、日常监管和打击处置阶段都有针对性部署。在入驻环节上，严控非融资性担保公司注册或设立分支机构，培训楼宇物管部门提升非法企业鉴别能力，从源头处将高风险公司隔绝在辖区之外。在监管环节上，设立城市网格化管理综合服务队，实施全天候昼夜巡查，基本覆盖江北嘴 CBD 全域，有效降低了人民群众参与非法集资的频数和金额；形成金融风险排查处置常态化工作机制，仅在 2019 年就开展拉网式排查 50 次。在处置环节上，江北区坚持一事一议、强化处置力度，多措并举督促风险预警企业尽快消弭风险隐患。

　　陆家嘴 CBD 不断深化金融风险防范智能化建设。早在 2017 年，陆家嘴 CBD 便借助上海新型金融业态监测分析平台和楼宇大数据平台，针对互联网资管、私募基金、P2P 网贷三类企业开展线上线下摸排工作，涉及域内 100 多栋楼宇和近 6000 家金融机构，梳理出潜在风险企业 3071 家、重点监测企业 705 家和预警处置企业 24 家，并在多方共同努力下促使部分高风险企业平稳收缩或主动注销。随着信息化、大数据等金融监管科技的快速发展，陆家嘴 CBD 构建出一套金融风险全网监测预警系统，并将浦东新区内所有注册企业和部分实地经营企业接入系统，总数超过 33 万家。预警系统的核心是一个包含 6 项一级指标和 122 项二级指标的金融风险预警智能分析模型，覆盖了金融机构 98% 以上的风险点，在全国范围内处于领先地位。预警系统使用自动采集和人工报送的数据作为输入，基于人工智能算法对数据进行分析研判，将过滤后的高价值风险线索提交给智能分析模型并据此核算出当前企业的综合风险值，进而将其归类为无预警、黄色预警、橙色预警或红色预警企业，并自动触发系统预警。预警系统在实战化运行一年内识别出205项各类风险预警，截至2021年10月已办结其中的184项，较好地发挥了其金融风险"防火墙"的预期功能。

（三）强化金融风险化解能力

金融风险兼具客观性、传染性和或然性等特征，多爆发于某个特定的金融子领域，随后向整个金融体系蔓延，最后危及宏观经济体系。强化金融风险化解能力是在金融风险爆发时，将其破坏范围限定在特定领域，切断传染链条、缓释外溢效应，避免局部风险逐渐演变为系统性金融风险。在数字技术快速发展且与金融服务业结合日益紧密的背景下，金融创新速度远快于金融监管调整速度，事前预防很难堵住所有风险点，强化金融风险化解能力是事中应对的重要手段，也是坚持底线思维的必然要求。在此方面，陆家嘴CBD和郑州郑东新区中央商务区（以下简称郑东CBD）由于汇聚了较多的金融基础设施，成为我国实施宏观审慎政策、强化金融风险化解能力的主要抓手。

陆家嘴CBD域内多家金融机构根据市场风险变化不断调整重要业务规则。上海证券交易所2021年发布《债券质押式回购交易结算风险控制指引》，对回购标准券使用率、回购融资负债率、信用类债券入库集中度占比等指标做出约束，切实压降了回购交易风险；同年修订《证券交易资金前端风险控制交易参与人业务指南》，允许交易单元自设全天净买入申报金额，有效防范了因技术故障和操作失误产生的交易异常风险与结算风险。上海期货交易所2020年修订《上海期货交易所风险控制管理办法》，据此实行保证金、涨跌停板、持仓限额、交易限额、大户报告、强行平仓和风险警示等制度，从而保障期货交易的正常进行；2021年修订《上海期货交易所异常交易行为管理办法》，对自成交、频繁报撤单、大额报撤单等异常行为予以定义并制定了相应的处罚办法，还赋予了交易所在识别出异常交易行为后采取相关措施平抑市场风险的权利。中国金融期货交易所2020年修订《中国金融期货交易所风险管理办法》，实行保证金、价格限制、持仓限额、交易限额、大户持仓报告、强行平仓、强制减仓、结算担保金和风险警示等制度，允许交易所在出现相关情形后进入异常情况并采取紧急措施化解风险。

郑东 CBD 辅助郑州商品交易所持续完善风险管理机制。郑州商品交易所于 2019 年正式获批为"合格中央对手方"，即交易所在期货交易达成后成为所有卖方的买方和所有买方的卖方，可在某一方交易对手违约后依然确保交易完成，除常规保证金外还可以动用交易所的自有资金覆盖损失，能够有效阻断金融风险的外溢。中央对手方机制将交易方的部分信用风险转嫁给了期货交易所，对交易所的品质提出了更高的要求，根据国际清算银行支付结算体系委员会和国际证监会组织发布的《金融市场基础设施原则》（PFMI），交易所需要向社会公众定期披露相关市场信息、提升信息透明度。截至 2022 年 6 月，郑州商品交易所已经连续披露了 17 期季度和年度 PFMI 报告，对于 PFMI 所涉及 24 项原则的契合度不断上升。除此以外，郑州商品交易所始终服从国家宏观调控，积极主动地依据市场形势针对性地发布风险提示函、调整保证金标准和涨跌停板幅度、提高交易手续费标准和实施交易限额，坚决抑制脱实向虚的过度衍生交易并大力查处异常交易行为，切实维护了正常交易秩序。

（四）深化金融服务贸易开放

提升金融韧性是一个持之以恒的动态过程，其内涵与区域经济体的特有属性密切相关，更会随着经济周期的波动和外生冲击的出现而发生变化，现有的政策工具终将力有不逮，金融体系的持续学习和主动变革能力方才决定金融韧性的上限。目前来看，国外关于金融韧性的研究和实践相对走在前列，一些大型国际组织倡导的监管框架和发达国家制定的监管规则具备较强的借鉴意义，国内金融机构应积极主动地靠拢国际通行规则、参与国际竞争，在学习和实践中为将来的金融体系改革积累经验，深化金融服务贸易开放、营造良好竞争环境是可行举措之一。在这方面，北京商务中心区（以下简称北京 CBD）和郑东 CBD 的一些做法和举措分别在国内一线 CBD 和区

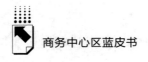

域性 CBD 中具有突出的代表性。

北京 CBD 积极打造国际金融开放前沿区。北京 CBD 叠加自由贸易试验区和国家服务业扩大开放综合示范区政策优势，出台"北京 CBD 高质量发展 18 条"，将国际金融列为重点支持领域之一，突出强调首例效应，为具备突破创新性的金融开放案例提供奖励，目前已落地全国首家另类投资保险资管公司（国寿投资保险资产管理有限公司）、全市首家外资基金管理人〔科勒（北京）私募基金管理有限公司〕、全国首批跨境资金池本外币一体化试点等，有力提升了北京 CBD 的金融开放活力。除奖励政策外，北京 CBD 还创新性地建立了"4+N"的全球招商体系，即 1 本产业指导目录和招商引资目录、1 支 CBD 金牌招商队伍、1 套产业支持政策、1 个综合性招商服务中心和 N 个全球招商联络站，仅在 2021 年，区域内新注册企业达3399 家，同比增长 23%，其中外资企业 282 家，同比增长 10%，其中不乏中信保诚、泰康养老保险等龙头企业。北京 CBD 目前已汇聚了全市 100% 的外资再保险公司，80% 的外资法人银行，包括穆迪、惠誉、标普全球三大评级机构在内的各类国际金融机构近 400 家，基本形成了以国际金融为龙头的产业布局。"十四五"时期，北京 CBD 还将继续梳理国际金融产业上下游重点关联企业，努力打造更多具备国际化创新视野的总部企业。

郑东 CBD 积极建设国际化区域金融中心。郑东 CBD 抢抓郑州国家中心城市建设、"一带一路"重要节点城市建设、河南自贸区建设等国家重大发展战略机遇，大力发展金融总部经济，重点吸引金融监管机构、现代金融机构总部入驻，强化区域金融管理营运能力，已经吸纳了包括 55 家世界 500强、73 家中国 500 强、153 家上市公司和超过 460 家高端中介服务结构在内的各类市场主体 2 万多家，持牌金融机构达到 344 家，其中不乏利宝保险、日本住友商事株式会社、世邦魏理仕等国际知名金融企业。近期，"河南版陆家嘴"龙湖金融岛正式开岛，工商银行、国家开发银行、平安银行、光大银行等重要金融机构即将入驻其中，将进一步完善郑东 CBD 的金融生态系统，也使得郑东 CBD 成为郑州建设内陆开放型经济高地的重要支点、引领河南乃至整个中原经济区经济发展的增长极和"发动机"。"十四五"时期，郑东 CBD 还将进一步扩大金融领域的对外开放，完善多层次资本市场，积极发展互联网金融并大力推动各类金融创新，做强郑州商品交易所，提升跨境投资便利化，力争尽快建成国际化区域金融中心。

三 CBD 提升金融韧性的机遇与挑战

当今世界正处于百年未有之大变局，我国经济平稳健康发展的内外部环境正日渐严峻且复杂，增强金融体系韧性将在"十四五"时期内加快构建新发展格局中发挥越来越重要的作用。CBD 作为区域经济体的金融机构经营聚集区和金融业开放前沿阵地，在提升金融韧性的过程中面临着一系列的机遇与挑战。

（一）国际形势波谲云诡，金融风险加速暴露

2022 年以来，新冠肺炎疫情阴霾尚未完全散去，俄乌冲突再度掀起波澜，全球供应链断裂和能源价格攀升不断抬高通货膨胀，各国贸易保护主义抬头，导致国际贸易和投资行为所衍生的各类金融服务交易量急剧下滑，金融空转指征明显，国际金融市场虚假繁荣、风险不断累积。为对抗国内快速上升的通货膨胀压力，以美国为首的欧美国家相继步入加息周期，一方面，短期美债利率上行拉动资金借贷成本，加重本国企业和居民偿债负担，增加债务违约风险，过量的债务违约可能会通过外溢性和联动性效应触发金融风险，进而危及全球金融系统；另一方面，美元目前依然拥有国际储备货币地位，美债利率上升会加速美元回流，使得新兴经济体融资成本上升，债务违约风险加剧，同样会向世界经济输出负向外部性。我国金融对外开放水平不断上升，国内外金融市场联动日益密切，这在提升国内金融产业综合竞争力的同时，也加大了外部输入性风险的防控压力，尤其是在中美经贸摩擦日益升级的背景下，美国对我国实施金融制裁的频率和烈度不断加码，将进一步考验我国金融体系的韧性。CBD 将在引进国际金融机构和开拓国际金融贸易服务两方面都出现不同程度的困难，防范化解重大金融风险的压力陡增。

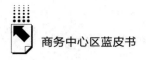

（二）国内经济逐渐复苏，金融风险总体可控

2021 年，我国经济在面临外部复杂环境和国内疫情散发等多重考验下，取得了 8.1% 的增长速度，多项关键经济社会指标保持增长，成为促进全球经济稳定的中坚力量。2022 年第一季度，我国新冠肺炎新增确诊病例数目较少，实际 GDP 增幅达到 4.8%，随着疫情的逐渐受控，加上各级政府为稳住经济大盘而出台的一系列纾困政策，我国的经济复苏预期良好，金融业的继续繁荣将具备良好的实体经济基础。我国防范化解重大金融风险也取得了阶段性战果，包括宏观杠杆率持续过快上升趋势得到有效遏制、资金空转现象持续收敛、在营 P2P 网贷机构实现清零、违法违规的金融活动受到严厉打击等。"十四五"时期，我国可能依然存在的金融风险，包括债券市场违约风险尚未彻底消除、中小金融机构不良贷款率上升、房地产贷款余额依然高企等，但我国政府的金融治理水平也在过往实践中得到长足的进步，在投入足量监管资源后，这些风险点也会得到有效处置。CBD 需要立足自身优势，更加积极主动地融入国内国际"双循环"新发展格局，坚定地服务好"扩大内需战略"，强化与实体经济的紧密联系。

（三）金融改革全面深化，自主决策空间跃升

相比广袤的非 CBD 区域，CBD 往往拥有较为优越的区位优势和更加密集的金融机构，更容易成为我国金融开放的试点区域，比如自由贸易区是我国金融开放的重要承载区之一，北京 CBD 和陆家嘴 CBD 便被囊括在对应城市的自由贸易区当中，其对比非 CBD 区域更容易形成制度高差，从而巩固其区域性金融中心的地位。更为关键的是，自习近平主席于 2018 年在博鳌亚洲论坛年会上宣布我国将要进一步开放金融业以后，我国的金融开放水平迅速提升，比如取消经营人身保险业务的合资保险公司的外资比例限制、取消证券公司的外资股比限制、取消外资保险公司的外资股比限制、允许试点区域内中小微高新技术企业在一定额度内自主借用外债等，有力提升了我国金融市场对外资的吸引力和人民币的国际化水平。CBD 应抢抓金融开放政

策试点机遇，不断提升域内金融机构国际化程度，强化产融对接合作，不断提升金融体系韧性。

（四）数字技术发展迅速，监管科技逐渐普及

数字技术与金融的结合加快了金融创新的速度，在监管不及时或缺位的情形下，极容易产生跨区域、高交叉和跨行业的高风险金融产品，一旦出现债务违约或平台恶意跑路，消费者的合法权益难以得到有效保护，金融风险可能向整个金融体系传染甚至酿成群体性事件，严重地削弱了金融体系的韧性。金融监管落后于金融创新的状况时有发生，但监管与数字技术相结合形成的监管科技可以有效地缓解这一问题。监管科技是以数据为核心，以云计算、人工智能、区块链等技术为依托，以更高效的合规和更有效的监管为导向的解决方案，主要包括数据采集和数据分析两大功能模块，其中数据采集包括原始数据的自动化汇总和存储、数据清洗和数据可视化等，数据分析包括风险评估、异常行为监测、微观审慎监管和宏观审慎监管等终端应用。监管科技在奥地利中央银行、澳大利亚证券投资委员会和英国金融行为监管局等知名机构中均有应用，应用场景涵盖事前、事中和事后监督等，随着监管科技逐渐为更多金融市场主体所熟悉，当前市场已出现了一些专门开发并维护监管科技系统的高科技公司。对于我国 CBD 而言，可以探索性地发展监管科技，并在实际使用中依据自身需要适当裁剪或定制新功能，做到更快发现域内金融机构的风险行为并及时处置。

四 强化 CBD 金融韧性的对策建议

根据上述 CBD 以提升金融韧性防范化解重大金融风险所取得的主要经验和目前所面临的机遇和挑战，我国 CBD 可以在深化体制机制改革、扩大对外开放水平、加强人才梯队建设和运用前沿数字科技等方面有所作为，形成增强金融韧性的合力系统。

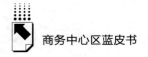

（一）深化体制机制改革

首先，CBD要加快转变其在金融体系当中的自我定位。目前我国大多数CBD尚处在快速发展阶段，比较注重完善基础设施建设、吸引金融机构落地和持续优化营商环境等方面的工作，更加接近"服务者"而非"监管者"的角色。CBD作为直接贴近金融机构经营场所的区块单位，应当承担起金融风险一线监管的责任，完成域内企业经营状况监测和金融风险实时评估等任务。其次，CBD要适时优化调整管理机构和职能配置。CBD作为金融发展政策措施的直接承担者，应设立专业部门，详细了解政策红利并统筹调配城市资源，推动政策尽快落地，惠及域内金融机构或人才；为深化"放管服"改革步伐，CBD要针对企业面临的实际问题，编制详细的审批权限下放清单并积极向省、市争取，以此优化营商环境并提升企业的核心竞争力。最后，CBD要结合自身发展的实际情况，在现有的权限范围内，合理开设落地奖励基金、制订税收补贴计划、强化产业扶持政策等，不断提升对高层次金融机构的吸引力，引导金融机构拓展高技术含量的金融服务。

（二）扩大对外开放水平

首先，CBD要抢抓国家和地区的金融开放政策机遇，逐步放宽金融机构市场准入，支持境内外知名金融机构在域内开设研发运营、清算结算、资产管理等功能性总部以及分公司、办事处等分支机构，鼓励咨询代理、融资租赁、法律鉴证等金融中介服务机构注册落地，吸引数据处理、软件开发等专业金融服务公司入驻，加速形成现代金融产业集群。其次，CBD要坚持引导金融服务实体经济，积极提升跨境贸易投资便利化水平，支持跨国公司开展跨境资金集中运营管理业务，不断简化外债和境外放款登记管理，支持符合条件的金融机构获得结售汇资格并开展外汇即期及衍生品交易，支持保险机构大力拓展物流保险、出口信用保险和国内贸易信用保险等业务模式。最后，CBD要努力建设与国际接轨的法治和规则环境，提升法律法规及政策的完善程度、透明度和可预期性，充分发挥司法规则引领功能，帮助域内

以提升 CBD 金融韧性防范化解重大金融风险的经验与对策

金融机构更好地适应国际法制和监管规则；探索建立跨境金融纠纷快速处理机制，丰富国际区际商事纠纷调解模式，努力提升金融审批国际影响力，加速形成高质量的金融法制环境。

（三）加强人才梯队建设

首先，CBD 要根据自身实际情况，制定高端人才需求目录，通过出台税收、用房用地等方面的倾斜性政策，鼓励金融机构优化高端人才引进机制，提升人才市场化聘任水平，推进实施技术入股、管理人员入股、股票期权激励等新型分配方式。其次，CBD 要持续优化人才管理体制，加快建设高端人才一站式服务中心，健全政府服务人才工作机制；积极争取外籍高端人才工作许可实行负面清单管理和高端人才个人所得税优惠政策，推动具有境外执业资格的专业人才经备案后按规定范围提供服务；健全高端人才的德才素质考核与经营业绩考核的评价指标体系，加快从身份管理向岗位管理的转变，让合适的人才在合适的岗位上充分发挥作用。最后，CBD 要强化公共服务配套能力，营造良好的人才发展环境。比如，为外籍特色人才及其外籍家属提供居留出入境便利，大力建设国际化的就医环境和子女教育环境，提供丰富的国际交流机会；完善高端人才住房保障机制，就近建设人才公寓或提供足额的租房、购房补贴；降低优秀青年人才的落户门槛。

（四）运用前沿数字科技

首先，CBD 要夯实数字基础设施建设，为应用前沿数字科技创造前提条件。持续优化升级网络基础设施，加快推进 5G 网络和千兆光网建设；加强与国内外先进金融科技研发机构的合作，开展金融科技领域基础、共性和关键技术研发及重大应用试点示范；统筹建设数据中心和云平台、加快建设数字楼宇和智慧城市，探索数字技术在政务服务、民生服务、社会治理等领域内的智能化解决方案。其次，CBD 要大力推动大数据、人工智能等技术与政府治理深度融合，通过数据共享、业务协同和流程再造等方式推动治理模式变革创新，提升管理智慧化水平；统筹各类城市资源，吸引社会资本投

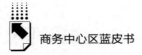
资参与，在特色楼宇和商业综合体内推出一批数字化应用场景，让域内金融机构切实享受到数字科技带来的优质服务。最后，CBD 要培育或引入监管科技系统，鼓励金融机构接入系统并自动实时报送关键数据，通过协商制定合理的风险预警规则和处置方法，持续拓展监管科技覆盖范围，充分发挥数字科技在金融监管中的作用，尽可能减少发生金融风险的概率。

参考文献

李彤玥、朱太辉：《如何重塑金融韧性？——危机后国际金融监管改革的分析框架》，《金融监管研究》2019 年第 3 期。

王勋、黄益平、苟琴、邱晗：《数字技术如何改变金融机构：中国经验与国际启示》，《国际经济评论》2022 年第 1 期。

尹振涛、潘拥军：《我国金融基础设施发展态势及其统筹监管》，《改革》2020 年第 8 期。

张宇：《CBD 与金融服务贸易开放》，载郭亮、单菁菁主编《中国商务中心区发展报告 No. 7》，社会科学文献出版社，2021。

张卓群：《以提升 CBD 科技创新能力促进"双循环"发展的主要经验和思路对策》，载郭亮、单菁菁主编《中国商务中心区发展报告 No. 7》，社会科学文献出版社，2021。

中国银保监会党委：《持之以恒防范化解重大金融风险》，《求是》2022 年第 10 期。

B.7
数字经济助力提升 CBD 经济韧性的
现状、问题和对策

王　菡*

摘　要： 当今世界正处于大发展大变革大调整时期，我国发展的外部环境
日趋错综复杂，新冠肺炎疫情大流行影响广泛深远，疫后全球供
应链持续调整。中央商务区（CBD）是现代城市中高端商务活
动集聚的功能区，提升 CBD 经济韧性，对巩固城市经济体、推
动经济高质量发展至关重要。数字经济已经成为提升经济韧性的
关键力量。本文立足于我国数字中国战略的建设背景，首先阐述
了数字经济的内涵释义，分析了数字经济对提升经济韧性的关键
作用，并通过我国 CBD 典型案例显示了 CBD 在发展数字经济方
面取得的进展；其次剖析了 CBD 在促进数字化发展和数字化转
型方面面临的发展不平衡不充分、产业发展规划系统性不足、治
理制度建设薄弱等挑战；最后从强化人才队伍建设、强化产业体
系布局、强化新型基础设施建设以及强化发展机制建设等四个方
面给出促进 CBD 不断优化数字化发展环境、推动数字经济发展
能级的对策建议。

关键词： 中央商务区　数字经济　经济韧性

数字经济发展速度之快、辐射范围之广、影响程度之深前所未有，正推

---

* 王菡，中国社会科学院生态文明研究所博士后，研究方向为区域经济、数字经济。

113

动生产方式、生活方式和治理方式的深刻变革，已经成为重组全球要素资源、重塑全球经济结构、改变全球竞争格局的关键力量。数字建设是引领CBD迈向经济强区的重要引擎。2021年，《中华人民共和国国民经济和社会发展第十四个五年规划和2035年远景目标纲要》专篇部署"数字经济发展 建设数字中国"，给出明确指引，提出要迎接数字时代，激活数据要素潜能，打造数字经济新优势，加快数字社会建设步伐，提高数字政府建设水平，营造良好的数字生态。值此之际，CBD（中央商务区）作为现代城市中高端商务活动集聚的功能区，在发展数字经济方面具有得天独厚的优势，如何抓住全球数字化发展、数字化转型的重大历史机遇，通过强化数字经济来提升CBD经济韧性水平成为当下焦点问题。

一 数字经济的核心要义

（一）数字经济的内涵阐释

"数字经济"一词最早出现于20世纪90年代，由Don Tapscott在其《数字经济：网络智能时代的前景与风险》一书中提出。Don Tapscott认为在新经济中，信息以数字方式呈现，数字经济基本等同于新经济或知识经济。2014年OECD发布的《衡量数字经济：一个新的视角》中描述了数字技术对经济发展的影响，但并未明确数字经济的概念以及范围界定。目前比较具有共识的数字经济定义出自2016年G20杭州峰会通过的《二十国集团数字经济发展与合作倡议》，即以使用数字化的知识和信息作为关键生产要素、以现代信息网络作为重要载体、以信息通信技术的有效使用作为效率提升和经济结构优化的重要推动力的一系列经济活动。基于数字技术与产业的融合方式和结构的不同，从其呈现的产业形态来看，通常把数字经济划分为两化，即数字产业化和产业数字化。数字产业化是数字经济的核心层，等同于传统的信息与通信技术产业，包含了数字产品制造业、数字产品服务业、数据要素驱动产业以及数字技术应用业。产业数字化则是指数字经济的融合部分，ICT 在其他经济领域的应用，包括智能制造、智能交通、智慧物流、数字金融、数字商贸等。

数字经济作为一种以数字技术或数字化方式驱动生产方式和生活方式重塑的新经济形态，已经进入加速创新、深化应用、规范发展、普惠共享的新阶段。当前我国数字经济发展主要呈现四个典型特征。一是颠覆性技术创新。数字技术是科技革命和产业变革的核心驱动技术，与传统产业领域的技术创新存在巨大差异。一方面，数据是数字技术创新过程的核心输入，能开发出高度定制化的产品，并优化流程，如人工智能、机器学习、区块链、物联网、云计算等基于互联网的服务均严重依赖大数据。另一方面，数字技术具备通用性，一般适用于多个行业产业，促进产业组织、商业模式、生产方式、劳资关系等发生颠覆性变革。二是平台经济，平台是数字经济领域最为常见的一种商业模式和生产组织形态，平台是一种典型的双边市场，不仅高效匹配生产者与消费者，而且为二者提供交易空间，打破了企业自身资源和能力对成长的约束，加速创新周期。三是网络外部性，工业经济是由规模经济驱动，而数字经济的驱动源自网络经济，网络外部性（网络效应）的存在可以最早触发正反馈机制，推动企业获取大多数市场份额，甚至出现"赢家通吃"。四是生态竞争，已有数字经济不仅会孕育新技术、新产业、新模式，而且会带动配套企业集聚，特别是大平台企业在自身发展的过程中会为中小企业搭建成长生态，从而促进整个产业链上下游企业和配套企业以及基础设施在内的整个产业生态的竞争。

（二）数字经济成为提升经济韧性的关键力量

颠覆性技术创新、平台经济、网络外部性、生态竞争等特征促使数字经济迅速成长，推动新旧动能转换，成为提升经济韧性的关键力量。"十三五"期间，数字经济增速普遍高于国内生产总值增速，呈现高速增长态势，如 2018 年数字经济名义增速高达 20.9%，高出同期 GDP 名义增速 10.4 个百分点。截至 2021 年，我国数字经济规模达到 45.5 万亿元，较"十三五"

初期增长了 1 倍多，占 GDP 比重从 2016 年的 30.3%增长到 2021 年的 39.8%（见图 1）。从产业层面来看，数字产业化规模达到 8.4 万亿元，同比名义增长 11.9%，占 GDP 比重为 7.3%；产业数字化规模达到 37.2 万亿元，同比名义增长 17.2%，占 GDP 比重为 32.5%。从区域层面来看，全国有 16 个省区市数字经济规模突破 1 万亿元，分别是广东、江苏、山东、浙江、上海、北京、福建、湖北、四川、河南、河北、湖南、安徽、重庆、江西、辽宁。其中，北京、上海、天津等地，数字经济占 GDP 比重超过 50%，已成为地区经济增长的主导力量。

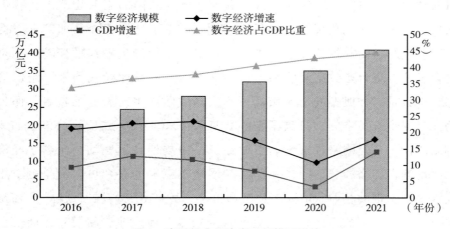

图 1 我国数字经济发展规模及增速

资料来源：2021 年、2022 年《中国数字经济发展白皮书》。

　　经济韧性可被视为一个城市或地区固有的特征，是能否长期地、持续地提升经济系统的关键属性，蕴含着四个维度特征，即抵御冲击和吸收冲击的能力、遭受冲击之后恢复的速度和程度、遭受冲击之后重新整合资源调整内部结构适应新的外部环境的能力以及在遭受冲击之后的路径创造能力。产业结构多元化不仅会增强经济系统抵御冲击和吸收冲击的能力，而且会提升经济系统适应变化调整结构的能力和恢复力。提升经济韧性的过程实际上就是产业结构不断升级的过程，实现新旧动能转换的过程。随着生态环境的压力增加、低成本竞争力逐渐削弱、人口红利逐渐消失，产业结构必须从劳动、资源密集型转换到技术、知识密集型的高技术产业上来。数字技术以海量实时数据作为核心输入,不仅是社会生产力发展的关键生产要素,还作用于传统生产要素之上,推动既有生产要素重新配置,重构生产要素的体系。从外在表现来看,主要包括三个方面,一是新一代信息技术的产业化;二是与既有产品或服务相结合发展成为新产业;三是赋能于传统产业改变其原有的生产效率、运营成本、创新路径等。近年来,各省区市政府相继出台推动数字经济产业发展的规划方案(见表1),不断完善推动数字经济发展的顶层设计,围绕加速培育数字要素市场体系、持续升级数字基础设施建设、深入推进数字技术与实体经济融合,不断释放数字资源价值,稳步推进数字化治理,显著增强了数字经济发展的内生动力。在政府政策引导和市场机制的双重作用下,数字经济在价值创造和生产过程中所占的比重越来越大,正逐渐成为驱动新旧动能转换,重塑经济韧性的关键力量。

表 1　数字经济规划文件

代表性省区市	政策文件	部分主要政策内容
国务院	《关于同意建立数字经济发展部际联席会议制度的函》	推进实施数字经济发展战略,协调制定数字化转型、促进大数据发展、"互联网+"行动等数字经济重点领域规划和政策,统筹推动数字经济重大工程和试点示范等
国务院	《"十四五"数字经济发展规划》	优化升级数字基础设施,充分发挥数据要素作用,大力推进产业数字化转型,加快推动数字产业化发展,持续提升公共服务数字化水平,健全完善数字经济治理体系,强化数字经济安全体系,有效拓展数字经济国际合作等
北京市	《北京市数字经济全产业链开放发展行动方案》	制定一批数据要素团体标准和地方标准,开放一批数据创新应用的特色示范场景,推动一批数字经济国家试点任务率先落地,出台一批数字经济产业政策和制度规范,加快孵化一批高成长性的数据服务企业,形成一批可复制可推广的经验做法 在全国率先建成活跃有序的数据要素市场体系,将北京市打造成为数字经济全产业链开放发展和创新高地

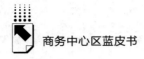

续表

代表性省区市	政策文件	部分主要政策内容
上海市	《上海市数字经济发展"十四五"规划》	拓展数字金融,创新数字金融服务模式,有序开展数字人民币试点,加强数字内容企业及应用场景集聚;提升数字新基建,加强从底层到应用全链条布局,发展人机交互技术,培育数字娱乐消费新业态,加快虚拟现实生态布局;打造智能新终端;提升新型网络基础设施能级;加快布局数字医疗
重庆市	《重庆市数字经济"十四五"发展规划(2021—2025年)》	夯实新基建,筑牢数字经济发展基础条件;激活新要素,充分发挥海量数据价值;培育新动能,加速释放高质量发展活力;加强新治理,提升政府和社会数字化水平;强化新支撑,增强数字经济内生发展动力;融入新格局,扩大数字经济开放合作能级
广东省	《广东省建设国家数字经济创新发展试验区工作方案》	加速形成高速、泛在、融合的基础网络设施,打造协同高效的计算存储设施集群,建设数字经济新型基础设施全国标杆;加强重点领域核心技术攻关,提升关键基础产业发展水平,打造数字经济创新高地;强化智能制造高端供给;高质量推动"智慧广东"建设;打造数字经济开放合作先导示范区,数字丝绸之路的核心战略枢纽
江苏省	《江苏省"十四五"数字经济发展规划》	着力提升核心技术研发能力,系统布局高水平创新载体;提升数字产业发展能级;以制造业为主战场,打造数据驱动的创新应用场景;构建包容审慎的数字经济治理和监管机制;加速数据资源化、资产化、资本化进程,释放数据要素价值;发挥数字基础设施"头雁效应",夯实新型基础设施;加快数字经济创新资源流通汇聚
浙江省	《浙江省数字经济发展"十四五"规划》	加快建设数字科技创新中心,加强数字科技基础研究和关键核心攻关,打造创新创业最优生态,提升数字科技创新策源能力;提升数字产业规模能级;培育智能融合产业和数字文化产业,提升发展融合型新兴产业;推动服务业数字化转型;推动生产经营数字化转型;提升高效善治的数字化治理能力

资料来源:根据各省区市人民政府官方网站汇总整理。

二 我国 CBD 数字经济实践进展

目前,我国很多 CBD 在数字产业化和产业数字化发展方面取得了良好进展，并成为所在城市乃至所在城市群数字经济发展的有力支撑，以北京CBD、上海虹桥国际 CBD、广州天河 CBD 为例，已经形成一些能够辐射带动周边区域数字化发展、数字化转型的数字产业发展制高点。

（一）北京 CBD：数字经济新标杆

北京 CBD 是全国首个由国务院批复成立的商务中心区，是首都高端产业功能区之一。北京 CBD 立足于北京全力打造全球数字经济标杆城市，依托自贸试验区和国家服务业扩大开放综合示范区"两区"政策叠加优势，不断开拓创新，加强招商引资与企业服务，并取得突出成效。2021 年中心区营业总收入突破 7000 亿元，地均产出首达千亿元，功能区营业收入首超 2 万亿元，宏观经济运行稳步复苏；中心区新注册企业 3323 家，外资企业 273 家，企业入驻意愿持续增强；中心区楼宇数量 138 座，纳税过亿元楼宇 55 座，纳税过 10 亿元楼宇 12 座，纳税过 50 亿元楼宇 3 座，楼宇经济再创新高。

2021 年，北京 CBD 积极聚焦数字经济，引进了一批数字经济企业，有效推动了新伦（北京）供应链、万普数字北京、我爱我秀、中科同源、枞树保险经纪、三越贸融等企业成功落地；积极推进发展数字经济新业态，鼓励数字化场景应用，支持区域企业华贸中心、国贸中心等运用新技术实施数字化、智能化转型；持续对接增值电信业务试点开放政策，力图加入北京市首批国际互联网数据专用通道建设。同时，以美食为媒，打造 CBD 国际特色消费节。推出"CBD 数字低碳餐饮新消费"，推广数字人民币消费等，践行绿色 CBD 理念。特别是北京 CBD 推进数字孪生 CBD 建设，深化实施数字经济战略，充分利用城市的海量数据，建设城市数字孪生全要素数据资源体系，为企业数字化转型、数字化产业生态打造、数字经济高质量发展赋能，形成北京 CBD 版的"新基建"，打造全国数字化基建和数字经济发展样板。目前已初步建成国内首个 L4 级别高精度的城市级数字孪生平台，实现北京 CBD1∶1 全要素、高拟真还原，打造真实的 CBD 虚拟空间，是全国智慧城市平台建设的新标杆，为企业数字化转型、数字化产业生态打造、数字经济

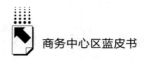

高质量发展奠定了基础。

此外，北京 CBD 还依托数字经济助推数字贸易高质量发展。一是聚焦数据要素新动能，加快推进数据的跨境安全流通。与北京国际大数据交易所联合发布了"北京 CBD 跨国企业数据流通服务中心"，为企业数据跨境业务提供咨询、合作对接等专业服务，探索数据跨境的安全合规流动，构建数据安全产业体系和数据跨境生态体系。二是聚焦文化金融服务。文旅金融综合服务平台去年获得全国十大创新案例，聚焦文旅产业的数字资产增信基础设施建设，创新文旅企业信用评估和产融能力的提升，共同破解文化和旅游企业融资难融资贵问题。截至 2022 年 6 月，平台累计协助金融机构为文旅企业发放信贷资金超过百亿元。三是聚焦国际贸易数据场景。搭建了国际贸易单一窗口平台，建立集"行业组织、外贸企业、货代物流、机场港口、金融机构"为一体的贸易数据共享链，通过数字化手段打通所有的贸易环节，以贸易数据确权为牵引，以贸易发展促进、贸易信用评价、贸易通关协同等典型场景为驱动，逐步实现跨境贸易全链条的数字化、交互化和场景化，让跨境贸易更可信、更高效、高安全。

（二）上海虹桥国际 CBD：数字贸易国际枢纽港

上海虹桥国际 CBD 是虹桥国际开放枢纽区域功能布局的核心，肩负着推动长三角一体化发展、服务构建新发展格局、增创国际合作竞争新优势等一系列战略使命。近年来，上海虹桥国际 CBD 不断强化核心功能，突出总部经济的能级提升、贸易功能的内涵拓展、流量价值的挖掘和创造，积极布局和发展新型国际贸易，着力打造全球数字贸易港和国家数字服务出口基地。2021 年，规模以上服务业实现营业总收入 1377.59 亿元，限额以上批发零售业实现营业总收入 3664.95 亿元，限额以上住宿和餐饮业实现营业总收入 44.32 亿元，纳税总额 345.97 亿元。

近两年，上海虹桥国际 CBD 通过提升"全球数字贸易港"总部集聚功能和建设数字贸易重点区域推动形成联通全球的数字贸易枢纽；通过扶持数字贸易场景应用创新、高端数字贸易平台与项目加快建设数字贸易企业成长中心。其中,"全球数字贸易港"总部集聚功能方面,集聚国内外知名的数字贸易龙头企业总部。依托虹桥保税物流中心,重点引进阿里巴巴、京东、谷歌等跨境电商龙头平台型企业;制定数字贸易产业招商地图,吸引与培育云计算、大数据、人工智能、区块链、物联网、卫星定位等重要领域;支持会展、医疗、教育、旅游、城市管理、金融等垂直细分行业的数字贸易设立企业总部基地、研发中心、运营中心、应用中心、数据中心和培训中心等机构。数字贸易重点区域建设方面,加强上海虹桥国际 CBD 数字贸易要素的分工合作、空间协同与有机集聚。数字服务出口能力提升方面,依托国家电子商务示范基地、"互联网+生活性服务业"创新实验区基础,依托互联网服务、人工智能、软件和信息服务等产业,培育 2~3 家估值超过百亿美元的数字贸易型龙头企业。数字贸易服务领域拓展方面,推动阿里智慧产业园、虹桥进口商品展示交易中心、绿地全球商品贸易港、虹桥"WE+"人工智能产业园、上海国际技术交易中心、跨境通等平台能级提升。数字贸易场景应用创新方面,结合智慧虹桥建设,率先在上海虹桥国际 CBD 创新应用 5G、北斗导航、物域网、AR/VR 等新技术,打造跨境数字贸易路演、线下活动、购物体验、娱乐参与的标志性场景体验区。围绕数字贸易产业链和垂直行业领域,引进和培育数字贸易独角兽企业。高端数字贸易平台与项目则涉及引进或扶持建设数字贸易国际创新孵化平台、创建人工智能国际联合创新中心、设立上海数字贸易交易促进平台虹桥商务区分站等多个方面。

此外,上海虹桥国际 CBD 通过加强 5G 基础设施建设、推动国际互联网数据专用通道建设、打造 5G 应用场景、推进 5G 产业创新中心建设等,多措并举建成国际领先的 5G 示范商务区;通过推动 AI 技术与 5G 网络技术深入融合、赋能城市管理和行业应用等方式推进 AI 赋能的信息化应用布局。

(三)广州天河 CBD:数字服务出口基地

广州天河 CBD 是唯一获批国家数字服务出口基地的中央商务区。2021 年,广州天河 CBD 以建设国家数字服务出口基地为突破口,加快推动数字经济创新发展,在常态化疫情防控和经济社会发展中率先培育高质量发展增

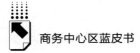

长点，全年实现 GDP 超 3800 亿元，其中数字经济核心产业增加值超 545 亿元，占广州天河 CBD GDP 比重达 14.2%；拥有数字服务类企业近 2 万家，包括科学研究和技术服务业 11079 家，信息传输、软件和信息技术服务业 8585 家；规模以上软件企业 295 家，营业收入超过 600 亿元；高新技术企业超 700 家。数字经济已成为区域经济发展的重要支撑。

2021 年，广州天河 CBD 积极聚焦数字经济，深入开展产业链招商，如重点引进广电云融数字科技、极飞科技服务等数字经济产业项目 28 个，广州数字金融创新研究院等研究机构 4 个。大力发展"数字+"新兴产业，推动旅游服务、工业设计、广告营销、医疗健康等传统产业数字化转型，壮大数字服务产业。注重增强数字经济集聚效应，通过精准靶向招商，推动数字创意企业和数字贸易企业集聚发展，其中在羊城创意园及其周边已形成数字创意企业集聚效益，代表性总部企业有酷狗音乐、荔支网络、三七文娱、趣丸、天闻角川等。珠江新城则汇聚一批特色和实力兼备的数字贸易企业集聚效益，其中有以玛氏信息、汇量科技为代表的信息技术运营和维护服务出口类总部企业；以汇丰软件、简悦信息为代表的软件研发服务出口类总部企业；以汇丰环球客服、花旗金融信息服务为代表的金融后台服务出口类总部企业。数字服务出口业务遍布世界 35 个国家和地区。重视数字贸易规则和制度创新研究，通过汇总分析国内主要省市在数字贸易方面的经验做法，研究制定数字贸易国际规则，初步形成《推进数字贸易规则对接与制度创新发展战略研究报告》，为推动广州天河 CBD 数字服务规则对接和制度创新发展战略提出建议。积极开展人才教育培训，如与英国国际贸易部联合主办、广东-诺丁汉高级金融研究院承办以金融创新与数字经济发展为主题的中英金融人才教育培训，基本实现了对广州绿色金融行业高管人群的全覆盖。

此外，广州天河 CBD 与广州仲裁委、区政法委、区法院研究起草了《关于支持粤港澳大湾区国际商务与数字经济仲裁中心建设的工作方案》，并与"天河金融商事纠纷一站式化解中心"一体化运作，有效推动了粤港澳大湾区国际商务与数字经济仲裁中心尽快落地，以及粤港澳大湾区数字经济相关规则衔接与机制对接。

三　CBD 数字经济发展面临的挑战

作为现代城市中高端商务活动集聚的功能区，CBD 具有的独特优势能够更加有效地发展数字经济，推动数字 CBD 建设，增强经济韧性，但同时也面临着数字经济发展不平衡不充分、产业布局规划系统性欠缺、数字经济治理制度薄弱等问题。

（一）CBD 数字经济发展不平衡不充分

数字经济发展的不协调主要体现在两个方面，即空间分布存在失衡、发展结构存在失衡。首先是数字经济发展存在空间分布上的失衡。在当前各大 CBD 都在积极布局数字经济产业的背景下，由各大主要城市 CBD 的数字经济产业发展现状可以看出，目前数字经济产业中的重点企业以及实力强大的数字企业主要布局在经济相对来说发达的北上广深等城市。根据中国信息通信研究院发布的 2022 年《中国数字经济发展报告》，2021 年数字经济规模突破 1 万亿元的 16 个省区市中，东部地区 9 个、中部地区 5 个、西部地区 2 个，其中有 11 家 CBD 位于东部地区，1 家 CBD 位于中部地区，2 家 CBD 位于西部地区，空间分布极化现象比较严重，数字经济发展能否突破"胡焕庸线"有待政策的进一步引导和推动。其次是数字经济发展存在结构上的失衡。与先进地区 CBD 发展相比，中西部地区城市的 CBD 缺少数字经济产业入驻，产业数字化方面的渗透率偏低，数字产业化方面的人工智能、物联网、区块链、云计算、集成电路等核心产业发展存在较大差距，且数字经济相关产业、高端要素资源有进一步向北京、广东、上海集中的趋势，这在很大限度上阻碍了中西部地区 CBD 的数字经济产业发展和培育。

（二）CBD 数字经济产业发展缺乏系统的规划和筹备

首先，数字产业化和产业数字化"两"化发展规划系统性欠缺。我国数字化起步相对较晚，虽然党的十九大以来，数字中国建设成就显著，数字经济新业态新模式层出不穷，数字经济发展规模全球领先，但尚未形成上下衔接、横向协作，数字化和产业化双向融合的规划网络体系，特别是缺乏系统性推动低碳产业循环发展的产业体系。其次，创新链与产业链的衔接较为薄弱。产业链依托创新链形成而发展，创新链发展水平的高低决定着产业链的发展，创新水平不足会让产业链因缺少核心关键技术而出现堵点、短板，同时产业链的发展承担着创新链的落地载体，并提出新的需求，但二者之间纵向融合不深、衔接不畅。最后，原始创新、基础研究、应用创新之间的衔接融通仍较为薄弱。目前，中国在5G方面实现了技术、产业、应用全面领先，人工智能、量子信息、区块链等新兴技术跻身全球第一梯队，但是原始创新性成果仍然缺乏，底层"根"技术仍然受制于人，高附加值环节"卡脖子"问题凸显，高端传感器芯片对外依存度较高，基础工艺能力有待提升，CBD作为商务服务、科技服务、金融服务等以现代服务业为主的区域，相比高新技术开发区、中关村科技园区、国际一流CBD，在原始创新、基础研究、应用创新、创新体系效能方面仍然存在较大差距，迫切需要系统布局高水平创新载体。

（三）CBD数字经济治理制度建设方面亟待加强

首先是数据资源共享力度较为薄弱，数据是数字技术创新过程的核心输入，政府部门、企业之间存在的"信息孤岛""数据烟囱"等问题会成为数字技术革新、数字化转型发展的最大阻碍。数据孤岛的存在弱化了不同业务链上数据之间的关联性，甚至出现数据库彼此无法兼容的问题，但消除数据孤岛，疏通不同软件系统之间、各环节业务链之间的数据连通性和兼容性却并非易事，这是CBD数字化建设过程中长期存在的一个突出难题。此外，数据资源"不愿共享""不敢共享""如何共享""数据权属"等问题也较难破解。其次是数字经济发展显著领先于法制规范，数字经济法制环境建设相对滞后。缺乏与"数字红利"利用相关的配套政策措施，如数据难以标准化、数据不易定价、制度缺乏系统性等，致使数字经济发展的顶层设计被弱化，阻碍了数字价值的充分体现。另外，数据不仅是数字技术的核心输入，更关系着用户的数据隐私安全，平台经济的违法行为、侵权行为、数据泄露、隐私保护等安全隐患依旧普遍存在，这不仅是数字经济协同共治需要重点解决的问题，更是治理的痛点和难点。

四　数字经济助力提升 CBD 经济韧性发展的对策与建议

基于我国 CBD 数字经济发展中取得的成效以及面临的挑战，适应全球数字化发展与数字化转型趋势，提出以下几点 CBD 数字经济发展的对策建议，以期更好地推动以信息化培育新动能、以新动能促进新发展。

（一）强化数字经济领域人才队伍建设

一是加强高水平数字人才队伍建设，配合企业，聚焦于基础软件、高端芯片等基础领域，以及大数据、物联网、区块链、人工智能、量子通信、数字孪生技术、虚拟孪生等前沿技术领域，制作重点人才招引目录，壮大数字经济领域多层次人才队伍。二是大力吸引和培育数字领域交叉复合型人才，壮大复合型人才队伍。数字技术并非局限于某一行业和学科，而是存在多学科多行业交叉融合，因此需要特别注重复合型人才引进，同时以市场需求为导向，围绕数字经济领域前沿研究、基础研究、应用研究等，积极牵头总部企业、高校、科研院所等多主体协同育人，扩大数字经济领域复合型人才、领军人才、骨干人才规模。三是集聚数字经济领域全球高端、顶尖创新人才，加强国际人才队伍建设，加大国际人才引进力度，与国内外知名高校商学院开展长期合作，建成一站式服务中心，免费为跨国公司、优质人才开展高质量人才培训服务。四是面向数字人才倾斜，优化数字领域人才引进政策和管理方式，探索数字人才共享，完善配套服务，营造最优的数字人才发展环境。

（二）强化数字经济领域产业体系布局

一是突出产业异质性发展，以系统观念全力布局数字经济相关产业。

建议各地区 CBD 结合已有产业基础、要素资源、区位优势以及地区特色，充分发挥 CBD 集聚效应，围绕产业生态、数据要素、技术创新、平台企业创新等，编制产业指导目录和招商引资目录，引导市场精准招商，切实推动 CBD 与所在城市产业链数字化协同升级。二是培育壮大一批集成电路、关键软件、人工智能等数字产业，策源一批数字经济领域国际合作项目落地 CBD，重点吸引数字经济领域龙头企业、国际组织入驻，打造具有国际竞争力的数字产业生态。三是重视数字技术赋能传统产业，以传统企业诉求为导向，聚焦产业发展过程中研发、生产、物流、营销等关键环节，汇集高校、科研院所、重点企业等多方主体，积极开展数字经济与实体经济深度融合研讨会，明晰传统产业数字化转型思路，推进 CBD 传统产业数字化绿色化协同发展。四是依托 CBD 高端要素资源和创新资源，围绕人工智能、量子通信、数字孪生技术、虚拟孪生等关键前沿技术领域，积极开展国际交流合作，有效宣传推介 CBD 品牌形象，增强 CBD 数据资本集聚效应。

（三）强化新型基础设施建设

一是加快建设具有商务区特色的新型基础设施，培育发展特色数字产业，推进商务区基础设施向绿色低碳、高速泛在、云网融合、智能便捷方向转化。积极推动商务区 5G 基础设施建设，打造 5G 应用场景，推进 5G 应用创新载体建设，加快建成 5G 融合应用先行区。二是全力打造数字贸易公共服务平台，重点集聚具备渠道整合能力优势的企业，扶持数字贸易应用场景创新，以数字化推动国际贸易的互联互通。三是争取更多 CBD 开通国际互联网数据专用通道，增强商务区用户跨境信息交互体验，满足企业发展实际需求，提升国际交往的服务质量。四是强化新型基础设施建设资本支持，探索创新投融资机制设计，有效激发社会资本积极参与数字基础设施投资和建设，以多元化投融资模式强化项目现金流培育，解决项目资金供给的困难。探索设立新一代数字基础设施投资基金，加大政策性金融和开发型金融支持，加强金融创新破解融资抵押难窘境。

（四）以数字技术赋能 CBD 经济韧性发展机制建设

一是着力提升 CBD 信用监管信息化建设水平，加强数据要素互联互通，促进数字信用数据的共享，以人工智能、大数据等数字技术进一步赋能信用监管体系，构建以数字技术为支撑的数据信用仓库，实现信用信息即时采集更新，强化对企业风险和楼宇风险的分析研判，建立风险线索推送反馈机制，解决信息共享滞后、联动监管不强等问题，推动企业实现信用变现、享受"信用红利"，着力打造诚信文明生态圈。二是进一步推进政务服务智能化便利化，集约建设政务服务、招商服务平台，构建数字技术辅助决策机制，同时强化数字技术在公共卫生、自然灾害等突发性公共事件中的应用，全面提升预警和应急处置能力。三是积极探索高质量数字经济治理体系建设，积极参与数字技术标准、数据流通标准的制定等相关方面工作，鼓励支持区内领军型数字企业参与到数字标准建设中来。四是积极推进数字经济仲裁中心建设，搭建多元化解纠纷平台，健全仲裁与调解双轨运行机制，进一步完善商务区法制化、国际化、商业化的营商环境。五是持续推进数字技术领域"放管服"改革，放宽数字服务贸易市场准入限制，为研发、执业、参展、交流、培训等高端人才提供签证便利。

参考文献

单菁菁、武占云：《中国商务中心区发展报告 No. 6》，社科文献出版社，2020。
单菁菁、武占云：《中国商务中心区发展报告 No. 7》，社科文献出版社，2021。
国家互联网信息办公室：《数字中国发展报告（2021 年）》，2022。
中国信息通信研究院：《中国数字经济发展白皮书（2022 年）》，2022。
李晓华：《数字经济新特征与数字经济新动能的形成机制》，《改革》2019 年第 11 期。

环境韧性篇

Environmental Resilience Chapters

B.8
CBD 海绵城市建设进展、问题及建议

王国玉　高见*

摘　要： 中央商务区（CBD）人口、经济要素高度聚集，土地稀缺、开发强度高，相对于其他城市空间，对宜居、安全、韧性具有更高需求，平衡城市发展与生态保护的难度更大。海绵城市是目前应对这一难题的先进理念和重要技术手段，我国多个 CBD 已经开展海绵城市建设探索与实践。研究发现，CBD 海绵城市建设实践中存在缺乏系统性谋划和全局性联动，缺乏适应 CBD 空间特点的海绵城市建设技术，建设管理精细化水平不高制约海绵城市整体效用发挥等问题。基于 CBD 空间特点和海绵城市内在特征，本文从系统性、精细化、适用性、融合性四个方面提出 CBD 海绵城市建设和改进策略。

---

* 王国玉，中国城市建设研究院有限公司绿色发展研究中心副主任，教授级高级工程师，主要研究方向为海绵城市、生态修复、风景园林规划等；高见，中国城市建设研究院有限公司数字规划研究所所长，博士，主要研究方向为城市规划、数字城市等。

关键词： 海绵城市 韧性城市 绿色基础设施 CBD

一 引言

在全球气候变化加剧的宏观背景下，世界各地极端雨洪等自然气象灾害日趋频繁，轻则雨季城市"看海"，重则危及居民生命财产安全的案例屡见不鲜。2015 年，联合国大会通过了涵盖 17 项可持续发展目标的《改变我们的世界——2030 年可持续发展议程》，其中"建设包容、安全、有抵御灾害能力和可持续的城市和人类住区"是联合国首次给城市发展设立单独目标。海绵城市是中国人的一种生动形象化表达，国际上通常对应"低影响开发"，其核心是构建与自然相适应的排水系统，降雨时"吸收、存蓄"，干旱时"释放"出来并加以利用，从而让城市面对雨洪自然灾害更具"韧性"。海绵城市是目前应对城市雨洪难题的先进理念和重要技术手段。

随着中国改革开放的发展进程，中央商务区（CBD）持续深化制度创新和改革集成，已发展成国际高端资源集聚、要素枢纽功能突出、现代流通体系完善、营商环境接轨国际的特殊经济功能区，对促进中国经济平稳健康发展做出了重要贡献。随着我国经济进入高质量发展阶段，CBD 正处在从快速集聚发展阶段转入优化产业结构实现高质量发展的关键时期。作为资金、信息、人才集聚中心，CBD 承担着城市经济驱动和发展先导的重要作用，开展海绵城市建设，提升 CBD 宜居、安全、韧性品质，意义重大，需求迫切。

国家市场监督管理总局、国家标准化管理委员会发布的《城市和社区可持续发展 可持续发展管理体系要求及使用指南》（GB/T 40759—2021/ISO 37101：2016）明确了通过实施战略、方案、项目、计划和服务，帮助城市和社区变得更具韧性、智慧和可持续，并展示和交流其成效。进一步地，国家市场监督管理总局、国家标准化管理委员会发布的《城市和社区可持续发展 商务区 GB/T 40759 本地实施指南》（GB/T 40763—2021）确定商务区可持续发展的五个方面，即经济可持续发展与创新，社会和公共

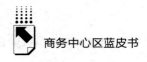

服务，人居和自然环境，基础设施和易流动性，治理、授权和参与，并明确提出将韧性作为城市商务区可持续发展的内在需求之一，关注安全、健康和韧性。海绵城市作为城市韧性解决方案的一部分，有助于商务区提高应对雨洪和内涝灾害的能力，并节约水资源。

二　国内外 CBD 海绵城市建设实践

从全球视角来看，城市化仍在快速推进过程中，人口、社会经济活动集聚在持续。城市化进程同时带来了蓝绿生态空间丧失、生态系统服务退化、城市热岛加剧以及雨洪内涝频发等一系列的生态环境问题，对人类健康和居民福祉造成严重影响，对可持续发展形成重大挑战。CBD 是一个城市高度现代化的区域，人口密度大开发强度高，是城市安全运行的重要枢纽，应更加注重洪涝灾害的预防。近年来，基于自然的解决方案（NbS）、海绵城市建设理念，为解决城市所面临的生态环境问题、提升城市韧性和可持续性提供了新的思路和途径。

（一）国外海绵城市建设实践

1. 纽约实践

重点实施绿色基础设施规划。在实施推进具体过程中，强调各类绿色基础设施的源头减排作用，首先按照汇水区面积测算设施调控能力需求并设计道路、绿地中的绿色基础设施布局；其次考虑地块绿色基础设施建设和改造，重点通过减免排水税与政府投资等方式鼓励、推进新建地块绿色基础设施布局和已建地块绿色基础设施改造。

实施全生命周期追踪管理。基于互联网技术建立"纽约绿色中心"（NYU GreenHUB），实现对全市绿色基础设施建设进行全生命周期追踪并提供资产管理服务。从规划、设计、建设、运维等项目全生命周期的角度对每个项目进行追踪和管理，积累大量本地数据，提升后续规划设计的科学性和针对性。

2. 东京实践

日本东京降雨径流管理政策的核心是应对短历时强降雨，主要侧重于"蓄""用""排"，以提升城市的排水除涝能力。以应对每小时 75 毫米降雨产生的暴雨径流作为河道和排水设施的调蓄能力提升目标，并将目标进一步根据区域范围大小或权责大小，分解到流域及区域内部河流、排水系统、民宅和建筑。通过立法强制推行大型建筑及建筑群的地下雨水储存及再利用系统，分析内涝发生的高危区域，建设相应的地下蓄水设施，发挥源头径流调蓄作用，同时实现"蓄"与"用"结合，有效提升水资源利用率。强化应急设施和紧急措施的配套保障，制定重点区域或重要活动的强降雨应对策略，有效降低危害损失。

3. 新加坡实践

基于水敏性设计理念，在充分考虑自然经济条件基础上新加坡提出了活力、美丽、清洁的"ABC 水计划"（Active, Beautiful, Clean Waters Programme），以市民"亲水、乐水"为目标，开展水体生态修复、滨水休憩空间建设、水体社会效益增值等；在保障城市水系统实用功能的基础上，增加休闲和团体活动承载功能。面对超过 2400 毫米的多年平均降雨量，新加坡将雨水作为重要的淡水来源进行收集、储存和利用，其 2/3 国土面积上的降雨实现了收集，并进入水库作为供应水源。源头处理重点通过原位滞蓄设施和雨水收集系统建设，实现延缓降雨径流，削减洪峰等目标，同时与雨水收集利用相结合，将雨水用于灌溉、普通洗涤等。通过源头治理有效提高城市排水系统应对超设计降雨量强降雨的灵活性。

（二）我国 CBD 海绵城市建设进展

2021 年，在前期 30 座试点城市基础上，我国海绵城市建设进入了全面推进阶段，广州、杭州等 20 座城市成功入选第一批系统化全域推进海绵城市建设示范城市。随着海绵城市建设理念在中国产生、落地和发展，CBD 海绵城市建设在我国各个城市也开展了不同尝试。北京通州运河 CBD、郑州郑东新区 CBD 等成为 CBD 海绵城市建设的典型案例。具体措施有：环境友好的城市

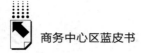
开放空间 LID 低影响设计，生物多样性导向的城市自然景观与生态环境营建，立体绿化与系统增绿，以及多尺度改善微气候的水景观设计等。在韧性城市理念下，CBD 的规划建设更加注重城市结构体系、空间功能布局、市政基础设施等在应对极端天气事件等方面的系统应对能力，强调完整连续、复合公共活动功能的生态空间网络在应对超标准降雨方面的综合作用。深圳城市 CBD 扩建区采用生态规划的发展模式，将扩建区与现状有机结合，通过收集雨水设计，融合节能环保技术，打造生态一体化商务区。北京 CBD 依据海绵城市理念建成首个城市森林公园，开展坝河水系景观廊道建设，实施温榆河公园朝阳段一期、金盏森林公园二期以及朝阳公园整体提升等项目，新增改造绿化面积 672 公顷，显著改善了 CBD 及周边区域人居环境。

1. 北京通州运河 CBD

重点建设滨水空间。围绕"蓝绿交织、清新明亮、水城共融"，着力加强滨水空间景观风貌提升，打造水绿交融、韵味深厚、品质高端的生态文明景观带。推进骨干河道生态修复和景观提升，统筹滨水空间慢行系统建设，满足市民休闲、娱乐、观赏、体验等多样化需求，拓展绿色空间，推进一批生态公园建设，进一步织密公园绿道网络，公园绿地 500 米服务半径覆盖率将达到 95% 以上。

构建绿地系统"点—线—面"系统结构。以北运河为中心构建绿地空间体系，把"还河于民"落到实处，沿河两岸打造高品质的步行绿道及滨河公园。利用运河公园建设契机积极探索建设"海绵公园"，结合河岸地貌按"自然保护、生态修复、低影响开发"的设计原则合理布设雨水花园、下凹绿地、雨水塘，并开展系统生态修复。打造活动空间的同时提升绿地景观，植被种植注重季节性效果，实现"三季有花、四季有景"，乔、灌、草配合，丰富景观层次，平衡生态环境。在开发地块内积极建设溢流井、植草沟、下凹绿地、雨水花园、透水式地坪等海绵设施，促进 80% 的雨水可以在场地内得到下渗、净化，补充到地下水，让干净的水留下来成为资源，让多余的水排出去，不形成灾害。

构建连续式、沉浸式景观与开敞空间体系。不断优化提升景观体系、提升城市景观设计覆盖率和实施率。对商务区内已建成的支路、公共绿地进行绿化种植，优化区域内城市家具、商业配套，营造有活力的城市空间、增加商业氛围。通过植物配置塑造兼顾不同层次、迎合不同季节的多样化景观，并保持开花期在每年 1/3 以上时间。将开放空间作为城市客厅进行系统规划、建设，使其满足美观功能、日常使用功能及文化展示功能，加强绿道、绿廊建设，为城市居民提供休闲活动场地。

基础设施"海绵+"升级。在商务区内的重点生态廊道中设置生态蓄水池、生态拦蓄沟、雨水花园，并对现有水系扩容改造，将其打造成集生态保护、休闲健身、人文展示教育等多功能于一体的城市生态绿廊。海绵城市建设靠的是"三分建、七分养"，将绿地取水口连接调蓄池自动灌溉，统筹协调河道疏通、"海绵"公园维护、生态绿廊监测等市政管理任务。

通过绿地系统构建、开敞空间优化和基础设施提升等综合施策，北京通州运河 CBD 将实现区域年径流总量控制率不低于 90%、海绵城市建成区面积比例达到 80% 的建设目标。

2. 郑州郑东新区

郑东新区 CBD 是郑东新区的核心区，在建设发展过程中坚持落实"共生城市"规划理念，成体系、成规模地保留了城市核心区绿地，形成了完整的"中心突出，外围环绕"绿地体系，为郑州市民提供了一个开放性的自然空间和市民户外休闲活动场所。2016 年 7 月 1 日，园区的龙湖地区被纳入海绵城市试点区，通过加强规划引领、打造"水域靓城"、加强海绵型绿地系统建设、推进海绵型小区和单位建设等举措，海绵城市建设成效显著，切实提升了 CBD 生态韧性和环境品质。

加强规划引领。为加强水生态和海绵城市建设，郑州市政府先后出台了一系列规划文件和实施方案，包括《郑州市生态水系规划》《郑州都市区生态水系全面提升工程规划》《郑东新区生态水系规划》等，为郑东新区 CBD 建设海绵城市提供了政策指引和建设依据。

实施河湖连通工程。根据规划，针对郑东新区魏河、贾鲁河、龙湖、龙子湖和象湖等主要河流、湖体实施河湖连通工程，构筑新区总长度约 108 千米的完整城市水系。其中具备调蓄、灌溉、景观、气候调节等多重功能的

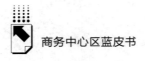

龙湖，作为城市宝贵资源和生态亮点，将打造成郑东新区城市水系的重要节点和景观焦点。

加强海绵型绿地系统建设。占地面积16.67公顷的市民体育公园是郑州市首座海绵公园，在公园建设过程中全面落实海绵城市建设理念，重点利用雨水收集系统，将雨季降水储存到地下雨水收集设施，再回用于平时绿化养护，提高了雨水资源化利用率。此外，加强城市绿地与市区河流、森林公园等联系，共同打造蓝绿交融的城市生态系统。

实施海绵型道路建设，推进海绵型小区和单位建设。通过透水铺装、道牙石开口、屋顶绿化、下凹绿地、雨水花园、入渗池、入渗井等LID设施组合运用，实现道路与小区地块的雨水源头减排。

3. 武汉光谷中心

武汉光谷中心全力打造以生态大走廊为核心的绿色基础设施。规划生态大走廊连通武汉市东湖高新区195千米区域绿道、118千米城市绿道、161千米休闲绿道和三大功能片区。绿色基础设施为光谷带来更好的气候适应、更好的空气质量、积极的市民健康影响、城市生物多样性保护、资源再利用以及碳汇提升、营商环境优化等多重经济社会效益。目前，已完成武汉光谷生态大走廊二期工程，项目总长5.1千米。项目坚持生态优先，融入生态湿地和海绵化设施，依托山、溪、田、湖、库一体的蓝绿基底，打造自然、生态、节约、智慧的生态大走廊，为市民提供绿色、生态中央活力区。将水的时态与自然湿地系统、生态系统、驳岸系统弹性融合，打破渠道化防洪排涝模式，利用自然滩地引导，减少人工设施，构建水安全、水生态、水景观三位一体的水系景观系统。依托场地种植生境，构建混交林、疏林、灌草丛、水湿复合等多种植物群落，打造"近自然"的景观基底。

三　CBD海绵城市建设存在的主要问题

（一）海绵城市建设缺乏系统性谋划和全局性联动

海绵城市建设专项规划是对海绵城市建设项目和内容以及建设时序做出

统筹安排的重要政策与技术文件。近年来，大部分城市都编制了海绵城市建设专项规划，但针对 CBD 区域专门的海绵城市建设规划或者系统方案还比较少。海绵城市专项规划编制中问题识别不准确、原因剖析不深刻、目标指标科学性不足等问题突出，各地规划内容与措施千篇一律，主要围绕年径流总量控制率等指标分解开展，规划工程项目和问题之间缺乏逻辑对应关系，针对性不强，更缺乏针对 CBD 空间特点的适用性海绵城市建设规划。

在系统推进海绵城市建设方面，过于强调单个地块或项目的年径流总量控制率等海绵城市建设目标及完成度，建设时序、工程安排等方面单个项目考虑多，系统全局考虑少，碎片化建设又导致海绵城市建设效果大打折扣；"重地下、轻系统，重局部、轻全局"，对微排水系统和大排水系统考虑不足，"蓝、绿、灰"设施融合统筹考虑不足。此外，CBD 海绵城市建设在统筹规划建设管理体制机制方面也存在系统联动不足，从而制约了海绵城市建设的落地。

（二）适应 CBD 空间特点的海绵城市建设技术不足

海绵城市建设匹配 CBD 特点的工程技术欠缺，当前针对 CBD 区域的海绵工程措施、设施材料以及后期运行维护技术等，与其他建成区采用的技术内容相比并无差别。针对特殊的建设密度、TOD 导向的空间布局，以及产业业态等影响，CBD 区域城市雨水径流特征分析不足，采用的海绵城市建设技术内容针对性不强。

当前，海绵城市建设中"泛海绵化"现象突出，过分扩大海绵城市内涵，导致园林绿化、河湖水系治理、城市污水处理厂建设甚至一些道路工程都纳入海绵城市建设内容，其投资也都计入海绵城市投资。这种"万物皆海绵、海绵无边界"的做法，导致海绵城市建设解决问题的针对性降低，也误导了政府和社会民众，让大家误以为海绵城市建设投入很多，相关建设效果又达不到民众的期盼。对此，住房和城乡建设部办公厅及时印发了《关于进一步明确海绵城市建设工作有关要求的通知》（建办城〔2022〕17号），对上述内容进行了规范。

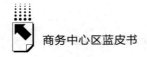
（三）建设管理精细化水平不高制约海绵城市整体效用发挥

CBD 海绵城市建设从顶层规划到项目实施，在一定程度上存在精细化水平不足问题。组织管理方面对应急方案的预演不足，常态的韧性城市建设与危机状态下的应急响应之间的衔接效率和执行能力欠佳。海绵城市设施维护方面，更是需要精细化作业来保障设施功能的有效发挥。在海绵城市建设试点阶段，各城市陆续发现了一些设施运行维护精细化不足的问题，如雨水收集设施满是垃圾无人清理，雨水花园植枯枝落叶不及时清运，甚至一些海绵设施在管理部门不知情的情况下被拆除和挪移。此外，粗放的建设管理模式也制约了海绵城市功效的发挥。

四 推进 CBD 海绵城市建设的建议

鉴于 CBD 高集中、高密度、高复合的空间特点，CBD 海绵城市建设在安全韧性、景观多样性与实用性、空间集约性等方面有着更高的需求和标准。因此，在系统化建设路径、目标选择、建设策略方面也较一般海绵城市建设有所不同。

（一）系统谋划，加强 CBD 与区域统筹联动

系统谋划海绵城市建设，强调"全域"和"系统化"。把"以水定城"与海绵城市建设相结合，从水资源、人口、经济、选址、规模等方面研究 CBD 与城市的宏观关系，厘清城市竖向关系，合理划定生态保护红线、生态空间管控区，按照分级分类规范管控。以 CBD 建设范围为主体考虑周边汇水区域的完整性，从流域视角出发，分析城市用地性质，合理设定海绵城市建设目标和时序，实现一体化协同建设。从系统化视角出发，通过生态措施与工程措施相融合，打造"人—城—水"和谐共生的城市海绵体。系统化推进 CBD 海绵城市建设，在重点关注排水防涝安全的基础上，统筹水资源、水环境和水生态问题。强调"蓝、绿、灰"设施融合，聚焦雨水径流

从产生到排入受纳水体的全过程，统筹城市规划、建设、管理的各个环节，以解决设防标准以内的暴雨内涝问题为导向，优化设施组合，合理布局各类设施，使其协同发挥最优作用。通过海绵城市建设，促进雨水下渗，补充地下水，通过雨水调蓄和滞留，实现改善局部气候，缓解城市热岛效应，增强景观效果，提高城市生物多样性等多个目标。

（二）目标引领，提升精细化建设管理水平

海绵城市是多目标的，需要针对城市突出问题因地制宜的设计技术路线。根据场地条件、规划目标、经济技术合理性等因素，灵活选取多种设施组合。从发达国家相关发展经验可以看出，强调雨水源头管控是城市化进程达到一定程度后的通行做法，比如美国的低影响开发（LID）和绿色雨水基础设施（GSI）、澳大利亚的水敏感性城市设计（WSUD）、英国的可持续排水系统（SUDs）等。日本东京对雨水源头控制十分重视，针对 1530 毫米的年降雨量实施"雨水流出抑制"的控制措施，规定每公顷的开发建设用地必须通过调蓄或者下渗控制 500 立方米的雨水量，并将其作为暴雨应对方针中的重要组成部分。新加坡规定从 2014 年 1 月 1 日起，要通过调蓄和下渗等方式，将开发建设后 10 年一遇降雨的峰值径流系数控制到 0.55。海绵城市是一项涉及城市雨水系统、绿化、建筑、道路、环境等多专业融合、多部门调度、多领域合作的系统工程，通过目标引领能够实现多专业协同优化的建设效果。我国城市化已经进入了提质增效阶段，在创新、协调、绿色、开放、共享的新发展理念下，CBD 海绵城市建设目标仍需进一步细化，以便提升其设定目标的科学性和合理性。

近年来，海绵城市建设对城市雨洪内涝问题的重视程度日益提升。从过去城市内涝事件发生原因来看，城市排水防涝工程体系不健全，地表行泄通道和调蓄空间构成的城市大排水系统规划建设和管理欠缺，是城市洪涝韧性的突出短板。海绵城市建设提升城市雨洪韧性成为重要建设目标。首先，充分利用好"蓝色空间"，充分发挥河湖水系对雨水的调蓄作用，避免开山造地、填埋河汊、占用河湖水系空间，维持城市自然水系脉络格局；其次，充

分利用自然、半自然生态空间等"绿色设施"，实现对雨水径流的消纳、滞蓄和净化；最后，加强排水管网、泵站、调蓄池等"灰色设施"建设，通过分流改造、优化运维等措施实现基础设施提质增效。"蓝、绿、灰"设施充分融合，系统解决城市设防标准以内的城市内涝问题。

（三）因地制宜，结合本底特征分类施策

我国区域环境条件多样，不同城市 CBD 海绵城市建设面临的问题和重点也各不相同，如山地河谷型、山水相依丘陵型、北方平原型、平原河网型、滨海临江型等不同类型城市在海绵城市建设过程中面临的主要问题各不相同，一些侧重水资源、水环境，也有部分侧重水安全、水生态，亦有多项兼顾。相应地，不同区域 CBD 海绵城市建设目标、路径和措施也均有不同。西宁海湖新区新兴商务区域海绵城市建设，重点针对西北地区典型川谷沟道城市的"山—城—水"空间结构特点和水生态、水环境突出问题，探索了从生态安全格局构建、蓝绿灰融合到源头社区环境营建的城市水系统优化技术体系。杭州市海绵城市建设则主要针对东南沿海的平原河网地区降雨丰沛、水资源丰富，江、河、湖、溪、海水系类型多样的本底特征，通过强化水系自然连通，提高平原河网蓄滞能力，完善洪涝潮协同的水安全保障体系等措施，系统化整治打造韧性宜居城市。

（四）建管结合，加强生态系统安全保障

与其他城市建成区相比，CBD 具有更加持续和高强度的人工干扰压力。通过 CBD 海绵城市建设，支撑区域高质量城市生态系统和安全系统构建，全面增强城市韧性。挖潜改造区域内公园、广场、体育场、学校等既有空间，形成布局合理、重点突出和综合覆盖的应急避险空间系统，依托 CBD 内外交通系统构建避难疏散体系，结合高快速路建设城市生命线工程。在 CBD 高密度建筑之中，依托道路、绿地、广场及地下空间布局多尺度的城市内部网络连接，特别是通过生态廊道将各类城市绿地连接在一起，构建网络连通的绿地系统，增强对自然灾害尤其是雨洪灾害的适应性，同时保护和

修复城市中动物栖息地，提升城市生态服务功能。结合 CBD 智慧城市建设，搭建灾害风险监测预警平台，充分利用最新的预测、监控技术，实现实时监测与分析模拟，对区域灾害风险实施动态评估和预测预警。应用多源信息融合技术，建立城市生命线安全监测系统，通过"监测—监管—研判—处置"相结合的方式对城市生命线系统进实时监测。

参考文献

郭亮、单菁菁：《中国商务中心区发展报告 No.7》，社会科学文献出版社，2021。

陈家刚：《风险、韧性城市与城市治理精细化——以郑州 7·20 特大暴雨为线索》，《特区实践与理论》2022 年第 2 期。

魏艳、李保国、周园：《郑州 CBD 高质量发展策略研》，《城市建筑》2021 年第 35 期。

胡鹏宇、徐晓岛：《韧性视角下的海岛型中央活力区设计策略研究——以舟山群岛新区"千岛商务区"城市设计为例》，《面向高质量发展的空间治理——2020 中国城市规划年会论文集（07 城市设计）》，2021 年，第 708~716 页。

李佳川：《上海虹桥国际中央商务区中央活动区复合功能研究与实践》，《建筑实践》2021 年第 8 期。

张俊杰：《国际一流中央商务区发展经验及对广州的启示》，《城市建筑》2021 年第 21 期。

黄健明：《现代城市中央商务区（CBD）可持续性扩建规划设计》，《建设科技》2021 年第 11 期。

国家市场监督管理总局、国家标准化管理委员会：《城市和社区可持续发展　商务区 GB/T 40759 本地实施指南》（GB/T 40763—2021）。

国务院灾害调查组：《河南郑州"7.20"特大暴雨灾害调查报告》，2022 年 1 月。

周伟奇、朱家莙：《城市内涝与基于自然的解决方案研究综述》，《生态学报》2022 年第 13 期。

黄健明：《现代城市中央商务区（CBD）可持续性扩建规划设计》，《建设科技》2021 年第 6 期。

丁一：《海绵城市规划国际经验研究与案例分析》，《城乡规划》2019 年第 2 期。

姚振伟、来亮、郑浩：《由"7.20"郑州特大暴雨对韧性城市的思考》，《2021 首届城市水利与洪涝防治研讨会论文集》2021 年 1 月。

B.9
CBD 韧性基础设施建设
现状、问题及建议

端利涛 王 菡*

摘 要： 受新冠肺炎疫情、极端气候事件、信息数据安全等多重外生危机
冲击影响，传统基础设施开始暴露服务保障能力等方面的诸多不
足，凸显了韧性基础设施建设的必要性。中央商务区（CBD）
作为城市经济的发展中枢，迫切需要开展韧性重建补足基础设施
短板，以增强 CBD 抵御各类风险的能力，并保障经济社会的平
稳运行。本文立足于新发展阶段，首先系统阐释了从"韧性"
到"韧性基础设施"的演变和发展，分析了严峻复杂形势下增
强商务区基础设施韧性的重要性；其次通过武汉 CBD、郑东新
区 CBD、广州天河 CBD 以及上海虹桥国际 CBD 在海绵城市建
设、零碳楼宇建设、新型基础设施建设等方面的成功实践显示了
CBD 韧性基础设施建设的进展和成效，并从气候变化风险、信
息安全风险、应急响应能力三大方面剖析了 CBD 建设韧性基础
设施过程中可能面临的问题和挑战；最后提出了推动 CBD 韧性
基础设施建设的若干对策建议。

关键词： CBD 韧性基础设施 气候变化风险 信息安全

---

* 端利涛，中国社会科学院数量经济与技术经济研究所助理研究员，博士，研究方向为数字经
济；王菡，中国社会科学院生态文明研究所博士后，研究方向为区域经济、数字经济。

一 引言

韧性，也即复原力，最早于 20 世纪 50 年代在工程领域中使用，意指某个物理系统在压力下保持功能并复原到原有状态的能力，强调通过增强基础设施的坚固性和抵抗力来最小化灾害发生时的易损性。20 世纪 60 年代末 70 年代初，被一些生态学家引申至生态学领域，并提出了生态韧性，认为生态韧性是在生态系统受到破坏性事件冲击后恢复到稳定状态的能力。而后逐渐由生态学延展至人类学、灾害学、经济学、社会学等其他学科领域，由生态系统的韧性上升为社会、经济、生态系统的整体韧性，由生态韧性发展到城市韧性。20 世纪末 21 世纪初，随着城市自然灾害的频发多发，增强城市系统在面对潜在气候变化和灾难风险的综合响应能力开始成为城市韧性的一个重要关注点。进入 21 世纪，城市硬件韧性建设逐渐成为社会经济领域的焦点议题，特别是韧性基础设施建设开始成为全球各大城市建设安全韧性城市、防范风险的战略路径和政策工具。2015 年，联合国发布的《联合国 2030 年可持续发展议题》中提出，要建造优质、可靠、可持续和具备抵御灾害能力的基础设施，支持经济发展和提升人类福祉；建设包容、安全、有抵御灾害能力和可持续的城市和人类住区。2016 年，第三届联合国住房和城市可持续发展大会通过的《新城市议程》，明确了建设包容、安全、有抵御灾害能力和可持续的城市和人类住区框架蓝图。2020 年 11 月，《中共中央制定国民经济与社会发展第十四个五年规划和二〇三五年远景目标的建议》首次提出要建设韧性城市，要加强城镇老旧小区改造和社区建设，增强城市防洪排涝能力；要提高城市治理水平，加强特大城市治理中的风险防控；要优化重大基础设施、重大生产力和公共资源布局；要加快补齐基础设施、市政工程、公共安全、生态环保、公共卫生、物资储备、防灾减灾、民生保障等领域短板。2022 年，世界城市论坛发布的《2022 年世界城市报告：展望城市未来》指出韧性建设必将是未来的核心任务，经济、社会和环境的韧性建设，包括城市治理能力和构建制度体系对城市未来发展至关重要，强调公平提供并促进健康的基础设施支撑着城市的生产力和韧性。图1展示了韧性的演变时间线。

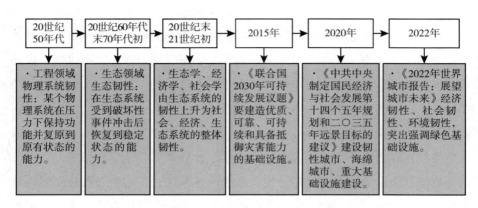

图1 从"韧性"到"韧性基础设施"发展时间线

资料来源：作者通过资料收集整理。

随着韧性从工程领域发展至生态领域再延展至社会经济领域，其内涵不断丰富，继而概念界定的角度、方式存在些许差异，对概念的认知尚未达成共识。Bruneau和Chang将基础设施韧性定义为城市基础设施对灾害的响应能力、恢复能力，并着重强调稳健性和快速恢复性。Francis和Bekera通过回顾韧性、复原力的定义和评估相关研究，总结出韧性的三大核心特征，即适应能力、吸收能力、恢复能力。本文认为韧性基础设施，是指城市内基础设施在潜在破坏性事件（无论是自然发生的还是人为引起的）发生之后的灾害抵御能力、损失吸收能力、原有状态的恢复能力。它属于一种演进韧性，处于持续不断地适应、学习、创新过程中，强调多功能性、冗余度和模块化、网络连接性等特征。多功能性是指单一功能的基础设施建设容易造成城市系统的脆弱性，提升基础设施的多元化有利于提升城市抵御灾害的能力；冗余度和模块化意味着风险在时间和空间上的分散，减少扰动状态下的损失；网络连接性则是强调在物理空间与虚拟空间并重，以系统观念提升多元化、多区域基础设施的协作能力和整合能力。

基础设施是现代社会赖以生存和发展的基石，是城市功能安全运转和可持续发展的物质基础，是城市的"生命线"，支撑着城市的韧性和生产力，增强基础设施的韧性不仅可以有效增强城市的韧性，还可为城市经济体带来新的经济增长点。中央商务区（CBD）是城市的核心功能区，在增强经济发展的韧性和活力中承担着更为艰巨的责任和使命。当前我国外部环境日趋错综复杂，经济全球化遭遇逆流，气候变化风险凸显，基础设施网络安全风险外溢，在经济转向高质量发展阶段中，商务区发展环境的安全、平稳有序，对基础设施韧性提出了更高的要求。因此，直面当前面临的严峻复杂形势，将多重风险纳入传统基础设施的优化改造、转型升级，以及新型基础设施的部署、维护和管理中，全面强化商务区韧性基础设施建设，提升商务区基础设施的整体质量、综合效能和服务水平，这无论是对增强商务区经济发展韧性，还是对推动所在城市乃至所在区域经济高质量发展均具有重要的现实意义。

二 中国 CBD 韧性基础设施建设进展与成效

当前，我国 CBD 已普遍开展了基础设施改造升级行动，在海绵城市建设、零碳楼宇建设、绿色基础设施建设等方面取得了阶段进展和显著成效。

（一）海绵城市建设：武汉 CBD、郑东新区 CBD

海绵城市是新一代城市雨洪管理概念，又可称为"水弹性城市"，是指城市能够在下雨时实现吸水、蓄水、渗水、净水，且能够在需要时将所蓄之水释放并加以利用，实现雨水的自由迁移。武汉 CBD、郑东新区 CBD 在海绵城市建设方面均取得了有效进展。

武汉中央商务区（CBD）前身为王家墩机场，地面偏高、硬化度较高，面临地下水位较高、汛期雨量较大、积水排放困难的内涝风险，目前内涝防治已取得较大突破。顶层设计方面，商务区积极推动并编制了《武汉中央商务区海绵城市规划》《武汉中央商务区抢险排渍工作应急预案》《武汉中央商务区四水共治——海绵城市》等规划方案，指导提升商务区内涝防治能力、强化水环境安全治理能力，加快推动了海绵城市建设。防汛排涝方面，通过实施拆堵头、通节点、清淤泥等措施，对商务区排水主箱及周边排水管网彻底疏捞，现已完成疏捞淤泥超 5 万方，全面打通了商务区主排水出口，基本建成了商务区排水系统，切实提高了商务区防汛排涝能力。同时，统筹开展商务区已建成的排水管道移交管理工作，由区水务局进行归口专业化管理，每年对商务区内管道开展全面清淤工作。商务区不断完善以梦泽湖为核心工程的"海绵工程"项目，基本实现了全域内雨水自然积存、自然渗透、自然净化。此外，商务区联合科研院所、企业等社会力量，开展探索性研究，不断助力武汉海绵城市建设。

郑州郑东新区 CBD 是郑东新区的核心区，郑东新区湖泊众多，是名副其实的"水域靓城"。目前，生态水系河道规划总长度约 108 千米，水域面积约 1600 平方千米。其中，龙湖作为郑东新区的眼睛，规划水域面积占整个龙湖地区面积的 15.30%，于 2016 年 7 月被纳入海绵城市试点区。在海绵城市建设方面，郑东新区 CBD 推行海绵型绿地系统建设，已建成郑州市首座海绵公园（市民体育公园），园内使用绿篱代替了传统围墙、栅栏，强化了渗透力，建设了雨水收集系统，可将降水储存到地下雨水收集器中，并用于平时的绿化养护；拟设置雨水花园、下沉绿地、生态集水沟等绿色措施管控雨水收集，与市区内河流、森林公园等构成城市生态区。此外，郑东新区 CBD 有序推进海绵型道路建设，实施先试点再推广的透水铺装改造，对行政事业单位院内已建成的道路以及人行道、停车场等进行透水铺装改造，增加地面的透水性，同时结合侧石开口或标高控制（路面标高高于周边绿化带标高）等措施，将路面径流引入附近雨水处理设施；对新建的非机动车道、人行道和广场、停车场强制要求使用透水铺装。稳步推进海绵型小区和单位建设，基于园区内楼宇众多，采取了多种措施推广屋顶绿化，推广屋顶蓄水和由入渗池、入渗井、绿地、透水性路面等组成的一整套回灌系统。

（二）零碳楼宇建设：广州天河 CBD、郑东新区 CBD

零碳数智楼宇主要是以楼宇为载体，以多元数据为驱动，以 5G、物联网、虚拟现实等新一代信息技术为支撑，灵活运用机器学习算法，最终实现楼宇运营智能化管理，旨在为人们提供安全、健康、高效、便利、低碳的使用空间。

广州天河 CBD 聚焦于数字化、绿色化、国际化，积极打造绿色低碳办公生态，并取得了显著成效。特别是商务区内广州国际金融中心①（以下简称"广州 IFC"）在零碳数智楼宇方面的建设，对助力 CBD 商务楼宇向低碳可持续发展起到很大推动作用。第一，广州 IFC 致力于打造零碳数智楼宇，以智慧和科技为两翼，积极探索建立行业绿色技术标准，制定了全国首个《零碳数智楼宇等级规范》团体标准，该规范内含减碳节能、智慧化评价、现代物业管理水平等三大项，环境保护、建筑节材及利用、节地、节能等 50 个评定细节，为楼宇零碳智能化建设提供了详细的标准借鉴，为评定规范提供了前瞻性建设经验，引领了零碳数智楼宇经济新风潮。第二，广州 IFC 启动建立了绿色健康委员会，积极践行绿色环保政策，联合 20 家企业客户，搭建了绿色互助理念宣传平台，有效帮助企业顺利开展工作。第三，广州 IFC 开启绿色能源管理，通过提高能源管理的意识与策略，以及通过电梯电能回馈、太阳能充电桌椅、推行冷凝水回收、ISO 50001 能源管理体系运用、红外线技术监测、云端实时监测站的投入使用以及垃圾分类和回收等多个方面开展绿色能源管理。第四，广州 IFC 制订绿色管理计划，用于规范日常运营维护和设施改造，并注重执行期间设施维护和维修产生的废物回收管理。第五，广州 IFC 与租户签订《绿色公约》，引导其以更"低碳"的环保方式营运。

郑东新区 CBD 一直秉持着绿色楼宇的理念，将绿色、可持续发展贯穿于商务楼宇建设与环境优化中。在硬件建设方面采用高效节能的 LED 智能照明灯具，以满足不同场景的照明需求。在给水、排水设计上根据建筑的用水特点采用了各项节水技术，包括选取优质管材、管道附件及设备；建筑内卫生器具选用节水型坐便器、红外感应水龙头等；绿化浇灌采用滴灌、喷灌的节水浇灌方式，不但兼具了经济效益、环境效益，还起到很好的示范效

---

① https：//baijiahao. baidu. com/s? id=1728165688274624005&wfr=spider&for=pc.

应。同时，将绿色、可持续发展理念纳入星级楼宇评定之中，以"楼宇设施""服务质量"为抓手，从新建成节水节能设施使用、老旧楼宇改造中节水节能设施的更换等方面对园区内的商务楼宇进行考核，并给予不同星级的楼宇不等的奖励资金，积极引导绿色楼宇建设。

（三）新型基础设施建设：上海虹桥国际 CBD

新型基础设施建设是上海虹桥国际 CBD 加快打造国际开放枢纽、国际贸易中心新平台和国际化中央商务区的重要抓手。为加快建成具有商务区特色的新型基础设施，培育发展新经济，上海虹桥国际 CBD 在已初步构建的"智慧新城"建设框架基础上，以新型数字基础设施建设为抓手，持续完善CBD"智慧新城"建设体系，致力于将上海虹桥国际 CBD 打造成国家级新型智慧城市 5A 示范区。其主体框架为：一是深入推进"一张网"5G 网络建设工程，实现高速泛在的信息基础设施布局；二是重点打造城市运营中心、中国国际进口博览会服务保障平台、数字贸易公共服务平台三个具有虹桥特色的信息服务平台；三是在四大功能体系中开展"AI+大数据"双赋能提升行动，持续推进智慧交通、智慧会展、智慧商务、智慧生活建设发展；四是依托国际开放枢纽的功能和优势，打造一个国际辐射的全球数字贸易港；五是实施"一网两赋能、一港三平台"战略。具体任务如专栏 1 所示。

专栏 1　以"新基建"为抓手打造国家级新型智慧城市 5A 示范区

为了践行"建设一流的国际化中央商务区""建设开放共享的国际贸易中心新平台""增强联通国际国内的开放枢纽功能""营造国际一流的商务生态环境"核心发展规划，致力建设"数字贸易国际枢纽港"的核心目标，制定《虹桥商务区推进新型基础设施建设行动计划（2020—2022 年）》，其具体任务如下。

建设国际领先的 5G 示范商务区。聚焦于加强 5G 基础设施建设、推进虹桥商务区国际互联网数据专用通道建设、打造行业领先的十大 5G 应用场景、推进 5G 产业创新中心建设。

推动 AI 赋能的信息化应用布局。着力于推动 AI 与 5G 网络技术深入融合、促进 AI 技术赋能城市管理、推动 AI 技术赋能行业应用、推动新一代 AI 应用示范和创新发展。

建设数字贸易为核心的国际贸易中心。侧重于加快形成联通全球的数字贸易枢纽、数字贸易企业成长中心、长三角贸易促进中心。

服务承接进博会溢出效应。围绕数字贸易推动展会服务模式创新，搭建云服务数字赋能打造商务区联动长三角、服务全国、辐射亚太的进出口商品集散地建设，构建集数字品牌展示、数字产品交易、数字贸易服务、离岸数字贸易等多种功能的全球数字贸易平台。

打造智能化交通枢纽应用平台。体现为推进虹桥枢纽智慧停车管理系统、推进虹桥商务区出租车信息管理系统、推进智慧道路停车、打造一体化智慧步行导航系统。

发展"一网通办""一网通管"两张网建设。分别以"一网通办"带动政务服务改进和推动营商环境优化、以"一网通管"促进城市管理精细化并保障城市安全有序运行。

资料来源：https：//www.shhqcbd.gov.cn/cms/website/shhq/shhq_ghjs_fags/Info/Detail_726beb35-60cf-48f3-8652-a86a16090470.htm。

三　CBD 韧性基础设施建设面临的挑战

CBD 是城市区域内的经济发展中枢，是城市形象的标志区、创新发展的示范区。CBD 基础设施抵御风险能力关系 CBD 的可持续发展能力。气候变化风险、信息安全风险、应急处置能力等三大关键问题是当前 CBD 韧性基础设施建设面临的重要挑战。

（一）基础设施面临的气候变化风险不断加剧

气候变化问题是当前人类社会面临的最为严峻的风险之一。近年来，由于气全球平均温度越来越高以及气候变化率的增加，高温热浪、洪涝、干旱、野火等极端气候事件易发高发，以及气候变化固有的不确定性、不可预测性，增加了城市面临的不确定性和未知风险，势必影响城市当前基础设施的正常运转。2022年自入汛以来，我国共出现18次区域性暴雨，广东、广西降雨量达到自有气象记录以来之最，多省区市持续强降雨导致多地遭受洪水灾害，洪涝灾害受灾2180.5万人次，造成死亡失踪40人。[①] 此外，据中国气象局消息，6月全国平均气温21.3度，较常年同期偏高0.9度，为1961年以来同期最高；河南、陕西、甘肃、宁夏、山西、山东、江苏、安徽气温为历史同期最高，7月，四川盆地东部、江汉、江淮、江南、华南等多地高温日数较常年同期偏多，覆盖面广、持续时间长且具有极端性。[②] 面对气候灾难，基础设施韧性显然不足。这一方面是源于早期建设的基础设施已经开始老化，抵御灾害能力、损失吸收能力以及原状态恢复能力均呈现不同程度的弱化趋势，城市安全隐患逐步显现；另一方面则是因为以往CBD基础设施建设缺少气候变化风险意识，普遍缺少因地制宜的气候适应规划和气候变化应急准备措施，特别是相比城市内其他区域，CBD是人流、资金、技术、数据高度密集区域，面对气候变化风险的暴露度更大，一旦遭遇极端天气事件，将产生更大的社会风险和经济损失，乃至影响金融安全和稳定性。因此为了有效降低气候变化对城市安全构成的威胁，迫切需要开展基础设施的韧性重建。

（二）基础设施面临的信息安全风险更加凸显

安全是发展的前提，发展是安全的保障。在万物互联形势下，数字技术正普遍应用于金融、能源、电力、通信、交通等基础设施领域。随着基础设施联网普及率的升高，以及关键信息基础设施的建设部署，数字技术的赋能在提升基础设施运行效率的同时也带来了潜在的网络安全风险隐患。根据国

---

① https：//3g.163.com/dy/article/HC7IPHVL05129QAF.html.
② https：//baijiahao.baidu.com/s？id=1737492396486581967&wfr=spider&for=pc.

家信息安全漏洞共享平台收录的安全漏洞数据，2021 年，我国信息安全漏洞多达 24259 个，其中高危漏洞高达 6757 个，交换机、路由器等网络端设备漏洞 2892 个，物联网终端设备漏洞 922 个，数据库漏洞 452 个。当大量设备联网，一旦遭受网络攻击可能会引发能源、电力、水利等多个领域的基础设施系统崩溃，造成社会生产瘫痪、设备损坏、人员伤亡等灾难性后果。此外，数据是数字技术创新的核心输入，在数据要素价值充分实现过程中，存在的个人隐私安全隐患随之显现。近年来，互联网企业非法收集个人隐私信息、敏感信息事件频发，如互联网平台企业可能通过智能终端窃听、捕获、解密等手段窃取用户隐私信息，网约车平台非法收集乘客用户个人隐私信息，AI 换脸诈骗等人工智能陷阱，等等。CBD 是信息、数据汇聚中心，特别是对于致力于建设数字 CBD 标杆区的北京 CBD、打造数字贸易国际枢纽港的上海虹桥国际 CBD、数字服务出口基地的广州天河 CBD 等商务区而言，在网络泛化大趋势下，增强基础设施防范和应对安全隐患的能力，强化基础设施韧性显得极为重要。

（三）现有基础设施应急响应能力相对薄弱

面对不确定性和不可预测性愈加凸显的多层冲击，急需对城市基础设施进行技术改造和持续优化，补齐环境基础设施建设暴露在外生风险冲击下的突出短板。新型基础设施在预判预警、风险管控、降低损失方面具有独特优势，从根本上有利于提升基础设施的防灾抗灾能力及恢复能力，随着日后新型基础设施在商务区逐渐展开部署，商务区现有维护管理能力逐渐与之不相匹配。而且，CBD 是人流密集区，一旦遭遇公共安全突发事件，快速、高效疏散人流就会极为迫切，然而目前商务区轨道交通、出租车等应急保障能力依然不足，普遍面临客流疏散能力薄弱和应急保障配套不足。比如，自国家会展中心启用以来，上海虹桥国际 CBD 枢纽轨交三站承担商务区通勤、枢纽集散日客流达 30 万人次，其中 75% 客流集中在虹桥火车站，客流疏散能力有待提升。此外，商务区应急预案操作时效性、规范性、协同性有待提升，各部分"各自为政"意识依旧存在，部门联动意识依然薄弱。

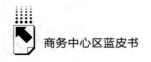

四 推动 CBD 韧性基础设施建设的路径建议

结合 CBD 自身特色和我国基础设施韧性建设在目前所呈现的问题，未来在推动 CBD 韧性基础设施建设方面可考虑加强以下几方面的工作。

（一）着力推进海绵城市建设：建设绿色 CBD

重视气候变化风险，结合气候地质条件，因地制宜统筹推进水电气、文化长廊、环卫、公共绿化、安全保障、交通、市政等相关配套设施结构、布局和功能的改进及优化，提升商务区基础设施气候韧性。重视加强楼宇建筑、机动车道路、人行道、绿地与广场等不同下垫面对雨水的吸纳、缓释、利用，增强雨水就地吸纳、滞蓄能力，实现自然积存、自然渗透和自然净化。特别重视源头减排，有效实现硬质下垫面的径流控制，同时探索使用绿色基础设施、绿色建筑等措施，延缓或降低径流峰值，有效实现对雨水径流过程控制和调节。优先考虑留下有限雨水、利用自然力量排水，突出景观潜力、生态价值，重视从经济适用、景观效果、周边环境多维度协同，排水防涝、园林绿化、楼宇建筑、道路建设等多方面融合，统筹地上地下，设计规划实施方案。

（二）加强交通基础设施建设：建设畅达 CBD

推进开展交通基础设施质量提升行动，建设现代化、综合立体式交通网络体系，缓解商务区交通压力。进一步完善人车分离的交通基础设施建设，对重点区域、十字路口推进部署无障碍畅通桥建设，在保障人身安全的前提下，持续完善慢行交通体系，实现与地铁、公交的快速换乘，同时保证机动车通行能力提升。推动既有和新建轨道交通站点与周边楼宇的接驳联系，推动轨道交通与其他交通系统的无缝对接，优化"最后一公里"便民交通建设，打通公共交通站点与办公场所的空间通行。强化地下互联互通，持续完善商务区内商务楼宇之间地下连廊建设，稳步推进现有地下交通工程项目，积极探索对现有地下交通基础设施的数字化智能化改进改造。提升商务区内停车场的精细化、智能化、数字化管理水平，充分盘活现有闲置停车场地资源、疏通疏解拥堵拥塞停车场地，推进部署 5G 智慧停车路段，实现从查询车位、泊车入位、取车、缴费、驶离等各环节全面自助操作。

（三）强化信息基础设施建设：建设智慧 CBD

随着新基建进程加速，数字技术应用领域逐渐拓展到基础设施建设上来，对旧基建的数字化改造为公共服务供给侧改革迎来了突破点，有力推动了基础设施韧性发展。当前，应顺应我国绿色低碳可持续发展全国大势，积极发挥引导作用，通过优化、创造软环境，优化资源和服务供给，保护公平竞争等，大力吸引一批国家重大科技基础设施落户商务区，同时鼓励企业投资建设以新一代信息技术为基础且能够提供数据感知、采集、存储、传输、计算、应用等支撑能力的新一代数字化基础设施。顺应基础设施的高质量发展趋势，依托传统基础设施，统筹空间布局和要素连接，加强基础设施方面的标准、统计、专利等体系和能力建设，同时积极探索加强维护管理能力，为适度超前部署 5G、千兆光纤网络、IPv6、移动物联网、卫星通信网络等新一代通信网络基础设施提供服务保障。有序推动数字技术与垂直行业的深度融合，比如智慧道路、智能公交、智慧电源、智慧生态景观、智慧管廊管线、智慧市政等智慧设施。有序推进部署数字感知基础设施建设，特别是重视在突发性公共卫生事件领域的应用，通过打造万物深度互联的全域感知体系，借助全域感知和精准识别的技术优势，实现城市数据化、智能化、精细化治理能力和治理效率。积极构建一体化、集约化、网络化的综合型数字平台，推动数字技术与城市的深度融合，推动现实与虚拟的深度交融，实现对多项目全域一体化管理、精细化管理、高效协同，实时掌控项目全生命周期。

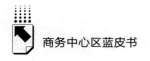

（四）完善运行机制和保障措施，建设韧性 CBD

充分考虑气候变化和信息安全可能带来的冲击，重视加强应对极端情况的能力，持续推进应急管理体制机制优化。明确和细化商务区各部门的责任、权利和义务，强化各部门工作衔接，同时加强各单位、各部门之间信息互联互通，特别加强与交通、公安等部门的联动，协同各方力量应对突发事件的应急处置。持续加强应急队伍建设，进一步完善应急管理岗位以及人员配置，加强应急队伍知识、技能培训、应急演练，提升实战能力，同时增强广大群众责任意识，加强标准化建设，规范和引导志愿者、社会团体、企业事业单位等社会力量积极参与到应急保障工作中来。注重应急物资储备动态化管理，进一步完善应急物资储备体系建设。建立健全商务区综合信息指挥平台，统筹推进水务、电力、燃气、热力、通信、环保、气象、交通、市容、防灾等各相关部门接入平台，实现商务区多方联动、统筹布局、平稳有序。持续提供人才保障服务，针对国际人才、重点领域人才提供个性化、专业化、精细化保障服务，优化居住、医疗、教育、养老等方面服务支持，健全人才公寓投入、入住、退出等管理办法和制度，确保让更多人才享受到政策红利。此外，CBD 还应立足于出色的营商环境优势，便捷的交通基础设施，良好的投资氛围，积极打造国际数字金融中心，持续强化金融服务业的集聚溢出效应，为韧性基础设施建设提供较为充分的资金支持。

参考文献

单菁菁、武占云：《中国商务中心区发展报告 No.6（2020）》，社科文献出版社，2020。

单菁菁、武占云：《中国商务中心区发展报告 No.7（2021）》，社科文献出版社，2021。

Francis R, Bekera B.（2014）. A Metric and Frameworks for Resilience Analysis of Engineered and Infrastructure Systems［J］. *Reliability Engineering & System Safety*, 121,

90-103.

Bruneau M, Chang S E, Eguchi R T, et al. （2003）. A Framework to Quantitatively Assess and Enhance the Seismic Resilience of Communities ［J］. *Earthquake Spectra*, 19 （4）, 733-752.

邵亦文、徐江：《城市韧性：基于国际文献综述的概念解析》，《国际城市规划》 2015 年第 30 期。

林奇闵：《海绵城市建设的四大国际经验》，《宁波经济（财经视点）》2018 年第 6 期。

B.10
CBD 公共安全风险管理体系建设：
进展、问题及建议

耿　冰*

摘　要： 加强 CBD 公共安全风险管理体系建设，对提升 CBD 应急管理能力、促进 CBD 治理现代化具有重要的意义。我国 CBD 在社会安全风险管理、公共卫生风险管理、事故灾难风险管理和自然灾害风险管理等方面进行了系列探索，取得了一定成效，但仍存在公共安全风险管理系统性不足、风险预判能力较弱、风险管理体制机制不畅等问题。CBD 应以公共安全风险管理体制机制为基础、以风险管理标准和应急预案为准绳、以风险管理综合信息监测指挥平台为依托，构建公共安全风险发生的事前监管、事发评估、事后处置的全风险周期管理体系，进而提升 CBD 公共风险应对能力，保障 CBD 经济社会平稳健康发展。

关键词： 公共安全　风险管理　CBD

一　引言

中央商务区（Central Business District，CBD）是城市社会经济活动的核心区域，各类要素在该区域高度聚集、高速流转，使得潜藏在城市运

---

* 耿冰，博士，北京市社会科学院助理研究员，主要研究方向为城市与区域经济、国土空间规划与评价。

行、经济活动、公共空间、自然环境等公共安全领域的风险因素能够快速聚集、暴发和扩散。随着 CBD 规模和功能边界的不断扩展，其对城市和区域发展的影响也越来越大，逐渐形成生活、生产、生态功能相互交织的复杂系统，公共安全风险也更加复杂化，各类突发事件的关联性越来越明显，各种矛盾和风险相互作用，加大了 CBD 应急管理的难度。面对新时期国内外发展环境的变化，CBD 公共安全形势越发严峻，金融安全、公共卫生安全、社会治理安全、生产安全、自然灾害等领域的突发事件易发多发，CBD 公共安全风险管理工作面临新形势、新挑战，树立安全发展理念、健全公共安全体系成为 CBD 管理工作的重要任务之一。构建科学合理的公共安全管理体系是发现、应对和解决公共安全问题的重要手段和关键环节。CBD 公共安全管理受城市本身的复杂性与安全形势的制约，因此需要探索适应 CBD 发展特点和发展规划的公共安全风险管理方式，掌握关键指标、数据及量化方法，把握 CBD 公共安全发展的规律与趋势。

城市公共安全是指城市及其人员、财产、城市生命线等重要系统的安全，通过城市公共安全风险管理可以有效地对风险进行识别、分析、评价、处置，从而实现对公共安全突发事件的及时防范和有力应对。我国关于城市公共安全的研究始于 2003 年 SARS 事件。随着城镇化、工业化的快速发展，城市运行系统日益复杂，新情况、新问题大量涌现，城市公共安全管理逐渐成为城市研究的热点方向之一。在理论方面，较多研究聚焦于风险评估指标体系构建、风险判别标准制定、评估模型和方法创新等；在实证研究方面，关于不同尺度（街道—城市—区域）和不同行业（自然灾害、公共卫生安全、建筑施工安全等）的相关研究趋向增多。尽管国内外学者从不同的理论视角对城市公共安全管理进行了研究，但在 CBD 公共安全风险管理领域的研究较少。本文以 CBD 为研究区域，梳理和总结了目前公共安全风险管理的现状和问题，从安全管理、风险管理、应急管理等方面提出构建全风险周期的 CBD 公共安全风险管理体系，为今后 CBD 公共安全风险管理提供借鉴和参考依据。

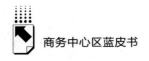

二 CBD 公共安全风险管理进展及成效

尽管 CBD 公共安全形势总体平稳，但各种风险隐患交织并存。气候变化带来的暴雨、高温、干旱等极端天气增多，全球公共卫生安全风险隐患极大，金融投资风险长期存在，群体或个人极端事件、涉外突发事件时有发生。频繁的经济、文化及国际交往活动增加了协调处置突发事件的难度，加重了 CBD 公共安全风险管理的紧迫性。面对日趋严峻的公共安全风险，我国 CBD 采取了多种公共安全风险管理举措，并取得了一定的成效。

（一）CBD 社会安全风险管理

社会安全风险主要包括金融投资风险、经济社会问题引发的群体聚集性事件或个人极端事件、涉外突发事件等。作为城市最具活力的区域，CBD 经济活跃度高、国内外企业高度集聚、人口密度大、社会活动频繁，极易发生社会安全突发事件，因此必须高度警惕、严密防范、有效化解，切实维护公共安全和国家安全，保障人民群众的获得感、幸福感、安全感。

金融投资风险防控是 CBD 社会安全风险管理的重中之重。北京 CBD 基于企业信用监管体系，建立了全面监测、重点监测、瞬时风险监测的监管模式，加强对企业信用风险的实时评判，及时发现经济发展面临的问题。广州天河 CBD 立足区域性金融风险防范，完善金融风险监测防控中心体系，利用人工智能、大数据、云计算、区块链等金融监管科技，对辖内金融企业按照"识别—监测—预警—处置—反馈—再监测"风险处理流程，形成"监测预警—处理反馈—持续监测"的金融风险闭环管理防控机制，着力提升金融营商环境。银川阅海湾 CBD 建立了金融风险监测预警机制、金融市场舆情快速反应机制、金融突发事件应急处置机制以及金融风险防范和处置联席会议制度，形成"一行三局"金融监管部门，行业主管部门及公安、检察、法院等司法部门与区、市、县（区）行政部门的多方联动机制。同时，银川阅海湾 CBD 不断完善工作预案，加强对非法集资、交易场所以及上市公司、民间融资和恶意逃废银行债务风险的预警防范，加强互联网金融等新兴业态的运行监测、风险研判和预案处置。

维护社会稳定是保障 CBD 正常运行的基础。武汉 CBD 对非法集资稳定工作坚持专班运作，及时协调，重点研判，支持公安机关推进案件办理，定期开展对话维稳工作。协调落实安置房源和资金渠道。高度重视和加强信访维稳工作，畅通信访渠道。截至 2021 年 12 月，处理市长热线等各类平台案件 301 件，及时回复结案率 100%。广州天河 CBD 以"城市客厅"花城广场为重点管理区域，做好重大活动安保工作，全面落实重要目标和人员密集场所的安全防范措施，完善"情报、指挥、巡逻、视频、卡口、网络"六位一体的巡逻防控机制，优化"1、3、5 分钟"快速处置圈布局，打造全国一流的"一点布控、全网响应"联查联动工作模式。全省首创区级一体化工作站，依托区综合指挥调度平台，构建"一站 N 中心"指挥调度联勤联动体系，按照"四个一"处置机制，形成立体式全链条应急处置闭环，切实提升了维护社会安全稳定的能力水平。

（二）CBD 公共卫生风险管理

公共卫生风险包括重大传染病疫情风险、食品安全事件等。当前，我国处于疫情防控常态化阶段，一方面，要坚持常态化疫情防控不松懈，注意疫情的变化，完善各种应急预案，严格落实常态化防控措施，最大限度减少疫情对经济社会发展的影响；另一方面，面对世界日益增多的传染病疫情，需做好公共卫生风险防控管理，快速应对未知的风险灾害。

北京 CBD 运用科技赋能防疫，一方面，鼓励楼宇加强技防投入，采用多种科技手段，加强区域防疫能力建设。基本实现了智能防控的全域楼宇覆盖，实现快速、准确筛查，构筑楼宇科技防疫围栏。另一方面，运用数字经济发展成果，推出多项数字服务平台，如推出了"全球创新创业云中心"，将创新交流、资本孵化、企业服务融为一体，助力区域企业复工达产。武汉 CBD 定期开展商务商业楼宇、建设工地的疫情防控检查督导工作，指导监督商务区建设工地业主单位、总包单位和商务楼宇物业单位落实疫情防控主体责任，制定疫情常态化防控工作方案，实现"防控不松懈、疫情不反弹、发展不停步"。郑东新区在持续提升自身疫情防控精细化管理的基础上加强了人文关怀，对重点隔离人员设置关爱隔离点，组织开展职工生活关爱和心理疏导活动。

（三）CBD 事故灾难风险管理

事故灾难风险包括城市轨道交通安全、超高层建筑安全、路桥事故、地下空间安全、生产安全、环境污染、信息安全等。随着我国社会经济的不断发展，生产事故及城市灾难时有发生，危及公众生命、健康和财产安全，安全生产事故总量仍然偏大，安全生产形势严峻。城市高风险的特点越来越突出，特大城市、超大城市的安全形势更为严峻。CBD 区域的产业以商业、金融业和服务业为主，极少涉及生产安全事故，而超高层建筑安全、道路交通安全、地下空间安全则是 CBD 风险管理的重点。作为城市或区域的金融中心，CBD 通常拥有区域内最高的建筑群，部分 CBD 还具有区域交通枢纽的重要作用，加上高密度的人口，这些都极大地增加了 CBD 的事故灾难风险隐患。

在商务楼宇安全管理方面，武汉 CBD 定期开展商务商业楼宇、建设工地的安全生产检查督导工作，开展隐患排查治理，加强安全生产宣传教育，严厉打击各类安全生产非法违法行为，不断完善安全管理长效机制，切实筑牢安全生产和疫情防控防线，以确保商务区平安稳定。郑东新区 CBD 在楼宇星级评定中，对楼宇"服务质量"板块进行了严格的考核评定：一方面，要求楼宇应具备火灾、紧急停电、燃气泄漏、电梯紧急事故、水管爆裂、空调系统故障、恐怖袭击、传播性疫情、高空坠物等突发事件的应急预案；另一方面，要求物业单位做好防疫物资（口罩、洗手液、消毒液等）、防汛物资（沙袋、铁锹、抽水泵、疏通机、对讲机等）的配备，做到专人专管，定点存放，及时补充。在写字楼公共区域内，电梯、公共卫生间等公用设施高频接触物体表面，需严格清洁消毒，通过海报、电子屏和宣传栏等加强疫情防控知识宣传等日常工作。

在交通枢纽应急管理方面，上海虹桥国际 CBD 根据虹桥枢纽客流高位运行的新形势，结合应急处置薄弱环节，建立了《虹桥综合交通枢纽市级基层应急管理单元突发事件应急预案（总案）》。建立了信息共享、预判预警、应急联动、公安联勤的应急工作机制。探索"更紧密、更协同、更实时"的应急保障工作机制。遵循"快报事实、慎报原因"的原则，推进枢纽各单位及时报送突发情况，确保重要紧急情况第一时间向枢纽应急办报送。

（四）CBD 自然灾害风险管理

我国是世界上自然灾害最为严重的国家之一，灾害种类多，分布地域广，发生频率高，造成损失重。尽管 CBD 区位相对优越，受自然灾害影响程度较弱，但由于近年来极端天气时有发生，作为城市中心区域的 CBD 也不免遭受到高温、暴雨、洪水、干旱等自然灾害的威胁。保障人民群众的生命安全、保护企业财产不受损失，成为提升 CBD 营商环境的重中之重。

2021 年 7 月，河南省遭遇了极为罕见的极端暴雨天气，郑东新区 CBD 管委会成立党员先锋队、机动小组、志愿者小组和协调小组等 4 个功能组织，累计出动 130 余人下沉社区（小区）进行车辆疏导、地库排水、清淤消杀、物资搬运、入户慰问受灾群众、灾后安全巡检和设立志愿服务岗等相关工作，帮助企业和群众较快地恢复了生产、生活秩序。

三　CBD 公共安全风险管理面临的问题

面对与日俱增的不可控风险事件，各地 CBD 管委会积极采取形式多样的防范和管控措施，但依然存在公共安全风险管理系统性不足、公共安全风险预判能力较弱、公共安全风险管理体制机制不畅等问题，亟待改进和完善。

（一）公共安全风险管理系统性不足

城市公共安全风险管理是城市治理的重要工作内容之一。由于我国城市公共安全风险管理起步较晚，尚未形成系统的具有我国发展特色的顶层设计方案，管理机制仍处于探索期。尽管国家部委及地方政府相继出台了公共安全管理的相关政策法规，如中共中央办公厅　国务院办公厅印发的《关于推进城市安全发展的意见》、国务院安全生产委员会印发的《国家安全发展示范城市评价与管理办法》、应急管理部印发的《"十四五"应急管理标准化发展计划》、北京市政府出台的《北京市公共安全风险管理办法》、成都市政府出台的《城市安全风险评估工作导则》、江苏省政府出台的《城市安全风险评估导则》等，但依然存在以下问题。

首先，在政策的系统性上，缺乏顶层政策的指导。我国涉及应急管理的法律法规及规章制度多达400余个，却没有专门针对城市公共安全风险管理的权威顶层制度。地方政府发布的政策法规既缺乏与国家政策的连续一致性，也没有形成地方之间的协调统一，这使得国家与地方之间、地方与地方之间政策标准各异。作为城市功能区，极少数 CBD 出台了专门的公共安全风险应急预案，多数 CBD 依然遵循地方应急管理政策。当突发事件发生时，政策法规之间出现不一致甚至相互矛盾问题，导致 CBD 应急管理无法可依，只能结合实际情况随时对方案进行修改和调整，严重影响了应急管理效率。

其次，在城市公共安全应急处理流程的系统性上，缺乏统一的指导标准。目前我国尚无国家层面的城市公共安全风险管理标准，尽管已有一些国内外风险评估方面的标准可供参考，如国际上的《ISO 31000 风险管理原则与指南》《ISO/IEC31010 风险管理风险评估技术》、国内的《GB/T 23694-2009 风险管理术语》《GB/T24353-2009 风险管理原则与实施指南》《GB/T27921-2011 风险管理风险评估技术》等，但是这些标准多用于风险评估，不包括风险的识别分析、沟通预警等其他管理环节，标准之间无法有效衔接，缺少系统的全流程管理标准。

最后，在行业系统性上，缺乏部门的政策衔接协作。公共安全涉及城市管理部门、应急管理部门、住建管理部门、产业发展部门、自然资源管理部门、环境保护管理部门等一系列行业部门的多方协作，而目前这些部门之间没有形成有效的协作机制。同时，CBD 作为一个功能区，行政职能有限，部分城市 CBD 成立了管理委员会；部分城市 CBD 隶属于某一行政区管辖；也有部分城市 CBD 跨多个街道，受多个行政区共同管辖。这种多行业部门、多行政部门协同交叉管理的复杂情况，使得管理工作出现交叉、重复、矛盾等问题，碎片化管理方式给 CBD 公共安全风险管理工作带来极大的挑战。

（二）公共安全风险预判能力较弱

从目前 CBD 公共安全风险管理经验来看，多数以事后评估和管理为主，事前的预防、预警、预测不足。CBD 通常是一座城市的金融中心、服务贸易中心、文化交流中心、交通枢纽中心，经常承办大型展会、文化交流活动、文体赛事及大型群众性活动等，而这些活动也最易发生公共安全风险。从实际工作来看，CBD 能较好地对这些可提前预警的活动进行监管，有针对性地进行评估和防控。而对于突发性事件，如高层建筑安全风险、极端天气风险、生产安全风险，事前预防则较为困难，究其原因，主要有以下两点。

首先，信息平台不完善，信息获取不及时。应急管理需要整合多部门信息，然而目前公共安全风险管理模式相对滞后，尚未将多渠道信息整合成为统一的风险管理信息平台。公共安全事件发生后，短时间内将汇集大量的信息，这些信息不断堆积，产生大量的无效信息、冗余信息、缺失信息，对管理决策实施产生了极大的干扰。信息平台的不完善，不仅会延长信息的获取时间，阻碍信息的时效性，甚至会产生错误的信息，给决策带来致命性的误导。

其次，缺乏统一的应急指挥平台。通常来说，CBD 是城市最早使用并实现智慧城市的区域，在市政、交通、楼宇管理等基础设施建设方面都较早地结合了互联网、物联网技术，部分沿海发达城市的 CBD 还建立了区域管理指挥平台，但该平台主要针对城市的日常治理，尚未对各部门之间的突发事件信息管理、风险监测和预警、救援物资调配等工作的指挥调度功能进行整合，导致部门各自为政，CBD 与市（区）级行政区应急指挥脱节，无法有效对突发事件进行预判。

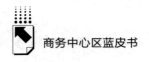

（三）公共安全风险管理体制机制不畅

公共安全风险管理是我国城市治理的重要环节，也是顺应时代需要的城市治理新任务。随着我国国家机构改革的深入，各部门的职能更加明晰，城市治理体制机制更加协调。尽管在此轮改革中成立了应急管理部并相应地组建了地方应急管理机构，明确了应急管理工作的责任和要求，但在体制机制方面依然存在以下问题。

首先，公共安全风险管理体制松散。尽管我国组建了应急管理部门，但目前应急管理重点工作集中于消防安全、生产安全和自然灾害应急管理领域，对于城市公共安全风险还涉及的公共卫生安全、超高建筑安全、道路交通安全、突发公共事件等领域的管理，分别隶属于不同的职能部门，部门之间尚未形成紧密的体制关联，因而时常发生管理上的矛盾冲突。中央与地方在公共安全风险管理上也存在政令不一、上下响应不一致的现象，因而产生了各自为政、权责交叉、多龙治水、劳而无功的局面。

其次，公共安全风险管理部门联动困难，管理机制不畅。公共安全风险管理涉及跨部门跨区域联动，而这种交叉管理的形式极易导致管理机制不畅，对于 CBD 而言更是如此。一方面，在公共安全事件发生时，通常以行政辖区为管理单位，自上而下进行指挥和调配。然而，CBD 作为功能区，需逐层向上申请，在市区层面对各行业部门进行调度，而这个联动过程并没有形成明确的制度，部门之间、层级之间无法及时有效沟通，CBD 处于较为被动的位置。另一方面，基于 CBD 管辖区域的特殊性，各部门较难掌握准确的区域信息，这也给部门之间的联动带来了一定的阻碍，导致 CBD 公共安全风险管理机制不畅。

四　提升 CBD 公共安全风险管理的对策建议

公共安全风险管理事关经济持续发展、社会和谐稳定。党的十九大报告明确提出，树立安全发展理念，弘扬生命至上、安全第一的思想，健全公共安全体系，完善安全生产责任制，坚决遏制重特大安全事故，提升防灾减灾救灾能力。发展是安全的保障，只有发展起来，才能够为更好地维护安全奠定物质基础。安全是发展的前提，只有把安全维护好，才能让发展行稳致远。

作为城市最繁华、最具活力的中心区域，CBD 集聚了多样化的商业和社会活动，吸引了大量就业和居住人口，发挥了城市交通枢纽的重要作用，同时也承担了更大的社会公共安全风险。面对 CBD 公共安全风险管理遇到的难题，建议以公共安全风险管理体制机制为基础、以风险管理标准和应急预案为准绳、以风险管理综合信息监测指挥平台为依托，构建公共安全风险发生的事前监管、事发评估、事后处置的全风险周期管理体系，从而实现 CBD 安全管理、风险管理、应急管理。

（一）构建全周期公共安全风险管理体系

面对目前公共安全风险重管理轻预防的现状，建议 CBD 构建"事前—事发—事后"全周期公共安全风险管理体系，做到"事前"加强安全管理，"事发"做好风险管控，"事后"及时启动应急管理（见图 1）。

在公共安全事件尚未发生时，应做好 CBD 日常安全管理工作，做到未雨绸缪，将安全隐患扼杀在萌芽中。结合国家和地方政策，以及 CBD 的实际工作情况，制定公共安全风险管理标准和预案，定期对企业和就职员工进行培训，提高公众安全生产生活意识；当公共安全事件发生时，应及时开展风险识别、风险分析和风险评价，对风险产生的后果进行评估，为后续的处理工作提供完备可靠的信息和判断依据；当公共安全事件发生后，应立刻启动应急处置工作，触发应急管理流程，快速、有效地对公共安全事件进行控制，避免情况的恶化。同时加强监测和预警平台的建设，建立 CBD 应急指挥统一平台，提高信息整合和信息传输效率，增强突发事件的响应能力。建立健全沟通协商机制，完善制度保障，从而将事前安全管理、事发风险管理、事后应急管理高效地衔接起来，形成全周期 CBD 公共安全风险管理体系。

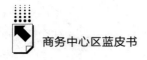
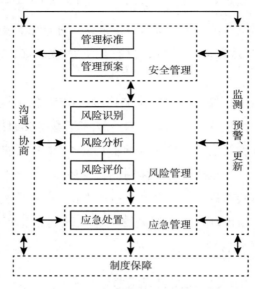

图1 公共安全风险管理体系

（二）建立健全应急预案机制

建议根据 CBD 的实际发展情况，结合应急处置薄弱环节，配合各地方政府应急方案，建立和完善 CBD 突发事件应急预案；构建市政交通、公共卫生、社会安全、极端天气等专项预案建设。针对 CBD 日常运行及应急保障工作中的遇到新情况、新问题，及时研究制定方案，协同各单位部门落实。根据工作实际，进一步优化重大展会、文体赛事活动、大型群众聚集性活动的应急保障方案，探索市政交通设施、超高层建筑、极端天气等事故的应急保障方案和应急保障配套等。

（三）优化完善应急工作机制

优化日常工作机制。在信息共享机制方面，应多渠道加强对日常管理、应急保障等信息的发布及社会宣传；在预判预警机制方面，各区域 CBD 应提前开展研判、及时发布工作提示，加强预判预警；在应急联动机制方面，应加强 CBD 内部的工作衔接，强化与应急管理、交通、公安等部门联动，协同各方力量做好突发情况应急处置；在公安联勤机制方面，联合市区层面的公安系统，整合公安力量，加强 CBD 秩序维护，确保 CBD 安全。

探索工作机制创新。探索"紧密、协同、实时"的应急保障工作机制。目前，各区域 CBD 应急管理工作仍然依靠牵头协调体制运行，但因行政区划、管理单元的分割而难以真正形成合力，缺乏统一有效的组织领导，导致 CBD 公共安全管理和应急保障工作困难重重，CBD 应急管理力量有待整合创新。

（四）建设信息共享平台和应急指挥平台

建立 CBD 应急指挥平台和信息共享平台，加强信息精准报送、快速传递、及时共享。推进 CBD 各部门及时报送突发情况，确保重要紧急情况第一时间向应急指挥中心报送。发生特别重大或重大突发事件时，相关部门应当迅速进行口头报告，随后再补交书面报送信息。加强应急指挥中心和信息共享平台与 CBD 各管理部门的对接，拓展信息共享渠道，推进各部门信息及时、精准地报送，将 CBD 客流密集场所监控视频接入应急指挥平台，实现重点区域信息的实时掌握。

提升应急平台指挥功能。加强 CBD 指挥平台综合调度能力，提升平台的数字化、智能化、集约化水平。通过无线通信、移动视频、应急广播及网络、电话、文本等方式，多维度推进 CBD 应急动态信息全覆盖；推进 CBD 应急响应平台与交通、公安、应急等相关部门平台衔接，拓宽应急响应覆盖面，建设统一高效、互通互联的应急响应指挥平台。进一步加强 CBD 综合指挥平台建设。通过指挥平台建立统一的指挥系统和协调机制，推进水务、电力、燃气、通信、气象、环保、市容环境、道路交通等各相关委办局信息系统接入综合指挥平台，充分发挥数字化城市管理平台作用，保障 CBD 平稳有序发展。

（五）加强统一协调指挥和应急处置能力

加强统一协调指挥。进一步提升 CBD 应急领导小组及其下设办公室的

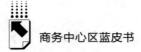
指挥、协调功能，确保应急处置"一盘棋"，保障信息报送、现场控制、会商决策、资源配置、协调处置等工作及时开展。同时，人力、物资、资金等资源力量进一步向 CBD 管委会倾斜，建立健全应急保障平台及运行管理体制，形成集中统一的资源配置力量。强化协同应急处置，针对 CBD 各部门应急管理相对松散的情况，通过联席会议等形式进一步加强各部门间的工作衔接，推进各部门增强响应中心平台意识，协调各部门应急预案、工作方案不断融合，在交通保障、人员疏散、治安维护等方面强化协同应急处置，不断提升工作联动能力。

（六）落实应急保障措施

加强应急队伍建设和应急物资储备。建议增加应急管理岗位及人员配置，培养责任心强、业务熟练、具有一定组织协调能力的应急管理队伍；加强应急队伍的业务培训和应急演练，提高装备水平；动员社会团体、企事业单位以及志愿者等各种社会力量参与应急保障工作。围绕应急保障目标要求，针对各区域 CBD 的自身发展特点，储备应急物资并进行动态更新与管理，以保障应急需要。构建统一调度的物资储备体系，必要时由应急领导小组协调相关部门的应急物资使用。

加强专项资金保障，优化完善体制机制。建议争取财政支持，提升专项资金保障力度，确保 CBD 应急保障工作顺利开展。应进一步打破资源分散、条块分割、各自为政的僵局，促成统一指挥、专常兼备、上下联动、平战结合的应急体制，健全部门协同、社会参与、多方支持的保障机制，实现跨区域、跨部门协同配合齐抓共管，推进 CBD 应急管理体制机制优化。

参考文献

曹惠民、林华东：《城市公共安全风险治理绩效：理论建构与提升策略》，《城市发展研究》2019 年第 12 期。

陈思宇：《新形势下北京城市公共安全现状及对策研究》，《智能城市》2019 年第 8 期。

董华、张吉光等编著《城市公共安全：应急与管理》，化学工业出版社，2006。

胡业生：《城市公共安全应急管理体系现存问题的原因与对策研究》，《赤峰学院学报》（汉文哲学社会科学版）2021 年第 3 期。

刘继川、桂蕾：《城市公共安全风险评估与控制对策研究：以武汉市为例》，《中国安全科学学报》2022 年第 1 期。

马宝成：《坚持党的领导　推进应急管理体系和能力现代化》，《中国应急管理报》2021 年 12 月 4 日。

秦挺鑫、徐凤娇、王皖等：《城市公共安全风险识别标准研究》，《标准科学》2020 年第 6 期。

张广利：《超大城市应急管理体系国内外典型模式分析与经验借鉴》，《科学发展》2022 年第 3 期。

张丽娜、孙书琦：《超大城市基层社区公共安全风险治理困境与提升研究——基于北京市社区的调查分析》，《中国行政管理》2021 年第 12 期。

张洋杰、张方舟、李迪等：《城市安全发展状态评估：研究现状与未来展望》，《中国应急管理科学》2022 年第 2 期。

Bolobonov D. , Frolov A. , Borremans A , et al. "Managing Public Transport Safety Using Digital Technologies" [J]. *Transportation Research Procedia*, 2021, 54：862-870.

Cova T. J. "Public Safety in the Urban-wild Land Interface：Should Fire-prone Communities Have A Maximum Occupancy?" [J]. *Natural Hazards Review*, 2005, 6 (3)：99-108.

Khan F. , Rathnayaka S. , Ahmed S. "Methods and Models in Process Safety and Risk Management：Past, Present and Future" [J]. *Process Safety and Environmental Protection*, 2015, 98：116-147.

Pressman P. , Naidu A. S. , Clemens R. . "COVID-19 and Food Safety：Risk Management and Future Considerations" [J]. *Nutrition Today*, 2020, 55 (3)：125-128.

Sanni-Anibire M O, Mahmoud A S, "Hassanain M A, et al. A Risk Assessment Approach for Enhancing Construction Safety Performance" [J]. *Safety Science*, 2020, 121：15-29.

Wolff J. "Risk, Fear, Blame, Shame and the Regulation of Public Safety" [J]. *Economics & Philosophy*, 2006, 22 (3)：409-427.

社会韧性篇
Social Resilience Chapters

B.11
促进我国 CBD 绿色低碳发展的
基础、思路与路径

董亚宁　何瑞冰　徐晓辰*

摘　要： 在新发展阶段，促进 CBD 绿色转型、建设低碳 CBD，是贯彻落实"双碳"战略、推动经济高质量发展、提升 CBD 经济韧性的必然选择。本文首先对绿色低碳 CBD 的内在要求、核心内涵和构建思路进行了概述，提出了绿色低碳 CBD 蕴含的绿色空间格局、绿色产业集聚、绿色科技创新、绿色治理体系及绿色文化引领等五方面重要特征；其次，结合绿色低碳发展特征，从绿色资源、绿色科技、绿色产业、绿色治理以及绿色文化方面梳理了我国代表性 CBD 绿色低碳发展的实践经验；最后，从构筑绿色空间格局、厚植绿色发展动能、打造绿色产业集聚、完善绿色治理

---

* 董亚宁，中国社会科学院生态文明研究所助理研究员，博士，地理学博士后，研究方向为生态文明经济学基础理论、区域发展与规划；何瑞冰，复旦大学甘肃校友会会长，研究方向为绿色金融、生态治理、区域发展；徐晓辰，中国社会科学院大学应用经济学院博士研究生，研究方向为区域经济。

体系、培育绿色文明风尚方面提出了助推我国 CBD 绿色低碳韧性发展的实施路径。

关键词： 生态文明　CBD　经济韧性　绿色高质量发展　低碳转型

作为城市现代化的象征与标志，中央商务区（CBD）往往位于都市圈或城市群中心地带，因而拥有优越的地理区位、广大的市场腹地和国际化的开放条件，具备推动城市 GDP 增长、增加税收、加快新旧动能转换等多种功能，在金融改革创新、提高楼宇经济水平、创新提升商务区活力等方面取得了显著效果，逐渐成为城市经济韧性发展的有力支撑。可见，受益于经济基础好、韧性强、潜力足等因素，CBD 作为城市经济活动最活跃的区域，在集聚全球高端资源、融入全球市场、畅通国内外循环等方面发挥着关键作用。

在新发展阶段，经济、社会与环境的耦合协调发展成为必然趋势。在生态文明建设背景下，推动 CBD 绿色低碳转型，一方面能够发挥其在全球范围汇集绿色低碳发展技术的基础功能，另一方面能够对周边区域在低碳减排、绿色生产等方面起到引领和示范作用，是推动我国绿色低碳循环体系发展的重要力量，也对增强我国 CBD 的新兴活力，提升城市、城市群综合竞争优势具有重要意义。

一　我国绿色低碳 CBD 的核心要义

（一）构建绿色低碳 CBD 的内在要求

1. 顺应国家发展战略要求

在根本要求上，绿色低碳 CBD 建设要顺应时代要求、符合国家"十四五"规划和 2035 年远景目标。在建设意义上，绿色低碳 CBD 建设要有助于

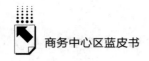

推动绿色低碳循环体系发展和国家"双碳"目标的实现。在主旨功能上，绿色低碳 CBD 建设要在贯彻新发展理念、构建新发展格局和推进生态文明建设方面提供"低碳样板""碳中和样板"。

2. 赋能全球经济绿色复苏

绿色低碳 CBD 建设要符合构建国家绿色低碳技术创新体系的整体部署，体现抢占碳达峰碳中和技术制高点的内在要求，也要有利于推动和引领全球经济绿色转型、绿色合作，为全球经济绿色复苏注入活力，激发新的增长点。

3. 塑造生态文明发展典范

总部经济①是 CBD 的重要特征之一，CBD 绿色低碳发展应着眼于为总部经济发展提供良好的综合环境和空间载体，推动资源节约、高效、循环利用和促进绿色低碳发展，培育绿色文化、塑造生态文明发展典范，以及通过总部经济辐射上下游企业及使更多区域深度融入生态文明建设全局。

（二）绿色低碳 CBD 的核心内涵

CBD 的概念由美国社会学家伯吉斯于 1923 年提出，是指一个国家或城市主要商务活动进行的地区，也是城市总体战略意图的具体表现。它高度集中了城市经济、科技和文化力量，具备金融、商务、贸易、科技、文化、咨询等多维功能，具有超强的经济辐射力。

据统计，在全球碳排放中，城市碳排放占比高达 75% 左右，我国城市地区的碳排放占比更是高达 80%②，城市的降碳减排工作是实现我国碳中和碳达峰目标的重中之重。CBD 因其自身固有特征和新时期下的绿色要求，对于城市低碳发展具有重要的引领带动作用。因此，低碳 CBD 应运而生。低碳 CBD 是绿色 CBD 可持续发展的细化表现，是一种新型的 CBD 发展模

---

① 总部经济（Headquarters Economy）是指一些区域由于特有的优势资源吸引企业总部集群布局，形成总部集聚效应，并通过"总部—制造基地"功能链条辐射带动生产制造基地所在区域发展，由此实现不同区域分工协作、资源优化配置的一种经济形态。

② http：//finance. sina. com. cn/chanjing/cyxw/2022-01-14/doc-ikyamrm25206936. shtml.

式，它以碳生产率提升、生态效益优化和生活方式改变为规划目标，强调发展过程中低碳因素的叠加，将低碳技术、绿色生产、生态理念相融合并贯穿于全生命周期，通过增加绿色技术供给、减少终端消耗、提升区域碳汇，有效降低碳排放，实现零碳甚至负碳，推动 CBD 绿色可持续发展。

（三）绿色低碳 CBD 的构建思路

CBD 绿色低碳发展是 CBD 高质量发展的更高要求，是"双碳"目标下 CBD 提质增效的必然选择，是培育绿色文化、塑造生态文明发展典范的应有之举。与传统 CBD 相比，绿色低碳 CBD 在要素模式、结构体系、技术特点、核心驱力和价值观念上都有显著差异和独特优势。具体而言，围绕绿色、节能、低碳、环保、健康几方面价值遵循，绿色低碳 CBD 有五个重要特征，图 1 描绘了绿色低碳 CBD 的五方面构建思路。

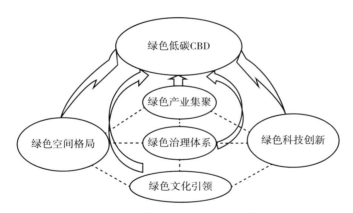

图 1　绿色低碳 CBD 构建思路

1.绿色空间格局

CBD 空间承载着多种绿色因素，是绿色资源的重要集成载体，具有重要的低碳聚合功能。通过 CBD 空间内清洁低碳安全高效的能源体系构建、既有建筑节能改造和高品质绿色建筑发展、产业绿色低碳转型、综合交通运输体系绿色低碳化构建、自然生态系统碳汇能力巩固提升、绿色低碳文化理念倡导以及全周期全方位的绿色低碳治理供给，能够助推率先达峰、率先实

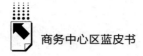
现碳中和，形成宜业宜居、可持续发展的绿色生态空间功能区，实现 CBD 绿色空间格局构筑，同时对下游企业、其他总部经济和产业园区乃至其他区域和城市空间绿色低碳发展具有示范作用。

2. 绿色产业集聚

在构建双循环新发展格局的过程中，CBD 拥有高效便捷的现代化交通物流体系和强大的产业集聚能力，是全球人流、物流、资金流、数据流等要素的枢纽，具备畅通国内经济循环、参与国际经济循环的优势基础，能够较好地整合国际优势现代绿色产业链。因此，大力发展 CBD 绿色建筑、绿色能源、绿色体验、绿色服务、绿色金融及绿色战略性新兴产业，培育具有国际绿色市场竞争力的跨国企业和建立受国际认证的低碳衡量标准体系，是 CBD 打造全球绿色产业集聚空间的重要方式。同时，通过构建现代绿色产业体系，并辐射到上下游和周边城市，能够为绿色低碳示范区建设创造示范空间。

3. 绿色科技创新

科技创新是实现"双碳"目标的关键驱动力，不仅为实现低碳、零碳、负碳提供有力技术支持和根本保证，还对产业绿色低碳转型、高质量发展新动能培育、产业链供应链韧性增强以及数字化绿色化融合促进等具有重要推动作用。绿色低碳 CBD 具有明显的集成性绿色科技创新特征，即依托国内外领先的绿色研发机构、高等院校和国内外一流的绿色人才队伍，整合绿色创新资源，多学科、多领域竞先集成创新，打造全球一流的绿色科技创新平台和国际合作创新网络，引领全球绿色科技创新潮流。

4. 绿色治理体系

绿色低碳 CBD 将数字经济、智能技术与绿色低碳战略相结合，依托较为完善的绿色环境监测体系、绿色金融服务体系、绿色生态治理体系等，能够在全周期绿色运营、绿色公共服务、绿色技术创新、绿色文化交流、绿色企业管理等方面提供绿色数智制度供给。通过推进 CBD 数字经济和绿色经济协同融合发展，将其培育发展成为全球碳定价碳交易中心、数据定价数据交易中心、知识产权交易中心，并建设成为全球的数字经济与绿色经济标杆。

5. 绿色文化引领

绿色低碳 CBD 将绿色、低碳作为价值取向、思维方式、生产和生活方式，是绿色文化的发扬者、践行者，在推动价值取向、生态环境、生产方式及生活方式绿色化方面具有突出的文化引领作用。CBD 能够依托国际绿色科技展览会、绿色文化会展、绿色民俗节庆、绿色经贸论坛、绿色生活方式宣传等文化活动，吸引大批国际经贸组织、文化交流机构及政府机构参与，打造独具特色的绿色文化品牌，成为全球绿色文化重要的策源地与辐射点，并在开放共享中推动绿色文化不断溢出辐射。

二　我国 CBD 绿色低碳发展实践案例

"十三五"以来，随着"双碳"战略的持续深入推进，绿色金融创新和服务能力的不断提升，我国 CBD 抓住信息、技术革命的机遇，推动 CBD 朝着功能有机复合化、结构生态系统化、要素供给绿色化、空间格局生态化等绿色趋势发展，以融入全球产业链高端和创新链核心为目标，在绿色低碳方面进行了多样化探索，为绿色低碳高质量发展积累了宝贵经验。

（一）绿色建筑推动绿色资源整合利用

"绿色建筑"与"近零能耗建筑""低碳建筑"概念相似，是指在全生命周期内节约资源、保护环境、减少污染，为人们提供健康、适用、高效的使用空间，最大限度地实现人与自然和谐共生的高质量建筑。它强调绿色、低碳技术的运用，以减少能源资源消耗和碳排放为目的，并且遵循以下原则：一是资源经济原则，即建筑中应减少和有效利用非可再生资源；二是全寿命设计原则，即在建筑周期的每一个阶段减少消耗和对环境的影响；三是人道设计原则，即应考虑人的生活质量和自然环境。

北京 CBD 构建了先进的、符合时代潮流的绿色建筑认定体系（见图2）。北京 CBD 建设之初就将"绿色""人文""智慧"的未来基因植入发展血液。2008 年起，区域内所有新开工项目都申请了绿色建筑认证，核心区规划导则中更是要求各地块建设均满足绿色建筑标准。2020 年，北京 CBD 以由从事 LEED①、BOMA②、WELL③、绿色建筑标识等行业的顶级专家细致打磨而形成的《CBD 楼宇品质分级评价标准 2.0》为标准，将"节能""环境""健康"三个模块作为重要考量，进行了以绿色为导向的楼宇品质分级评价工作。

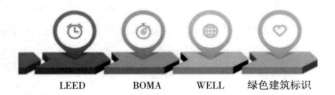

LEED   BOMA   WELL   绿色建筑标识

图 2 北京 CBD 绿色建筑认定体系

资料来源：北京朝阳区融媒体中心"北京朝阳官方发布"。

武汉 CBD 是国内首个从规划阶段就全面引入绿色建筑标准的"绿色CBD"，也是国内首个通过规划环评的 CBD。它从规划之初便将绿色、环保的理念融入开发建设中，采选了多项在当时属于尚未完全推广普及的绿色建筑技术手段。其地标建筑"武汉中心"堪称节能减排的写字楼典范，在空调新风系统、地源热泵系统、节水器具等方面都做了节水、节能、环保方面

---

① LEED（能源与环境设计先锋）是一个绿色建筑评价体系，由美国绿色建筑委员会于 2000 年前后开始推行。从整合过程、选址与交通、可持续场地、节水、能源与大气、材料与资源、室内环境质量、创新和区域优先九个方面对建筑进行考察评价，并根据每个方面的多个指标进行打分，分为认证级、银级、金级和铂金级四个等级。

② BOMA（国际建筑业主与管理者协会），是全球商业地产行业代表，国际资深专家根据 BOMA 国际运营管理标准从建筑物运营、能源管理、环境管理、营销与沟通、培训等五个方面全面评估商业地产运营管理水平，提交运营管理状况的评估报告，详细阐述项目目前的运营管理水平、与国际标准的差距以及改进的方向和目标。

③ WELL 是一个基于性能的系统，它测量、认证和监测空气、水、营养、光线、健康、舒适和理念等建筑环境特征。WELL 提出全球不同类别的健康建筑的设计标准，从人的健康系统需求对应建筑物设计来提升空间舒适度，是全球首部针对室内环境提升人体健康与福祉的建筑认证标准。WELL 的 V2 标准一共包含十大健康概念，分别是空气、水、营养、光、运动、热舒适、声环境、材料、精神和社区。WELL 评估标准不设定总分，而是通过判断满足的条款数量来划分银级、金级与铂金级三个等级。

的系统设计，综合运用的绿色建筑技术多达 32 项，是国内少有的同时通过国际 LEED 金奖预认证和国内绿色建筑三星标识的大型写字楼项目。区域中的泛海国际居住区在降低能耗、减少建材使用以及保温和隔音等方面节能指标在武汉地区遥遥领先。

绿色建筑是实现"双碳"目标中的重要一环。未来，绿色建筑将朝着低碳建筑方向发展，并且随着低碳建筑和零碳建筑国家级标准的制定，逐步追求零碳、负碳目标，为实现高质量发展注入绿色低碳新动能。

（二）科技创新助推培育绿色发展新动能

绿色科技是一种与绿色、低碳、可持续发展相关的技术创新。对于 CBD 来说，绿色科技创新包括治理创新和技术创新，它贯穿于 CBD 全生命周期，并以企业技术转型为关键推力。

武汉 CBD 是武汉市乃至汉江经济带推动产业数字化和数字产业化、构建支撑数字产业发展生态、建设数字产业创新发展高地的空间载体。作为武汉数字经济和智慧城市核心基座，武汉 CBD 聚焦大数据、云计算等信息技术产业，为新型智慧城市建设提供了有力支撑，先后已有 13 家企业入驻。作为湖北省首个 5G 智慧综合示范区，武汉 CBD 引进人工智能"独角兽"深兰科技华中区域总部，在智能网联汽车无人驾驶车辆运行技术层面上优先进行了产业布局，开设了国内首条无人驾驶商业运营路线。武汉 CBD 以科技优势助推数字经济，以数字产业赋能绿色发展，领跑科技绿色融合发展。

北京 CBD 是首都功能重要承载区和国际交往重要窗口。"十三五"时期以来，以北京获得 2022 年冬奥会举办权，以及 6 个北京赛区竞赛场馆中 3 个（国家速滑馆、国家游泳中心、国家体育馆）位于本区域为契机，朝阳区聚焦绿色奥运、低碳发展，以"为 CBD 注入科技元素"展开创新转型，通过绿色科技创新为经济发展注入新动能，为大型 CBD 绿色转型发展提供了实践经验。同时，北京 CBD 以绿色科技为引领、融合发展的产业体系代表了未来 CBD 产业发展的主流方向，在推动产业升级、提升产业链附加值等方面具有很好的借鉴意义。具体转型路径详见专栏 1。

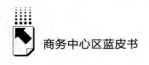

专栏1　科技创新助推北京 CBD 低碳绿色转型

优化创新要素，增强科技创新驱动力。推动国际创新平台落地，打造国际化人才最优生态，建设全球创新网络枢纽，强化企业科技创新主体地位。引导布局新型研发机构等高水平创新载体，加强重点产业领域关键核心技术攻关，完善科技成果服务转移转化服务体系，着力打造前沿技术创新与转移转化中心。

多举措并进，推动绿色科技创新。一是新场景建设。着力开展城市管理大脑、城市经济大脑、城市安全大脑专项主题建设，打造城市智慧大脑综合平台。运用科技创新支撑智慧冬奥、绿色低碳冬奥建设，推动人工智能、绿色建筑等最新科技成果助力智慧场馆及绿色智慧综合示范区建设。以智慧化、绿色低碳化为目标实施 CBD 区域综合治理项目。二是新物种培育。推出"独角兽企业加速计划"，打造赋能朝阳产业发展的重要载体和平台——"科技企业赋能站"，为科技企业提供"政府+准市场+市场化"相结合的一站式、陪伴式赋能服务。三是新基建场景。利用云计算等新基建项目，吸引 AI、人工智能等相关高精尖产业汇集。

科技引领，推动产业融合发展。创新引领，全力推动高精尖产业发展。依托国际领先的绿色研发机构、高等院校和国际一流的绿色人才队伍，全面打造全球先进的绿色科技创新平台与国际合作创新网络，引领全球绿色科技创新潮流。大力发展大数字经济产业集群，在工业互联网、集成电路、人工智能、网络安全、空间地理信息等领域形成发展优势。吸引国际高端企业和总部企业资源集聚，开展全球创新资源链接，形成电子信息、先进制造、生物工程与新医药等高精尖产业布局。产业转型，在原有 CBD 布局中注入科技元素。加强科创元素导入，以培育数字产业集群为引领，以赋能传统产业升级为重点，聚焦新一代信息技术与 CBD 优势产业的融合方向，大力发展互联网金融、科技金融、数字文娱等新业态，推动产业功能延伸、产业业态重组，全力打造数字经济示范区。功能承接，嵌入"新经济活力区"增长极。大望京科技商务区等新兴产业园作为承接朝阳 CBD 功能外溢的主要区域，凭借低成本的办公环境、成熟的产业集群、高端的创业人才和浓厚的国际化商业氛围，成为承接 CBD 产业功能溢出的理想地。

资料来源：作者整理。

（三）绿色生产战略引领绿色产业集聚

对于 CBD 来说，绿色产业通常包含两方面内容：一个是为推动 CBD 绿色建设、低碳运营而进行的绿色新产品和新技术的推广应用；另一个是发挥 CBD 总部经济功能，促进绿色低碳产业集聚，引领产业未来发展方向。绿色产业是 CBD 高质量发展的集中体现，是 CBD 可持续发展的重要支柱。

陕西省以严格控制二氧化碳排放、增强可持续发展能力为目标，选择部分条件成熟的限制开发区域和禁止开发区域、生态功能区、工矿区、城镇等开展近零碳排放区示范工程建设，通过统筹规划，推动产业低碳循环发展，建设清洁低碳能源体系，应用减源增汇、绿色能源替代、碳产品封存及生态碳汇补偿等综合措施，不产生或抵消碳源产生的二氧化碳排放。尽管陕西 CBD 尚未完全形成，但随着负碳示范区的辐射范围扩大、能够容纳更多具有节能减排潜力的绿色企业、融合各企业绿色生产创新技术，未来打造以负碳总部经济示范区为核心的绿色 CBD 具有极强的现实性和可行性。

上海虹桥国际 CBD 制定了完善的绿色产业发展规划。商务区核心区主要有总部经济、国际商贸、高端服务、时尚消费等，西虹桥片区主要有会展商贸、文创旅游、空间信息，东虹桥片区主要有枢纽经济、临空经济、数字经济、产业金融，北虹桥片区主要有创新经济、低碳能源、科技服务、智能汽车，南虹桥片区主要有国际化公共服务、生命健康、电竞娱乐等。除此之外，还有南北两条拓展带，促进长三角地区一体化发展。

"十四五"时期，上海虹桥国际 CBD 制定"一区五新"总体发展框架，即：构建以一流的国际化中央商务区为承载主体，打造开放共享的国际贸易中心新平台、联通国际国内综合交通新门户、全球高端要素配置新通道、高品质的国际化新城区，引领区域协同发展新引擎。为实现这一规划目标，上海虹桥国际 CBD 制定了"四高五新"产业发展战略（专栏2）。该产业规划所提出的高能总部经济、高端化服务经济、高流量贸易经济、高溢出会展经济，以及数字新经济、低碳新能源、生命新科技、时尚新消费等，为 CBD 在绿色、低碳产业体系构建方面提供了很好的借鉴。

专栏2　上海虹桥国际 CBD "四高五新"产业发展战略

从产业形态上提出"四高"：打造高能级的总部经济，着力引进具有代表性和引领作用的总部机构；打造高端化服务经济，推动专业服务业集聚发展，打造富有特色的现代服务业集聚区；打造高流量贸易经济，以商品、服务、数字、离岸等贸易为核心，将重心放在挖掘和创造流量价值，打造高溢出会展经济，办好中国国际进口博览会，打造会展产业集群，发展高端国际会展会议服务产业，建成国际会展之都的承载地。

从产业门类来说提出聚焦"五新"：聚焦数字新经济，建设虹桥数字经济生态区，推动建设长三角数字干线；聚焦低碳新能源，加快集聚新能源龙头企业，打造绿色低碳先行引领区；聚焦生命新科技，打造尖端生命科学临床转化基地、跨界融合数字医疗服务示范区；聚焦汽车新势力，打造智慧新交通创新高地，聚焦时尚新消费，发挥好进博会溢出带动效应，建设国际级消费集聚区，助力国际消费中心城市建设。

资料来源：根据澎湃新闻相关报道整理。

（四）零碳智慧标准助推绿色治理供给

零碳数智楼宇是指以楼宇为载体，基于节约资源、保护环境、减少污染，为人们提供健康、适用、高效的使用空间为主要理念，以客户体验为驱动，以 5G、物联网、云计算、虚拟现实等前沿技术为支撑，以楼宇内的人、设备、环境等要素为数据源泉，将楼宇运营管理数据汇聚并通过大数据与机器学习算法，具备感知、传输、存储、推理、判断和智能决策的综合智慧能力，为楼宇使用者提供安全、高效、便利及可持续发展功能环境的楼宇。

　　位于广州天河中央商务区的广州国际金融中心（简称"广州 IFC"）致力于打造零碳数智楼宇，以智慧和科技为两翼，积极探索建立行业绿色技术标准体系方面的实线，在供给健康、舒适和高效的绿色办公空间方面成效显著。2022 年 1 月 19 日，全国首个《零碳数智楼宇等级评定规范》团体标准在广州发布，为楼宇建设和载体运营的零碳数智化提供清晰的标准指引。广州 IFC 为《零碳数智楼宇等级评定规范》的制定提供了前瞻性的建设经验（见表 1）。

表 1　《零碳数智楼宇等级评定规范》内容

3 个大项		50 个评定细节	3 个等级
1	减碳节能	（1）环境保护（水、声、热湿环境，光、空气质量，风、垃圾、餐饮用能） （2）建筑节材及利用（结构体系与建筑构件、降低碳排放强度、绿色施工） （3）节地（土地利用、闲置空间创新） （4）节能（智能供暖及空调系统、能源综合利用、电梯节能）	>90 分 ☆ ☆ ☆ ☆ ☆
2	智能化评价	智慧平台集成化程度、网络及信息安全保护、信息化应用系统、信息设施系统、建筑设备管理系统、公共安全系统	>80 分 ☆ ☆ ☆ ☆
3	现代物业管理水平	建筑信息模型管理、运营和服务	>70 分 ☆ ☆ ☆
加分项		中国绿色建筑、WELL、LEED、BREEAM 认证；客户满意度；升级维护；人才储备和维护	

资料来源：根据《零碳数智楼宇等级评定规范》（T/GZLY 1—2022）整理。

　　零碳数智楼宇是 CBD 绿色治理供给的典型做法，它既服务于建筑，又服务于生活，代表了低碳物业管理智能化、市场化发展的主要方向。随着 5G、物联网、云计算、虚拟现实等前沿技术支撑的加强，零碳数智楼宇将在 CBD 绿色低碳发展方面起到更大的推动作用。

专栏 3　广州 IFC 零碳数智楼宇主要做法

1.建立绿色健康委员会

广州 IFC 联合锦天城、京东安联、南粤基金等 20 家企业客户，搭建绿

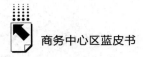
色互助理念宣传平台，帮助企业组织、宣传绿色工作和理念。与楼内所有业户共同构建绿色低碳办公生态。

2. 加强绿色能源管理

通过电梯电能回馈、太阳能充电桌椅使用、推行冷凝水回收、ISO 50001 能源管理体系运用、红外线技术监测、云端实时监测站投入使用以及垃圾分类和回收等几个方面，进行绿色能源管理。

3. 构建低碳供应链

日常运营中，制定产品采购和废弃物处理绿色管理制度。在设施执行期间，设施维护和翻修产生的废物中有 87.26% 被回收收集。引导客户进行绿色环保采购：使用达到 CQC 标准、FSC 及 HACCP 认证的清洁剂、纸张及设备；购买满足 FSC 环保认证的日常消耗品及满足 EPEAT 节能认证和能源之星认证的办公设备类产品。

4. 签订《绿色公约》

将客户视作绿色发展的共同伙伴，与租户签订《绿色公约》，引导其以更"低碳"的环保方式营运，积极发挥广州 IFC 作为引领者的能动性。

资料来源：根据相关报道内容整理。

（五）绿色文化引领高质量发展

对于 CBD 来说，绿色文化指人与环境的和谐共进，是能够促进 CBD 可持续发展的文化，它包括和 CBD 相关的一切绿色要素供给和绿色生活方式。现阶段，低碳发展成为 CBD 绿色文化的重要内容。北京 CBD、上海陆家嘴金融城、深圳福田 CBD 在绿色文化方面的长期实践为 CBD 绿色发展注入了强大的文化支撑。

北京 CBD 以打造公共绿色文化为特色。为了将 CBD 打造成为兼具国际文化要素和区域人文特色的城市公共艺术示范区，北京 CBD 编制了 CBD 区域公共艺术设计导则，邀请国际知名的建筑、环境以及艺术领域专家学者组建了 CBD 核心区公共艺术设计专家顾问委员会，对区域内建筑、景观、公共空间、城市家具等物化构筑体进行文化赋予和艺术提升。为更好践行新发展理念、倡导低碳生活和绿色出行，北京 CBD 管委会于 2017 年启动了 CBD 新能源商务班车，免费为 CBD 区域的人们解决上班路上"最后一公里"问题，推广绿色环保的生活方式。

上海陆家嘴金融城以举办多元化文化活动为特色。陆家嘴金融城文化节是该区域最具品牌影响力的绿色公共文化活动之一，迄今为止已举办十四届，并且不断升级迭代。活动内容丰富多彩，主要涉及人文、绿色、环保、低碳、休闲、健康、体育等。通过陆家嘴金融城文化节这一平台，大批优质文化资源不断走进楼宇、商圈、中心绿地，绿色、健康、低碳理念深入人心，人与金融城的黏合度也因文化日渐紧密，文化对发展的引领作用不断增强。此外，陆家嘴金融城还有国际咖啡文化节、"融书房"等多元化文化交流、传播平台，为金融城绿色健康发展提供文化支撑。

深圳福田 CBD 以打造城市人文记忆为特色。从 2016 年起，福田 CBD 文化节已连续举办 6 年，主题涵盖人文历史、环保公益、科技互动体验、绿色展览、低碳生活等。它以福田 CBD 区域为展示平台，引导企业、组织、市民共同参与，旨在探索人与 CBD 区域的关系，让更多人关注福田 CBD 文化、CBD 人和 CBD 生活，促进 CBD 绿色健康发展。

三 推进 CBD 绿色低碳发展的实施路径

新发展阶段下，为深入落实"双碳"目标、加快推进 CBD 绿色低碳转型、增强 CBD 经济发展韧性，助力塑造生态文明经济体系建设典范，提出如下实施路径。

（一）推动绿色资源集聚，构筑绿色空间格局

空间规划方面。CBD 绿色资源集聚要遵循突出极限效率、空间效率与能源效率结合，资源利用与人本空间相结合等原则，对土地与空间资源进行合理规划设计；要加强土地混合利用程度，合理布局街区尺度，

建立 CBD 绿色、高效区域微循环体系；同时，要加快 CBD 绿色建筑标准制定，加强建筑绿色规划和绿色改造。要在规划和建设细节中将绿色低碳理念落到实处，加强低碳技术研发和利用，加强低碳绿地景观等建设，通过垂直绿化措施、绿地系统架构、绿色材料配置等增强 CBD 区域固碳能力。

能源资源利用方面。要强化 CBD 市政管线统一管理，注重以集约方式探求低碳化技术路线，建立 CBD 区域能源中心，通过"削峰填谷"的节能措施解决 CBD 高能耗与低碳发展间的矛盾；要加强 CBD 内太阳能、风能等可再生能源的推广利用，扩大真空垃圾管道收集系统等先进绿色设备的应用，加强固体废弃物无害化处理，从根源上夯实绿色 CBD 的发展基础。

绿色出行场景建设方面。落实公交优先规划，发展小型化、智慧化微公交，强化地下空间利用；合理设置路网，构建高效机动车出行网络，打造全天候慢行系统，为绿色低碳出行提供人性化服务；以构建人与自然和谐共生的现代化绿色总部经济示范区为目标，打造城市空间品质典范。

（二）加强绿色科技创新，厚植绿色发展动能

促进创新要素集聚融合。在绿色 CBD 建设过程中要加强与新型研发机构等高水平创新载体的合作，积极推动国际优质创新平台落地，推动大企业开放创新，支持高成长企业快速发展，有效激发科技型中小企业创新活力；要深化 CBD 科技体制机制改革，优化开放创新营商环境，构建大企业主导、大中小企业融通发展的创新生态，培育形成现代科技治理体系。

促进数字化绿色化融合。积极探索 CBD 企业数字化转型模式，开展数字产业链和数字产业集群招商，打造数字经济特色楼宇；加强数字新基建建设，推动大数据、人工智能、5G 等新兴技术与绿色低碳产业深度融合，运用大数据、云计算、区块链等技术，构建全生命周期绿色低碳管理体系，推动大数据在节能减排方面的共享和运用；完善推进数据要素市场化配置，充

分挖掘数据的创新价值，形成供应端、物流端、数据端、消费端的低碳闭环管理。

推动创新链与产业链精准对接。要坚持市场导向引领科技创新，强化绿色金融体系、法律体系支撑，加快科技成果转移转化，突出企业技术创新主体作用；加大市场主体在资源配置领域的深度和广度，降低制度性交易成本，由政府主导统筹各类创新要素，合理分配生产资源，适度提高创新产业的投入占比；同时注重 CBD 企业与高校、科研单位的交流合作，促进产学研用深度融合。

（三）推动产业低碳转型，打造绿色产业体系

夯实绿色产业发展基础。完善 CBD 产业技术创新体系，壮大绿色低碳技术企业群体，加快绿色技术研发和管理人才培养；加强绿色技术成果有效转化，推动发展方式由要素驱动向创新驱动转变；建立健全创新要素市场化配置机制，打造绿色低碳、附加值高、竞争优势明显的绿色产品供给体系，增强企业开展绿色低碳技术研发的内生动力。

推动低碳总部经济发展。利用总部经济在 CBD 体系中的核心地位，制定绿色总部企业准入机制，完善绿色企业标准体系，建立高水准总部企业准入、评价和管理机制；加快培育绿色创新发展标杆型总部企业，推动绿色低碳技术研发、推广和应用；推动总部企业深度参与国际绿色科技合作，支持国际知名科研机构与总部经济企业联合建立研发机构，促进绿色技术产业化人才交流培训和定向培养，推动国际绿色产能合作。

推动数字经济低碳发展。CBD 绿色产业转型应加强数字新基建能耗管理，建立科学合理的数字新基建单位 GDP 能耗和单位 GDP 碳排放评价体系，严格落实"新建大型、超大型数据中心电能利用效率不超过 1.3"的规定；加快提升数字经济产业自身能源利用效率，特别是数据中心、云计算中心效率，增加能源供应中的可再生能源占比，利用虚拟产品或服务全部或部分替换为物理等效产品或服务，减少 ICT（信息通信技术）对能源和材料的需求。

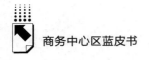

（四）增加绿色智慧供给，完善绿色治理体系

建设数字化零碳智慧园区。CBD 应充分利用数字化综合能源管控平台，科学进行能源供给、分配和使用，最大化挖掘能源系统的减碳潜力；提高园区基础设施自动化和智能化能力，包括配电、热力与楼宇设备的低碳与自动化、智能化，以及以多类系统间交互耦合为重要标志的园区综合数字化能力；加强智能楼宇建设，促进建筑内部的互联互通，提升楼宇能源和设施的使用效率。

建设绿色治理供给链。依托较为完善的绿色环境监测、绿色金融服务、绿色生态治理等平台，加强在绿色公共服务、绿色技术创新、绿色模式交流、企业绿色管理等方面的国际合作，集聚减排潜力高、动力足的企业总部，辐射企业下游和周边城市，加强国际负碳示范区建设经验交流，成为国际负碳区域建设的重要承载空间。

建立绿色协作融合新体系。支持 CBD 总部经济统计监测体系建设，开发基于绿色技术应用价值的智能评估系统，推动绿色技术交易与共享平台建设；引导总部企业做好绿色技术创新过程中的监测、评估与处置，积极稳妥做好碳交易、碳管理的市场机制构建，推动总部经济绿色发展的制度化、体系化；创新打造国际绿色金融平台，探索设立绿色发展国际合作基金，打造替代赤道原则的绿色金融原则、核心标准，推动全球绿色总部经济国际标准体系建设。

（五）坚持绿色文化引领，培育绿色文明风尚

推动楼宇绿色文化建设。发挥绿色文化的引领作用，加强入驻企业低碳文化建设，特别是要将绿色生产和生活方式贯穿于企业文化建设全过程，从观念上接受并建立绿色低碳这一核心标准。例如，利用楼宇共有空间、公共网络平台等载体强化绿色、低碳文化输出，加快绿色文化传播；通过与商户签订绿色公约，举办楼宇文化节、书香泛读、白领交友、健身运动等活动，多层次营造节能低碳商办环境。

加强公共介质绿色文化传播。利用国际性或地区性体育赛事、科技展览会、文化艺术节、经贸论坛等活动深入推广绿色低碳理念，提高公众的环保意识。如建立绿色博物馆、低碳文化示范区；在城市景观雕塑中植入绿色低碳文化，通过开展接近自然的户外互动提倡绿色生活，将绿色生态文化融入社区活动，促进低碳环保生活化、常规化。

发挥文化创意产业带动作用。吸引大型文化产业公司入驻，加强现代文化产业集聚；用文化创意产业发展推动绿色文化的推广和完善，构建多元融合的文化创意产业形态；增加绿色文化创意产业与其他产业间的黏性，促进绿色 CBD 文化产业结构优化升级。

参考文献

全国信标委智慧城市标准工作组：《零碳智慧园区白皮书（2022）》，2022 年 1 月。

蒋金荷：《可持续数字时代：数字经济与绿色经济高质量融合发展》，《企业经济》2021 年第 7 期。

吴琦、任大明：《数字经济助力绿色低碳发展》，《金融博览（财富）》2021 年第 22 期。

上海虹桥商务区管理委员会：《虹桥商务区低碳规划建设分导则》，2021 年 2 月。

左长安：《绿色视野下 CBD 规划设计研究》，天津大学博士学位论文，2010。

尚丽、武佼佼、田英汉、郭茹：《可持续发展视角下的中央商务区低碳发展路径和策略探讨》，《环境污染与防治》2014 年第 9 期。

B.12
加强 CBD 韧性治理能力的
思路与对策研究

苗婷婷*

摘　要： 韧性城市的核心支柱及最终指向是韧性治理能力。CBD 作为城市的功能核心区域，其危机治理能力和水平的高低对城市来讲至关重要。我国各地 CBD 在政府组织管理机构设置、危机管理框架、社会协同共治、不确定性规划、减灾救灾工作等方面开展了大量工作，CBD 韧性治理取得了良好效果。但在国际国内环境不确定性增加的背景下，CBD 韧性治理仍需围绕提高政府领导力、构建多元共治的管治网络、提升规划管理技术三个层面持续发力，不断提高 CBD 的健康可持续运转水平。

关键词： CBD　韧性治理能力　政府领导力　社会协同

引　言

韧性城市是指，在城市这个庞大的社会生态系统面临不确定性的情况下，社会体系仍具备营建、维护、反应和协调的能力，体现出一种高级灵活的安全状态。近年来，韧性城市理念受到广泛关注，正发展成为国内外城市安全治理的新理论和新范式。在构建韧性城市过程中，城市要有效应对外界冲击和自身扰动，关键在于提升其韧性治理能力。有效的韧性治理不仅需要

* 苗婷婷，博士，首都经济贸易大学讲师，主要研究方向为城市治理、城乡公共政策。

一个有强大组织统筹协调能力的政府，还需要社会各单元协同运作，最大限度地降低灾害对城市系统的影响。具体到城市特定区域，CBD 是城市的功能核心和枢纽，资金流、信息流、知识流和服务流高度聚集，一旦灾害发生可能造成令人震惊的损失，而 CBD 特殊的组织管理结构，也决定其韧性治理机制有着不同于其他区域的特殊性。以此为出发点和目标，本文构建了城市韧性治理能力的内容框架，总结了我国 CBD 韧性治理方面取得的成效，分析了 CBD 韧性治理的挑战及不足，并探讨了提升 CBD 韧性治理能力和水平的对策建议。

一　城市韧性治理能力的内涵与框架

近 20 年来，许多学者及国际组织尝试构建韧性城市的概念框架和指标体系，并对城市韧性治理能力进行了专门研究。从广义视角出发，城市韧性治理能力是指城市通过合理准备、缓冲和应对不确定性扰动，实现公共安全、社会秩序和经济建设等正常运行的能力，其主体不仅包括政府、企业、社会组织、公众等城市治理主体，更涉及整个城市有机体。而狭义视角的韧性治理能力则侧重人类社区，强调灾难发生时和发生后政府行使组织、管理、规划和行动的能力，以及社会各单元协同合作以适时地应对城市所面临的不确定性扰动（慢性压力和急性冲击）的能力。为阐发城市韧性治理的实际运作情况，本文更倾向于狭义视角的探讨。

具体而言，韧性治理能力可归纳为三个方面的内容（见图 1）。一是政府高效的领导决策能力。政府的领导决策能力是城市韧性构建的关键内容，如果没有强有力的政策推动，社会公众将很少关注政府在减少灾害危机及其负面效应上的努力，韧性城市建设也很有可能成为无法实现的乌托邦。在实践中，高效的领导决策能力包括地方政府管理机构的设置、财政收入、公务人员的数量、恰当有力的危机管理框架、防灾减灾经验和培训、防灾支出、政府部门机构的内部协调等。

二是多元参与的管治网络。基于开放的信息交流渠道和不同利益相关者间协同合作的决策程序,是城市应对不确定性扰动的有效手段。管治网络的目的在于向所有利益相关者赋权,措施包括:通过提供广泛的应急宣传教育,培育社区责任意识、构建应急知识储备,建立政府与社会共事的机制和渠道,协调监管多元主体的参与,提高社会的自组织与应变适应能力。

三是先进的规划、风险管理技术。这一点是将规划与管理进行一体化整合,具体措施包括:结合城市防护基础以不确定性为导向制订规划框架,本着适应性原则对城市的未来做出指导;基于脆弱性分析,强化风险识别、风险评估、风险战略及决策、决策执行、决策评估与调整;采用公认的标准和基线,实现减灾救灾方面的公平;减少业务中断的影响,从而帮助受威胁的社区以最快的速度恢复过来。

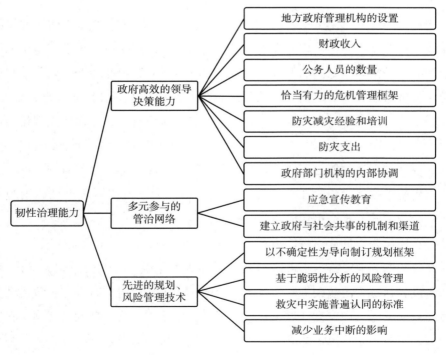

图 1　韧性治理能力的内容

资料来源:作者根据文献整理绘制。

二 我国 CBD 韧性治理能力概况

在中国 CBD 的发展历程中，各地 CBD 形成了各具特色的管理体制和运行模式，有效维护了 CBD 的经济稳定以及社会安全。

（一）组建专门的政府管理机构

目前我国 CBD 多设立 CBD 管委会，以承担 CBD 的开发建设与日常管理职能。尽管各地 CBD 管委会的级别归属和职能权限等存在很大差异，但均承担了大量的开发建设、项目推进、企业管理、社会服务、综合协调等职能，有效保证了 CBD 区域的经济发展与社会稳定。

其中，北京 CBD 和广州天河 CBD 的政府管理机构设置和管理机制较具优势。两地管委会均属于市级政府在 CBD 设立的行政机构，由所在区代管，代表市政府行使 CBD 区域的建设管理职能。具体而言，两地管委会统筹 CBD 的日常建设、管理、营销、审批、服务等各项事务，行政级别较高，执行和协调能力较强，推动了 CBD 功能区的高质量发展。其中，2020 年广州天河 CBD 和北京 CBD 地区生产总值分别为 3328 亿元、1795 亿元，分别以 0.16%、0.48% 的空间创造了广州和北京全市约 13.3%、4.97% 的生产总值，在地均收入方面远超城市平均水平，雄厚的经济实力为提升 CBD 经济和社会安全韧性奠定了坚实基础[①]。

（二）建立 CBD 危机管理框架

当前城市风险呈现不确定性、多样性、交错性、无止性等特征，而 CBD 具有对外开放程度最高、资源要素快速集散、系统更为复杂等特点，一旦危机发生，极易产生链式反应和放大效应，为城市各方面带来巨大损失。因此，在市、区政府及 CBD 管委会的领导下，CBD 不断建立健全经济

---

① 资料来源：中国商务区联盟提供数据。

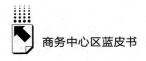

安全和社会安全危机管理框架，以应对各种风险挑战。

在经济安全韧性方面，北京CBD不断完善企业信用监管体系，建立了全面监测、重点监测、瞬时风险监测的监管模式，加强对企业信用风险的实时评判，及时发现经济发展面临的问题。北京通州运河商务区为严格防范和有序处置金融机构、互联网金融等重点金融领域风险，高标准建设了京津冀金融风险监测预警平台和北京城市副中心金融风险监测预警与监管创新联合实验室，不断健全开放型经济风险防范体系。广州天河CBD立足区域性金融风险防范，利用人工智能、大数据、云计算、区块链等金融监管科技，对辖内金融企业按照"识别—监测—预警—处置—反馈—再监测"风险处理流程，形成了"监测预警—处理反馈—持续监测"金融风险闭环管理防控机制。成都天府总部商务区则不断强化产业成效实时跟踪，聚焦功能区内的重点产业、重点企业、重点项目，加快建立了企业税收台账，摸清功能区内企业经营情况和税收情况，做好了日常监测。

在社会安全韧性方面，北京CBD设立了CBD安委会，完成了北京CBD突发事件应急组织机构与职责修订、编写了北京CBD值守应急工作管理制度、制定了北京CBD突发事件信息报送实施细则及报送流程，并持续开展应急管理和机构安全专题培训以及高层建筑的消防培训及演练，提升了CBD应急处突能力。上海虹桥国际CBD建立了应急响应综合指挥平台，平台包含综合应急指挥响应系统、应急视频采集与监控系统、协调决策指挥功能、融合通信管理系统及相关配套工程等，为虹桥枢纽安全运行提供了保障。

（三）党建引领构建韧性共治新格局

为增强CBD社会发展韧性，各地CBD建立了党建引领下的社会共治模式，通过党建引领凝聚多方力量，以实现大事共议、实事共办、急事共商、难事共解。

具体来说，北京CBD工委以区域党组织为核心，统筹区域所辖相关职能部门、属地街道、社区、楼宇业主与物业方、各类企业、群团组织等单位，建立了党建引领下的民主协商关系，形成了"联盟—楼宇—企业"的组织整合之网，构建了"联盟—联合会—党员/群众"的党群融合之网，在"一核十会三机制两平台"模式下打造了共建、共治、共享社会治理新格局。广州天河 CBD 以高楼立体空间为基本单元布建党的基层组织，实行高层楼宇党群服务站站长制，构建由楼宇党组织牵头，楼宇业主、物业公司、入驻企业等社会力量共同参与的定期议事机制，探索社会多元治理的天河模式。银川阅海湾 CBD 大力推行"党建+"工作模式，深入实施"党建+企业服务+创新创业"项目，实现了党建与业务工作同谋划、同落实、同推进。郑州郑东 CBD 为有效破解城市党建难题，建立了"党建+互联网+社工"的工作模式，创新提出商务社工概念，成功为楼宇党建商务服务中心引入社工服务，将政务服务、便民服务、商务服务充分链接，把党建成效转化为推动事业蓬勃发展的"新动能"。

（四）规划中适度超前融入韧性理念

在当前各种慢性压力和急性冲击全面增加的背景下，各 CBD 着眼于系统提升自身存续、适应和成长的能力，从更高标准、更深层次、更可持续的角度制订了不确定性导向的发展规划，为打造现代化、高品质、韧性安全城区奠定了基础。

其中，北京 CBD 功能区规划打造绿色 CBD，持续建设高品质城市森林公园，加强海绵城区建设，推进绿色建筑建设，引导形成绿色生活方式。北京通州运河商务区为推动实现北京城市副中心绿色发展目标，规划通过水环境治理和交通服务体系建设等推广绿色低碳生产生活方式，并提出建设海绵城市和"零碳社区"，扩大绿色建筑及绿色城市普及。上海虹桥国际 CBD 自 2012 年起提出建设低碳实践区，先后编制出台《虹桥商务区规划建设导则（试行）》《虹桥商务区低碳规划建设分导则》，按照"最低碳"理念实施绿色建设和管理，体现了生态、环保等韧性理念。为开展高标准城市建设、实施高效能城市管理，武汉 CBD 以规划引领积极推进海绵城市、城市绿肺、智慧城市建设，提升了 CBD 能级和品质。目前，在科学评估、适度超前的理念下，武汉 CBD 已编制形成《武汉中央商务区城市绿道专项规划》《武汉中央商务区社会管理服务配套设施专项规划》《绿色生态城区实施方案》《绿色生态指标体系》《武汉中央商务区核心区（宗地 16）城市设计方案》《商务区核心区新增 8500m² 党员中心等配套设施用房》《武汉中央商务区四水共治——海绵城市》等规划文件，为商务区绿色发展、提升商务区内涝防治及水环境安全奠定了基础。

（五）积极开展减灾救灾工作

为构建平安稳定的城区环境，统筹发展和安全两项工作，各地 CBD 统筹风险防范、综治维稳、意识形态、安全生产等工作，巩固了商务区平安稳定的良好态势。尤其是，在疫情反复背景下，各 CBD 统筹共抓疫情常态化防控和经济社会发展工作，为遏制疫情、稳定经济发挥了积极作用。

其中，武汉 CBD 面对突如其来的新冠肺炎疫情，商务区管委会全员积极参与，高效开展全区病患隔离、收治、转运等工作，筹建 V46 康复隔离点，为全区取得抗疫斗争阶段胜利做出较大贡献。为推动疫后重振，商务区管委会深入落实中央和省、市、区一系列纾困惠企、稳定投资、强化就业的政策措施，帮助 30 家企业成功融资共计 10.089 亿元，解决了企业燃眉之急，商务区经济发展稳定转好，生产生活秩序稳步恢复。广州天河 CBD 组建党员突击队，在 2021 年 6 月广州疫情形势严峻期间，派出 10 批共 90 人次支援员村街、天河南街全员核酸检测和餐饮、药店的防控督导工作，并积极落实商务楼宇从业人员的核酸检测工作及重点场所重点单位重点人群的新冠疫苗接种工作。郑州郑东 CBD 自疫情缓和时起，定期开展"亿元楼培育"专题走访活动，与楼宇运营单位、企业代表等就楼宇运营情况、企业流动动态、企业经营情况、所需配套服务征求意见建议，全面了解相关情况，积极克服疫情和汛情期间的影响；同时，郑东 CBD 在疫情防控精细化管理的基础上积极进行人员的生活关爱和心理疏导，中央商务区工作人员分包负责重点人员关爱隔离点位，在特殊时期加强人文关怀，成为职工的坚强后盾。在北京 CBD 中心区的百余座商务楼宇中，阳光金融中心等布置了数智安全服务机器人，以快速实现进入楼宇人员的身份识别（包括智能测温、核酸检测、疫苗接种及行程情况），正大中心采用了 UV 杀菌空气净化系统，对楼宇内空气实行全方位净化，银泰中心的 VAV 空调系统配备"紫外线消毒—过滤网除尘"设施，以有效消灭空气循环中的病菌，国贸中心采用了绿色环保的"纳米光触媒杀菌涂层"，在轿厢、外呼面板、扶手等敏感地利用照明灯光，持续杀灭附着在上面的细菌及病毒，充分发挥了科技创新在疫情防控中的重要作用。

三 我国 CBD 韧性治理存在的挑战与不足

面对日益严峻的国际国内形势，CBD 遭受慢性压力和急性冲击的可能性越来越高，CBD 韧性治理能力也存在很多挑战和不足。

（一）全球经贸格局变化增加了 CBD 经济健康发展的外部风险

当今世界正面临百年未有之大变局，国际贸易保护主义抬头，国际经贸规则发生深刻变化，并引发全球产业链体系的分化与重构。再加上新冠肺炎疫情在全球范围的蔓延，全球经济发展进一步放缓、国际投资低迷，国际货币基金组织（IMF）2021 年 10 月发布的《世界经济展望》指出，2022 年之后全球经济增速预计将在中期内放缓至 3.3%。CBD 作为城市开放强度最高的区域之一，聚集了大量总部型企业、金融服务机构、国际组织等全球功能性机构，经济发展将不可避免地受到国际经贸格局变化的深刻影响，金融安全及产业安全面临较大威胁。

（二）宏观经济下行及城市经济转型趋势为 CBD 经济发展带来诸多压力

自 2008 年开始，受世界经济大衰退影响，我国经济增速也逐渐放缓，2018 年中国经济增速为 6.6%，与 2007 年的 14.2% 相比，经济增速下降了 53.5%。受疫情影响，我国 2020 年 GDP 增速仅为 2.3%，而 2022 年在疫情冲击下经济下行压力全面加大，居民消费低迷、内需不足的问题进一步凸显。宏观经济下滑对中观、微观经济绩效带来显著影响，CBD 经济形势十分严峻。

与此同时，中国的工业化已经进入中后期，传统工业化接近尾声，国家层面已制定了推进"新型工业化"的总体战略，低碳化、信息化、服务化成为其核心要点。而面对转型趋势，许多 CBD，尤其是中西部地区的 CBD 还存在自身经济转型升级困难、高质量发展存在短板等问题。例如，有的 CBD 高端产业竞争力不强，产业结构和价值链环节完整度不够，金融与资本支持功能不足，总部经济实力和形象有待提升，国际化营商环境也存在较大差距；有的 CBD 存在特色优势产业不明显，招引的企业带动、孵化、辐射能力不强，楼宇产业集聚效应发挥不到位，固定资产投资乏力，园区债务压力较重等问题。随着各大城市的 CBD 开发建设带来的竞争压力，有些 CBD 开发建设步伐放缓，产业经济增长动能和潜力激发不足，竞争优势逐步消失，为 CBD 产业转型升级及经济健康发展带来了严峻挑战。

（三）CBD 现行政府管理体制仍存在明显短板

总体而言，我国政府在 CBD 的选址设计、融资建设、公共服务供给等环节均扮演着重要角色。然而，受制于现行行政管理体制，中国 CBD 政府管理机构设置和管理体制仍然存在诸多问题。

在我国，各地政府大多成立 CBD 管理委员会以承担 CBD 开发建设和日常管理等职能。CBD 管理委员会属于所在市市政府或区政府在 CBD 地区设立的具派出性质的行政机构，级别相当于区级或街道办事处级别，由市政府或区政府授权统一行使 CBD 开发建设和管理职能。但 CBD 管委会组织机构构架较为简单，行政主体资格没有明确的立法界定，致使其行使权力的范围、程序没有相关的法律依据和保障，容易与其他行政机关产生权力冲突。如部分 CBD 重要的行政审批权在市一级，一些职能则分散在区级政府的各个职能部门，CBD 行政主体权力不足严重制约了 CBD 的行政职能和效能。

有的 CBD 所在地政府未成立专门的 CBD 管理机构，CBD 的规划开发与运营管理被纳入功能区统一体系，由 CBD 所在功能区管理机构负责统一管理。有的 CBD 在开发期，通过成立 CBD 项目指挥部或开发建设领导小组等临时性议事协调机构的形式来进行管理，CBD 开发管理多依托于城区政府部门与街道办事处。在这两种管理模式下，CBD 没有指导区域发展、服务区域企业的专门政府机构，缺乏行政独立性，管理体制缺位导致 CBD 建设与发展处于相对无序的状态。

而对于采用市场化模式 CBD 来讲，CBD 管委会与其建设主体单位之间的冲突难以协调。市级领导小组的作用需进一步强化，管委会职能需进一步明晰，以补足 CBD 管理体制短板，满足新阶段的发展需求。

（四）社会各单元协同运作面临诸多障碍

在我国，相较于党政系统在安全治理中发挥的主导作用，社会各单元协助治理的成效与预期相比仍存在不小差距。尤其是本应在韧性治理中发挥重要作用的社会组织表现出的规范性不足、发展不均衡、协同合作机制不健全等诸多问题，制约了社会组织在韧性治理中的潜在作用。在法律法规方面，目前的《中华人民共和国突发事件应对法》对我国社会组织踏入实践领域仅有一些倡导性条款，肯定性和支持性的条款有限、操作性不强，导致社会组织参与城市安全治理的合法地位仍缺乏充分的法律保障。CBD 区域社会组织类型的不平衡更为突出，多数社会组织政社合作程度低、合作机制缺乏灵活性、组织间交流互动不到位，限制了 CBD 社会各单元的有效协同治理。如北京朝阳区志愿服务类社会组织仅有 23 家，而全区常住人口超 345 万人，社会组织参与城市安全治理的能力和效果受到制约。

（五）CBD 规划及抗灾减灾工作存在提升空间

就空间布局来看，CBD 相对于城市其他区域规划建设尺度较大，大高楼集聚，商务功能主导，休闲、安全等复合功能较为欠缺，安全容量过载，CBD 配套的各种公共基础设施（尤其是 CBD 老区）的规划设计安全标准不高，安全系统较为脆弱。而现有城市规划和 CBD 发展规划更多注重 CBD 功

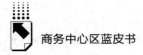
能区的国际交往、科技创新和经济发展功能，尤其侧重招商引资和项目建设，基于脆弱性分析的韧性城市规划理论与方法缺位，影响 CBD 的区域韧性。

与此同时，我国 CBD 管理工作的核心内容为开发建设和招商服务，安全管理及社会服务等工作多由不同主管部门负责，不同部门间统筹协调程度不高，影响了 CBD 安全管理工作效力。即使在拥有部分应急管理权限的 CBD，很多 CBD 应急单元相互叠加，层次化和多元化特征明显，不同单元的管理方法、应急处置等方面存在明显的差异性，随着现阶段应急保障压力的不断增大，CBD 资源配置力量薄弱，各部门、单位对 CBD 安全运行保障的力量配备、资金资源等无法满足目前及未来的运行需求，亟须组织管理整合并加大统一协调力度。

四 提升 CBD 韧性治理能力的对策思路

在内外风险日益增加的背景下，CBD 须不断完善其韧性治理能力，增强城市系统的承载能力、恢复能力和适应能力，以实现城市高质量发展。

（一）推动政府管理机构改革与完善

提高 CBD 韧性治理能力首先有必要整合 CBD 的政府管理机构，明确并强化 CBD 管理机构的行政职责和权限，注重 CBD 开发管理过程中的统筹协调，保障安全助力高质量发展。其一，针对 CBD 开发建设中的政府机构设置问题，有必要强化及明确 CBD 管理机构的行政权限，通过成立高级别职能机构的方式，统筹政府组织以及 CBD 开发主体，代表市政府统一实施与监督 CBD 区域总体规划、公共设施开发建设及其他 CBD 日常管理事务。其二，涉及跨区、跨部门事务，可成立由各级政府以及职能部门共同组成的综合管理委员会，统一领导协调 CBD 的开发建设工作。在 CBD 职能机构及综合管理委员会的配合下，可实现 CBD 机构设置的优化、职能部门的协同、机制运行的高效，有效保证 CBD 的健康发展。其三，为建立健全 CBD 应急安全管理工作，可成立安全委员会以强化 CBD 安全应急工作的指挥调度，创建 CBD 应急管理平台推动 CBD 与市区层面的业务对接和数据信息共享，打破资源分散、条块分割、各自为政的僵局，促成统一指挥、专常兼备、上下联动、平战结合的应急体制，健全部门协同、社会参与、多方支持的保障机制，实现跨区域、跨部门协同配合齐抓共管，推进 CBD 应急管理体制机制的不断优化。

（二）促进 CBD 经济持续健康发展

在我国经济由传统高速增长阶段向高质量发展阶段转变的背景下，CBD 需更为注重经济安全，针对目前存在的风险及问题，积极探索应对之策，更好推动 CBD 经济高质量发展。其一，CBD 具有市场环境相对成熟、商务环境与国际接轨、高端人才富集、创新氛围浓厚等优势，CBD 需立足这些优势，积极对接国际高标准经贸规则，优化营商环境，持续重点引进具有实质管理决策调控能力的高能级总部，采取多种方式培育国内总部企业，完善优势产业链条，优化产业配套环境，提升在全球范围内的资源配置能力。其二，在中国经济发展进入战略转型的新时期，CBD 还需承担起推动国家产业结构升级、引领服务业创新发展的重要使命。因此，各 CBD 需进一步促进金融保险、商务服务、信息服务、技术服务、文化创意等现代服务业在 CBD 集聚，提升现代服务业在服务业内部的比重，积极促进制造业与服务业融合发展，引导制造业向价值链高端延伸；鼓励服务业内部的融合发展，着重推动商务、金融、文化和科技产业等重点领域的融合发展，积极培育产业融合的新型业态。其三，针对目前我国 CBD 的产业结构布局及金融行业面临的风险挑战，CBD 应秉持更为审慎的态度扩大开放，同时辅以服务业事中事后监管，规避 CBD 经济发展中潜在的安全风险。

（三）完善多主体合作治理体系

回顾我国 70 年的城市安全管理历程，中国共产党的领导是我国国家治理体系赋予城市安全治理的重要制度优势。面对 CBD 日益增加的内外部风险，CBD 韧性治理能力的提升首先应坚持党的统筹领导，不断发挥党组织在 CBD 区域的政治引领和服务功能，优化完善党建引领下的与各单位共建、共治、共享的合作体系和安全治理合作体系。其次，政府管理机构要制定恰当有力的危机管理框架，注重通过培训学习等提高各级党委和政府、基层组织、领导干部的应急处突能力，通过全过程的风险评估与管理、执行反馈，及时调整治理策略，探索提升政府管理机构的领导决策能力。最后，CBD 韧性治理有赖于企业、社会组织、社区、公众等力量的共同参与，因此，政府管理机构要向社会增权赋能，通过制度改革吸引社会力量的加入，充分发挥企业和社会组织在 CBD 韧性建设过程中平台搭建、提供技术支撑、社会动员、资源整合、服务产品供给、决策咨询等功能，整合社会各方资源，形成治理合力；同时，政府还需鼓励和引导社区组织的有序参与，在各类风险冲击的应对中充分发挥社区在组织动员、政策执行等方面的独特优势，在弥补政府力量不足的同时，增强社区的自我管理与危机应对能力，借助其灵活高效的组织动员管理机制构建起韧性社会的基本组织单元和空间单元，为 CBD 韧性能力的整体提升奠定坚实基础。

（四）用韧性理念与方法指导 CBD 规划

城市韧性治理能力的背后有科学的规划制度支撑。CBD 韧性治理能力的提升首先需将韧性理念融入城市规划建设，制订韧性 CBD 规划以指导 CBD 的开发建设。相较于传统规划对空间的侧重安排，韧性 CBD 顶层规划应将空间构建与 CBD 韧性治理能力提升结合起来，对城市治理的方方面面进行预判，培养提高城市自下而上的修复功能。其次，在韧性 CBD 规划的制订过程中，注重以不确定性为导向，利用多情景分析法辨识 CBD 的主要脆弱性客体，分析判断城市抵御各种风险冲击的能力，以此来制定建设韧性 CBD 的实施策略。最后，注重以人为本、动态适应的原则，相对于表达 CBD 的发展愿景，更加强调人的需求满足，相较于传统规划对用地经济效益的侧重，更加注重合理的冗余和功能重叠，相对于工程措施，更注重适应性综合措施的应用，以此来提高城市应对各种风险和冲击的适应能力。

（五）系统开展 CBD 安全管理工作

在 CBD 安全管理中，首先，应秉承韧性思维，根据 CBD 特殊运行形势，结合应急处置薄弱环节及操作性，优化完善 CBD 突发事件应急预案，并加强 CBD 专项预案建设，推进极端天气、公共卫生、事故灾难、经济运行、网络安全等各类专项预案制订。其次，加强应急管理队伍建设。推进 CBD 落实本单位应急管理岗位及人员配置，培养责任心强、业务熟练、具有一定组织协调能力的应急管理队伍；加强应急管理队伍的业务培训和应急演练，提高装备水平；动员社会团体、企事业单位、志愿者、CBD 工作人群等各种社会力量参与应急工作。再次，完善应急保障配套。针对 CBD 运行及应急保障工作中的新情况、新问题，及时研究制定方案，协同各单位落实，通过完善提升信息共享机制、预判预警机制、应急联动机制、公安联勤机制等，优化日常工作机制。最后，加强专项资金保障。争取财政支持，提升专项资金保障力度，确保 CBD 应急保障工作顺利开展。

参考文献

邵亦文、徐江：《城市韧性：基于国际文献综述的概念解析》，《国际城市规划》2015 年第 2 期。

赵瑞东、方创琳、刘海猛：《城市韧性研究进展与展望》，《地理科学进展》2020 年第 10 期。

朱正威、刘莹莹、杨洋：《韧性治理：中国韧性城市建设的实践与探索》，《公共管理与政策评论》2021 年第 3 期。

〔美〕戴维·R.戈德沙尔克：《城市减灾：创建韧性城市》，许婵译，《国际城市规划》2015 年第 2 期。

刘欣葵、贾彤：《中国 CBD 公共环境建设：案例研究与问题分析》，载魏后凯、李

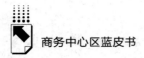
国红主编《中国商务中心区发展报告 No. 1》，社会科学文献出版社，2015。

蒋三庚、王震、饶芸：《中国 CBD 管理模式分析》，载魏后凯、李国红主编《中国商务中心区发展报告 No. 1》，社会科学文献出版社，2015。

Cutter S L. "The Landscape of Disaster Resilience Indicators in the USA" [J]. *Natural Hazards*, 2016, 80（2）：741-758.

Sharifi A. "A Critical Review of Selected Tools for Assessing Community Resilience" [J]. *Ecological Indicators*, 2016, 69：629-647.

B.13
CBD 应急管理机制建设进展、问题及建议

武振国*

摘　要： 应急管理机制建设既是应急管理工作的重要内容，也是提升社会发展韧性的重要议题。CBD 作为资金、技术、数据、信息、人才等高端要素集聚区，其安全隐患问题严重影响着城市经济的整体安全性。完善 CBD 应急管理机制、建立健全 CBD 防灾减灾救灾体系是维护 CBD 经济安全与社会稳定的关键举措，也是推进 CBD 治理现代化的重要内容。未来，CBD 应通过科学编制应急管理发展规划、完善金融稳定和风险防控机制、广泛开展应急科普和应急动员、构建"智慧应急大脑"等措施，不断加强 CBD 应急管理能力建设、完善应急管理机制，提升 CBD 治理能力现代化水平。

关键词： CBD　应急管理　治理能力现代化

应急管理作为国家治理体系和治理能力的重要组成部分，事关经济社会稳定发展和人民群众生命财产安全，承担着防范化解重大安全风险、及时应对处置各类灾害事故的重要职责。应急管理机制建设既是应急管理工作的重要内容，也是提升社会发展韧性的重要议题，受到国家及各级政府的高度关注和重视。中央商务区作为应急管理的重要单元，是我国经济外向度最高的区域之一，人流、物流、信息流、资金流等要素高度集聚，自然灾害和安全

---

* 武振国，内蒙古自治区社会科学院副研究员，主要研究方向为城市发展与城镇化问题。

事故的隐患对 CBD 发展与安全影响巨大，同时在当前国际国内发展不稳定性、不确定性明显增加的背景下，CBD 面临的潜在金融风险、经济安全、信息安全问题日益凸显，防范和缓解上述风险关乎城市经济健康运行和居民生命安全，切实提升 CBD 应急管理能力已势在必行。有鉴于此，基于外部环境和风险的不确定性，立足 CBD 发展实际，加快推进应急管理体系和能力现代化，做好风险研判、预警、应对等工作，确保 CBD 公共安全风险得到有效防范化解，是推进 CBD 治理现代化的重要内容，是打造 CBD 共建共治共享社会治理格局的必然要求，对于夯实所在城市的经济社会高质量发展具有重要意义。

一　CBD 应急管理机制建设情况

应急管理和安全发展作为我国长远发展的重要保障，受到党和国家的高度重视。特别是党的十八大以来，以习近平同志为核心的党中央高度重视应急管理和安全发展，总书记多次就应急管理做出重要论述和重要指示。重视安全发展，做好应急管理，就是在管理和服务中"坚持人民利益至上""弘扬生命至上、安全第一的思想"，就是认真贯彻和践行"始终把人民群众生命安全放在第一位""公共安全是最基本的民生""以人为本、执政为民"等发展理念。这些重要论述阐明了应急管理和安全发展的本质，成为我国应急管理工作有序开展的根本理论遵循，在科学的理论指导下，近年来我国生产安全事故总量持续下降。2021 年，面对严峻复杂的国际形势和新冠肺炎疫情影响、暴雨洪涝等极端天气频发、国内部分地区拉闸限电及煤炭增产保供等一系列因素给安全生产和应急管理带来的冲击和挑战，全国依然呈现事故总量持续下降、未发生特别重大事故、安全生产形势总体稳定、自然灾害损失持续下降的特点。全年共发生各类生产安全事故 3.46 万起，较 2015 年下降了 48.4%，死亡 2.63 万人，较 2015 年下降了 41.3%。全年各种自然灾害的因灾死亡失踪人数 867 人，倒塌房屋数量 16.2 万间，直接经济损失金额 3340.2 亿元，基本保持了"十三五"期间灾害损失持续下降、稳定向好的态势，与"十三五"期间均值相比，分别下降了 10.4%、18.6% 和 5.5%。[1]

（一）我国应急管理体系建设进展

我国的系统性应急能力和应急管理体系建设工作起始于 2003 年"非典"之后，党中央通过分析"非典"疫情防控出现的问题和漏洞提出应进一步加强应急管理工作，逐步将防灾减灾救灾综合纳入应急管理范畴和预案体系。从此，我国的应急管理改革和应急管理体系建设工作不断向纵深推进，以《中华人民共和国突发事件应对法》为基本法的应急管理法律体系初步形成，以《国家突发事件总体应急预案》为龙头的"总体预案+专项预案"应急预案体系编织成网，应急管理部门有序整合组建完成，逐步实现了从单灾种防范应对向多灾种综合管理转变，防灾减灾救灾的机制化法制化水平不断加强，一体化网络化的应急管理体制逐步建立健全、趋于完善。CBD 作为我国应急管理体系中的重要应急管理单元，在实践中不断完善防灾减灾救灾机制，加强多部门多领域的协同联动，健全应急指挥平台和信息网建设，CBD 应急管理机制的建设进程很大程度上就是我国应急管理机制建设的缩影。

（二）CBD 应急管理建设的典型实践和成效

据全国各中央商务区调研情况与资料分析，目前各地区 CBD 的应急管理建设水平差异较大。以应急预案的编制和实施情况来看，部分 CBD 编制并实施了独立的基层单元应急预案，部分 CBD 科学运用属地行政区的应急预案，也有 CBD 依然停留在商务区管理办法中的应急管理条款。各地 CBD 实践模式和发展程度不尽相同，但也涌现出一部分重视应急管理建设且形成较为完善的应急管理机制的典型案例，其创新探索、因地制宜的经验和做法

---

[1] 应急管理部 2022 年 1 月例行新闻发布会，http://www.men.gov.cn/xw/xwfbh/2022nly20rxwfbh/，最后检索时间：2022 年 9 月 1 日。

对全国 CBD 有着重要的借鉴意义。本文将以上海虹桥商务区和北京 CBD 为例进行 CBD 应急管理机制建设的典型实践分析。

1. 虹桥商务区应急管理机制建设历程与主要做法

一是不断完善商务区应急管理政策与制度。2010 年 1 月，为了促进和规范上海虹桥商务区的开发与建设，上海市公布实施了《上海市虹桥商务区管理办法》（上海市人民政府令第 25 号），该办法专门设置了应急管理条款，成为加强上海虹桥商务区应急管理的制度依据。基于对管理办法应急条款的落地落实，上海虹桥综合交通枢纽应急响应中心作为枢纽应急联动的工作平台于 2011 年 5 月正式运行，成为上海虹桥商务区管理委员会领导与管理的应急状况综合协调和指挥中心，有效发挥了对各类突发事件的应急值守、信息汇总等职责。为建立科学完善的虹桥枢纽应急管理体制和机制，上海虹桥商务区依据国家和上海市相关法律、法规先后编制出台了虹桥商务区主功能区内特定区域（虹桥枢纽单元）的《上海虹桥综合交通枢纽突发事件应急预案（总案）》（2012 版）、《虹桥综合交通枢纽市级基层应急管理单元突发事件应急预案（总案）》（2015 版），明确虹桥枢纽单元突发事件的应对机制以及成员单位的应对行动和职责任务，有力地推动了枢纽逐步实现应急防范常态化、应急决策科学化、应急联动信息化、应急保障制度化的机制建设。2021 年，《虹桥国际开放枢纽中央商务区"十四五"规划》（上海市人民政府印发，沪府发〔2021〕14 号）对进一步加强商务区应急管理水平作了规划部署，对最大限度地预防和减少突发事件造成的损害、维护公众的生命财产安全、保障枢纽安全运行提出了新要求。

二是做好做实商务区应急管理防范环节关口前移工作。虹桥商务区按照"一网统管"要求，强化商务区综合指挥平台作用，加强商务区综合指挥平台建设，依托上海市城市运行平台，协调推进住建、水务、燃气等 9 个信息系统有关数据、图像、视频等接入整合。鉴于枢纽功能在商务区的特殊地位，加强枢纽运行保障是持续提高商务区综合管理水平的基础工作，商务区构建了枢纽运行管理单位以及公安、交通等各类枢纽服务保障部门的常态化联席会议机制，进一步完善了枢纽安检一体化运行机制，为联勤联动管理机制奠定制度化保障。将全区域全要素全方位推进市容环境整治提升作为应急管理防范工作的重要内容扎实推进，定期对商务区进博会服务保障重点区域、主要道路、主要节点等组织专项巡查，及时发现问题点位，针对问题清单，加强督促协调，实行靶向治理和销项管理，各类缺陷问题基本得到有效解决。同时，高标准严监管、零事故抓好建设管理领域整改整治，对在建工地开展各类安全隐患检查，及时开出整改通知，实现最大限度杜绝重大安全事故。

三是按照商务区特色开展综合指挥和应急处置工作。虹桥商务区通过不断完善预案体系和开展应急演练为应急处置工作提供制度依据和经验参考，目前已编制形成总体预案、区域预案和专项预案相结合的"1+3+6"预案体系。根据进博会以及疫情防控特殊时期的现实需求，商务区适时强化领导带班制度、24 小时值班值守工作制度、现场协调处置机制和信息报送制度。虹桥商务区以虹桥国际机场、虹桥高铁站为主要枢纽，拥有集民用航空、高铁、长途客运、轨交、公交于一体的综合交通体系和四通八达的骨干路网，其既是虹桥商务区的基本特色，也是其应急管理建设的难点。所有专项预案对突发事件的处理流程进行了规范化设置，明确交通事故发生后第一时间上报区域值班经理，值班经理上报 HOC 运控中心后，由运控中心统筹乘客的疏散，并及时拨打 110、120、119 请求救援。根据事故情况，启动《火灾事件专项处置应急预案》《大客流疏散专项应急预案》进行处置。虹桥枢纽设立的应急救护组、灭火组、疏散组、警戒组、设备组各司其职，会配合 110、120、119 做好救护准备和施救工作。当 HOC 运控中心向 ERC 应急响应中心请求启动应急联动方案后，铁路虹桥站、虹桥机场、虹桥公交站、地铁虹桥站、长途虹桥站就会立即响应，联动做好旅客的疏散工作，枢纽的应急水平得到有力保障。

四是高水平举办商务区应急管理实战性综合演练。为了不断提高商务区各应急管理单位之间信息共享和应急联动水平，保障重大突发情况和重要时间节点应急预案的高水平实施，上海虹桥国际中央商务区管委会多次牵头开展了火灾应急处置、大客流疏散联动等应急演练。应急预案（总案）作为组织应对突发事件的体制机制安排和行动依据，也是管委会和相关单位制定演练方案的指导性文件。其中，每年举办的虹桥综合交通枢纽综合演练由管委会应急管理领导小组负责指挥，商务区应急响应中心ERC为信息平台，上海虹桥枢纽建设发展有限公司负责现场具体实施，按照预案协调组织演练区域的相关单位共同参与完成。实战演练不仅强化了各方应急联动、增强了各单位间的协同性和凝聚力，更提升了枢纽各单位的应急意识和能力，对于提高火灾扑救、客流疏散的应急实效，进一步完善应急管理预案体系和体制机制，以及进一步建设平安枢纽和服务保障商务区发展安全夯实基础。

2. 北京CBD应急管理机制建设的创新探索与经验

一是多举措保障中央商务区的安全生产工作。安全生产是一切工作的红线和底线，北京CBD管委会通过部署"仗剑"专项行动、消防防汛等重点工作，督促各项目全面落实安全责任，积极开展安全生产月、"119"消防宣传月及各类应急演练活动。定期邀请朝阳区住建委、应急局、消防支队等部门指导安全生产工作，积极会同街道办事处和委内有关处室研究解决安全生产管理工作中的相关问题，系统推进安全生产小组成员的安全生产管理工作。为进一步提高行政管理效能，应不断优化推进CBD核心区施工现场联合检查制度。严格执行现场例检制度，在重点时期、重要时段开展不定期检查，确保安全质量管理落实到位。

二是紧抓三大安全管理，构建应急管理防灾工作体系。在CBD区域对出入人员和出入车辆加强"安防管理"，特别是在疫情防控期间持续做好对核心区人员出入的管理和对交通车辆现场的协调、指挥与调度，全天候坚持实名扫码核查和体温测量，每天两次对公共区域进行大面积消杀，公共区域未出现公共卫生突发事件、交通事故和物资偷盗事件。坚持运维精细化和长期化策略，强化道路与市政管线的"运行管理"，委托专业单位对核心区周边道路进行雷达检测，探明道路下方的空洞和特殊不良地质，及时排除道路和管线的安全运行隐患。坚持对地下市政管廊每日一巡，巡查发现问题及时与建设单位和专业公司进行联动，定期联系热力集团、自来水公司、电力公司等市政公司对管线进行巡检，及时处理热力支墩位移、自来水支线管线跑水、中水管线开焊漏水等问题，有效避免了次生灾害。重点抓好动火管理和消防安全隐患排查，全面压实"消防管理"工作，定期组织消防安全检查和"一警六员"消防知识实操实训，每月组织在建施工单位围绕"救早、灭小"开展消防演练，增强核心区各项目应急处突能力。

三是完善应急管理的风险评价体系，营造良好营商环境。以"大数据+信用"为支撑，建立企业优选体系和楼宇风险评价体系，初步形成"一网一库三平台"的信用体系框架，打造"CBD 区域诚信生态圈"。管委会积极与市经信局沟通，争取"北京信用管理服务创新先导区"的具体政策落地。利用 CBD 功能区产业转型升级及楼宇经济管理平台，月度协调工商、税务部分数据，及时发现经济发展中存在的问题，认真分析市场变化的原因，准确判断未来发展的趋势，为 CBD 科学决策提供参考。联系对接北京市三中院开展"定期会商""联合调研""法官工作站""远程立案登记""示范裁判""智慧送达"等工作，平等高效保护市场主体合法权益，为园区防范法律风险和化解纠纷，以及营造市场化、法治化、国际化营商环境提供有力保障。

四是高度重视 CBD 应急管理的舆论宣传与演练工作。管委会联合朝阳区消防救援支队举行了消防宣传月线上启动仪式，以"119"宣传月为契机，与公安消防部门和属地街道协同配合，开展消防宣传活动，筑牢消防安全屏障，营造安全氛围，防范化解灾害风险，筑牢安全发展基础。坚持下先手棋、打主动仗，初步形成了"预警—处置—反馈"的舆情联动机制，使舆情应对与处置更加高效。建立了覆盖管委会各处室中心的 CBD 网评员队伍，发挥舆情监测和引导作用，夯实网络意识形态工作。在 CBD 核心区举办超高层建筑消防安全演练活动，通过"一警六员"消防技能展示、火灾模拟演练、智慧消防讲解等多种方式，演练模拟核心区发生火情后周边楼宇单位物业联勤联动，共同参与、快速反应、有效组织，及时启动应急预案，并配合消防部门完成人员施救、火灾扑灭等环节流程，加强了北京 CBD 区域防范和化解高层建筑重大消防安全风险能力，提升区域高层建筑消防安全

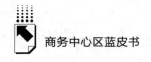

管理水平，上述举措为北京 CBD 区域消防安全形势持续平稳提供了重要保障。

二　CBD 应急管理机制建设面临的主要问题

我国自然环境复杂，自然灾害频发，加之国际社会发展不确定性和风险显著增加，自然与社会双重因素导致影响社会公共安全的各类突发事件日益增多。具体到 CBD 区域，要素密集，情况复杂，潜在的事故隐患和安全风险交织叠加，大多具有易发多发的特质，一旦发生往往损失严重，对公共安全的影响巨大。加强应急管理机制建设和能力提升是 CBD 面临的紧迫而重要的任务，目前还面临着诸多问题和不尽完善之处。

一是 CBD 应急管理的整体合力相对薄弱。CBD 的应急管理工作具有系统性和复杂性特点，需要由管委会主导，联系动员应急管理机构、管委会下属各部门、社会团体和公众的广泛参与或建立联席机制。但从目前来看，部分 CBD 应急管理职能尚未整合到位，协调配合亟须强化，应急管理工作部门之间甚至上下级之间防范突发事件的制度衔接或体制安排方面存在脱节情况，还有部分 CBD 尚未单独成立管理机构，由所在区级行政机构相关应急部门对商务区的防灾减灾救灾等工作进行落实。商务区突发事件的自主监测预警、联防联动等研判和快速响应能力相对薄弱。

二是部分 CBD 应急保障水平有所不足。推动 CBD 开展高水平实战演练是应急管理建设的重要保障，但部分商务区的实质性演练开展频次少或公开开展的应急演练存在内容单一、形式化、实战性不强等现象，较难产生明显的演练效果。在物资保障方面，应急装备不充足和应急物资储备不足的现象在 CBD 不同程度存在，还存在企业和个人重视不够、主要依赖政府的现象，同时应急预案与商务区实际结合不够紧密，应急能力与响应机制建设不到位，面对突发公共事件的应急响应能力不足。

三是 CBD 应急管理意识的宣传教育还需加强。从历年事故发生情况来看，部分企业防范意识程度和重视程度不足是灾害发生的重要隐患所在。针对 CBD 比较易发常发的突发事件开展相关领域知识、技术、技能的教育与培训，以及宣传和普及工作开展频次相对较少，而部分 CBD 企业未正确认识到重大生产安全事故的风险，应对准备不足，全方位提升 CBD 应对突发事件的能力和素养还需加强，需加强从源头上防范，将规章制度转化成人们的自觉行为。

四是 CBD 应急管理的特色救援与救助考虑不足。CBD 超高层写字楼群容纳庞大的工作人群，需要日常及时排查小隐患，将风险控制在最低水平。因其垂直高度高及体量大，在突发事故的紧急情况下，在楼宇内实施救援的难度大大增加。如何应对高楼里的突发安全事故、有效防范和化解高层建筑重大消防安全风险以及开展紧急避险和疏散工作，目前 CBD 应急管理工作预案中对此考虑较少或存在不足。

五是 CBD 应急管理体系需进一步加强建设。中央商务区管委会虽然属于市政府的派出机构，是统一实行单元应急管理的高层组织和推动机构，但部分商务区在应急管理机制联建共建方面的执行力度不够，缺乏一个高效的执行体系。特别是在战役过程中显现出很多政策是临时性应势出台，亟须多部门联合面向应急管理全生命周期建立配套工作清单，形成平时服务和战时应急相结合的工作模式。

三　建立健全 CBD 应急管理机制的建议

加强 CBD 应急管理体制机制建设，统筹发展和安全两个大局，推动其应急管理能力和治理体系现代化，是第二个百年目标新征程中 CBD 的发展建设重点。习近平总书记的应急安全相关论述强调，要坚持以防为主、防抗救结合的方针，日常生活生产中应做好机制建设、队伍建设，在突发事件中坚持以人为本，做好科学应对，有效减轻风险伤害等等，这些重要论述为新时代 CBD 应急管理机制建设指明了方向。《"十四五"国家应急体系规划》将城市高质量发展作为目标，突出重大安全风险的防范化解工作重点，关注自然灾害、事故灾难两类突发事件的防灾减灾救灾机制建设。CBD 应全面

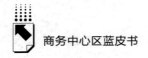

落实国家及省市层面的应急管理规划，加强商务区内应急指挥响应、应急视频监控和协调决策指挥等专项应急管理系统建设，健全金融稳定和风险防控机制为 CBD 经济社会的可持续发展提供安全保障。

（一）建立中央商务区特色应急管理教育培训体系

应急科普和应急动员有益于在中央商务区提升全社会应急安全相关理念和意识、全面推动应急能力建设。建立面向公众和应急管理人员的教育培训体系，对公众应急意识的提高、管理人员应急管理水平的提升具有重要的推动作用。许多关于应急管理的政策法规均指出应急科普宣教的重要性，习近平总书记关于应急管理的一系列讲话均强调了应急管理和安全发展中科普宣传、教育的重要性。因此，CBD 应主动联合突发事件相关管理部门、媒体等在中央商务区开展应急科普工作，开展常态化科普行动，扩大安全科普覆盖范围，组织开展 CBD 特色的 "双盲" 突袭式应急演练，不仅要普及安全知识，还要在全社会传播安全文化，通过各类应急技能培训和教育，为社会公众不断树立应急理念，加强应对突发事件的应急意识；通过开展宣传安全健康措施、引导社会舆论等工作，不断提升公众和应急管理人员处理和应对突发事件的能力。

（二）加强和完善中央商务区的应急避难设施的建设

党的十八大以来，我国应急避难场所等应急设施的建设标准和规模均得到明显提升。但是，就中央商务区而言，由于其建筑密集、人口密集、交通密集，目前应急设施的建设还远远不足，应进一步规范和加强 CBD 应急避难设施的规划、建设、使用与管理，为居民提供应对地震、洪涝灾害等各类突发事件紧急疏散、临时生活的安全场所。按照《防灾避难场所设计规范》国家标准，加快推进 CBD 区域内各级各类应急避难设施的规划、建设，按照应急功能、场地有效面积等分类设置应急设施，如建设紧急避难场所、固定避难场所、中心避难场所，保障每个商务区都具有应急避难基本功能和应急生活服务保障设施，形成满足 CBD 区域特色的应急设施建设体系，逐步提升应急救援场所保障能力，推动 CBD 防范和应对处置灾害事故的设施保障明显增强，对各类突发事件应急防灾避难能力有效提升。

（三）率先构建中央商务区"智慧应急大脑"支持系统

信息化、数字化是我国应急管理体系建设的基本要素，也是应急保障能力得以提升的必备条件。信息化、数字化建设与应急管理发展的统筹规划、协同推进是 CBD"智慧应急大脑"支持系统构建的主要导向。国家应急体系规划提出，2035 年要建立与基本实现现代化相适应的中国特色大国应急体系，全面实现智慧应急，形成共建共治共享的应急管理新格局。CBD 要在应急体系建设中发挥科技支撑作用，就需要系统推进应急管理云和智慧应急建设，率先构建"智慧应急大脑"支持系统，优先在 CBD 区域试点开展智慧应急大数据建设项目，全面建立与大数据发展相适应的应急数据治理体系，持续做好与城建、消防、交通、公安等相关部门的数据共享工作，加快完成应急管理应用系统的开发和智能化升级改造，不断完善"监测预警—指挥救援—灾情发布—灾后评估—监督管理"功能模块。同时，建立数字化指挥救援体系，逐步推进 CBD 综合指挥调度平台和地方应急指挥平台示范建设工作，探索形成跨部门协同推进的运行体系，为实现 CBD 应急管理机构与行业部门、重点救援队伍互联互通、协调联动提供信息沟通保障，有效提升极端条件下的应急通信能力。

（四）健全中央商务区金融稳定和风险防控机制

有序防范和处置金融风险，是强化金融风险防控、确保金融体系稳健运行、提高中央商务区经济发展水平的关键举措。通过建立金融风险防范和处置联席会议制度，形成金融监管部门、行业主管部门及公安、检察、法院等司法部门多方联动机制，完善工作预案，加强互联网金融等新兴业态的运行监测、风险研判和预案处置。坚持加快发展与强化监管相统一、依法治理与市场机制相结合，加强监管协同和监管能力建设，全面提升防范和化解金融风险的能力和水平。构建中央商务区金融企业风险预警和监测阵线，不断健

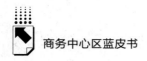

全和完善金融稳定与风险防控机制，对 CBD 金融企业和机构进行事前、事中和事后全过程监测预警，完善金融安全防线和应急处置机制，推动金融风险的防范和化解，为中央商务区营造良好的金融发展环境。

（五）充分发挥 CBD 应急管理社会监督作用

在突发重大公共事件中发挥统筹、释放、监督等多元主体的作用，是政府减负和落实应急管理工作的基础，也是 CBD 应急管理体系建设的重要目标。2021 年 11 月，为应急管理部门严格规范公正文明执法提供制度保障的《应急管理综合行政执法技术检查员和社会监督员工作规定（试行）》出台颁布。CBD 应根据应急管理综合行政执法实际需要、根据 CBD 实际情况制定实施细则，不断完善管理制度。通过对 CBD 辖区内行业领域安全风险现状进行分析、充分考虑执法管辖企业规模，重点检查企业类型、执法难度、执法能力水平等要素，科学合理地聘用一批实践经验丰富的专业技术人员任专职、兼职技术检查员。为解决 CBD 应急执法队伍专业人员缺乏的问题，可以通过推荐或者邀请的方式将具有较强法制意识和决策能力、热爱应急管理综合执法工作的人员择优聘任为社会监督员，广泛吸纳社会公众对 CBD 应急管理综合执法工作的意见和建议，找出风险隐患的问题线索，纠正违法行为，不断强化公众对行政执法工作的社会监督。

参考文献

《习近平总书记在中共十九届政治局第十九次集体学习时的讲话》，《人民日报》2019 年 12 月 1 日。

薛澜、沈华：《五大转变：新时期应急管理体系建设的理念更新》，《行政管理改革》2021 年第 7 期。

张铮、李政华：《中国特色应急管理制度体系构建：现实基础、存在问题与发展策略》，《管理世界》2022 年第 1 期。

程万里：《提升基层应急管理能力的实施困境与路径选择》，《人民论坛》2022 年第 8 期。

马宝成主编《中国应急管理发展报告（2021）》，社会科学文献出版社，2021。

本刊综合：《更好地统筹发展和安全 健全国家应急能力体系——解读〈"十四五"国家应急体系规划〉》，《中国应急管理》2022 年第 2 期。

上海虹桥商务区管理委员会编《2020 上海虹桥商务区发展报告》，新华出版社，2021。

国内案例篇

Chinese Experience Chapters

B.14
北京 CBD：
打造千亿级商圈的成效及经验借鉴

邬晓霞　王雪媛*

摘　要： 北京 CBD 紧紧把握北京培育建设国际消费中心城市发展机遇，加强疫情防控与经济稳定、打造营商环境高地、提升国际化招商水平、构建高端要素聚集地、加快消费转型升级，不断探索创新，在发展成为千亿级规模的世界级商圈的过程中，总结出一系列可复制、可推广的经验和举措，通过加强政策引导和制度保障、扩大对外开放水平和国际交流合作、提升营商环境和综合治理水平、推动绿色和智慧基础设施建设、培育新产业新业态新模式等方式，助力中国 CBD 发展建设。

关键词： 北京 CBD　千亿级商圈　国际消费中心城市

---

* 邬晓霞，经济学博士，首都经济贸易大学城市经济与公共管理学院副教授，硕士生导师，主要研究方向为区域政策、城市与区域发展；王雪媛，首都经济贸易大学硕士研究生，主要研究方向为城市与区域发展。

受新冠肺炎疫情的持续影响，国际经贸摩擦形势严峻，逆全球化趋势加剧，为推动疫情后的经济复苏，维持经济总体向好，中共北京市委、北京市人民政府印发《北京培育建设国际消费中心城市实施方案（2021—2025年）》，推动消费转型升级，提高对外开放水平，维持经济高质量发展，将北京建设成为国际消费中心城市、国内大循环的核心节点和国内国际双循环的关键枢纽。方案提出，北京力争花费 5 年时间，培育建设 2~3 个千亿级规模的世界级商圈。为打造一批国际化、品质化、便利化商圈，北京印发《关于进一步促进商圈发展的若干措施》，提出了 14 条促进商圈发展的具体举措，为北京 CBD 的发展带来了重大机遇。北京 CBD 作为品质消费"金名片"，依托华贸、国贸、北京 SKP 等商业综合体，推动商圈提质升级。辖区内多个企业共同发起成立北京 CBD 商圈联盟，通过商圈联动、政商合作等方式，发挥节点作用，促进国际商贸往来，传递中国 CBD 理念，形成区域发展合力，全力打造具有国际影响力的消费地标，助力北京国际消费中心城市建设。在不断探索的过程中，北京 CBD 汇总提炼出可复制、可推广的经验和举措，并在优化营商环境、吸引高端要素集聚、促进经济发展等方面成效显著。

一　北京 CBD 千亿级商圈建设的创新做法

（一）加强疫情防控与经济稳定

面对新冠肺炎疫情的冲击，北京 CBD 在积极采取科学防疫措施、巩固抗疫成果的同时，多措并举，落实助企纾困政策和稳定经济增长方案，优化服务水平，鼓励灵活办公，全面推动复工达产，以减缓疫情的影响，做到稳增长促发展。

1. 采取科学防疫措施

北京 CBD 积极运用科技赋能防疫，通过数字化技术手段，提升核查效率和保障安全性。数智机器人基本实现楼宇和商圈全覆盖，出入人员进行刷

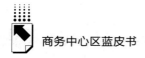

脸或刷身份证件，可立即得到健康码、行程码、核酸结果等8种信息，保证通行效率。送餐智能机器人提供足不出户的智能购物配送服务，有效避免接触。此外，华贸中心采用全新风运行系统，正大中心采用UV杀菌空气净化系统，北京银泰中心投入智能消毒扫地机器人和"紫外线消毒—过滤除尘"设备，国贸中心采用绿色环保的"纳米光触媒杀菌涂层"新技术等，对复工复产、复商复市的楼宇进行有效杀菌消毒，高效推进疫情防控，保障经济社会发展。

2. 推动经济稳定增长

在疫情期间，北京CBD为保障经济的良好发展，一是贯彻落实《关于进一步释放消费潜力促进消费持续恢复的意见》《北京市统筹疫情防控和稳定经济增长的实施方案》以及《关于助企纾困促进消费加快恢复的具体措施》等政策，从加大对生活服务业帮扶力度、鼓励大型商业设施给予驻场商户租金减免、开展新能源汽车促销活动、扩大绿色节能消费、发展线上线下融合消费、壮大直播电商消费、激发商圈消费新活力、办好北京消费季品牌活动、加快形成时尚品牌聚集引领效应等九个方面助企纾困，激发消费活力，推动经济稳定增长。二是优化营商环境，加强企业服务力度，通过线上沟通、云服务等手段，开展项目招商与企业服务，保障企业项目顺利对接。三是促进大宗消费，培育数字新消费，建设网络消费市场，挖掘消费潜力。四是逐步复工复产，除恢复堂食外，各景点、公园、图书馆、电影院、美术馆、文化馆等场所按75%限流开放，较好实现防住疫情、稳住经济、安全发展等目标。

（二）打造营商环境高地

良好的营商环境有助于吸引经济发展要素，降低企业运行成本，激发市场活力。北京CBD通过构建便捷高效的政务服务环境、开放共赢的贸易投资环境、绿色智慧的"硬件"环境以及宜居宜业的人才服务环境，提升北京CBD经济发展"软实力"。

1. 构建便捷高效的政务服务环境

北京 CBD 为打造便捷、高效、普惠、透明的政务环境，一是贯彻落实"放管服"改革。在做好"放"和"服"的同时，创新监管方式，加强监管力度。二是成立了中国（北京）自由贸易试验区国际商务服务片区北京 CBD 招商服务中心，成为北京市首个集政务服务和招商服务于一体的综合性招商服务中心。服务中心为企业提供前期咨询、办公选址、证照手续办理、后期诉求解决等"一站式、便捷化、高效性"的服务，还定期举办招商推介、企业座谈、产业研讨等活动，促进企业间交流合作。三是通过"大数据+政务"的方式，提升服务质量，简化办事程序，使政务服务更加便捷、精准、高效。

2. 构建开放共赢的贸易投资环境

北京 CBD 为打造自由、便利、开放、共赢的贸易投资环境，一是贯彻落实国家及北京市扩大对外开放、积极利用外资的若干措施及细则，推动金融服务领域改革，保障资本跨境流动便利化，鼓励符合条件的境内外机构开展跨境金融服务，吸引国内外投资商投资北京 CBD 建设。二是在现有开放平台基础上加快创新，在创新监管服务模式、促进服务贸易自由化便利化方面先试先行，出台税收优惠政策，提升纳税服务质量，使入驻企业获得感提升，使对外开放程度进一步扩大。三是借助全球唯一一个国家级、国际性、综合型的服务贸易平台——服贸会，扩大服务市场，提升服务贸易开放能级，强化北京 CBD 的品牌效应和传播力，发挥引领作用。

3. 构建绿色智慧的"硬件"环境

北京 CBD 持续推进区域绿色发展，打造智慧交通体系。一是提升绿色生态景观品质。打造 CBD 城市森林公园，完善森林公园功能，稳步推进街角口袋公园建设，增加绿地面积。以 CBD 森林公园为中心，连通中航工业花园、庆丰公园、通惠河滨水绿化带等，建设健康绿道和绿色慢行系统，提供高品质休闲、娱乐和健身场所。二是提升节能智能楼宇品质。北京 CBD 凭借超高的 LEED 渗透率，成为国际写字楼"绿化"程度最高的 CBD 之一。新建和既有楼宇共认证 32 个项目，区域 LEED 总认证面积 457.86 万平方米。三是提升智慧交通通达性。北京 CBD 有力推进智慧交通综合治理工程，目前，CBD 商圈交通治理已基本完工，治理面积约 4 平方公里，涉及 33 条道路。区域轨道交通布局加密，推进北京地铁 17 号线（CBD 线）、28 号线、22 号线建设工作，打造 14 号线商业带，联通沿线 6 座大型商圈，加快落实北京 CBD 到北三县试点运行定制快巴工作，使人们出行更加便利。升级改造停车诱导系统，构建停车数据管理平台，发布区域性停车数据，精准引导停车，试点实行共享停车、错时停车，缓解停车难问题。引入氢能源商务班车，积极践行绿色出行，解决区域白领通勤最后一公里问题。

4. 构建宜居宜业的人才服务环境

北京 CBD 不断提升区域内人才服务品质。一是推进国际化教育。完善高端人才培训体系，为区域跨国公司及优质企业提供培训服务。建设人才服务平台，提升人才服务能力，组织俱乐部年会及主题联谊等活动，深化政企、企企沟通交流。二是提升国际医疗服务水平。与国际一流医学院校和医院有效对接，与国际知名保险机构、国内外商业保健机构深化合作，提升医疗急救服务能力。三是丰富公共文化活动。通过成立北京 CBD 公共文化发展专业委员会、召开 CBD 公共文化发展圆桌会、举办 CBD 艺术季等活动推动区域产业与文化艺术的良性互动。选取地下廊道、商业楼宇等空间进行艺术化改造，定制大型装置雕塑，进行地绘、墙绘，丰富人们的文化艺术生活，创造优质的艺术环境，助推区域文化事业发展。

（三）提升国际化招商水平

提升国际化招商水平，有助于弥补企业资金不足，提升企业管理水平，增加企业的国际竞争力。北京 CBD 不断提升国际化招商水平，通过构建全球招商体系、创建创新服务中心等方式，为推动区域经济高质量发展注入强劲动力。

1. 构建全球招商体系

北京 CBD 创新建立了"4+N+1"的全球招商体系，即 1 本目录、1 支队伍、1 套政策、1 个大厅、N 个招商联络站、1 个归巢行动。1 本目录为产业指导目录和招商引资目录，重点引入金融创新、数字经济、总部、功能型机构等领域企业，引导市场精准招商；1 支队伍为由招商公司、楼宇联盟、楼宇金牌管理员以及专业中介机构、行业协会等各方资源联合打造的 CBD 金牌招商队伍；1 套政策为"CBD 高质量发展 18 条"，加大总部、功能性机构、文化、商业、数字经济等领域重点企业的引进力度；1 个大厅为北京市首个集政务服务、招商服务于一体的综合性招商服务中心，为企业提供"一站式、便捷化、高效性"的服务内容；N 个招商联络站为在国内外重要国家和地区设立的招商联络站，已建上海、香港、新加坡等 5 个分站，预计还将设立英国伦敦、日本东京等海外招商分站；1 个归巢行动为通过"大数据+政务"的方式，精准对接有意向回迁的企业，实现更多异地企业回迁。

2. 创建创新服务中心

北京 CBD 管委会联合北京朝阳海关建立全市首个"B&R·RCEP 创新服务中心"，为共建"一带一路"（B&R）国家、RCEP 成员国的进出口企业提供多项服务，助力企业享受 RCEP 带来的红利，助力"两区"建设。创新服务中心成立后，为企业提供 AEO 高级认证培育孵化、原产地证明打印、RCEP 税率展示等多项服务，并协助北京朝阳海关为企业提供贸易便利化政策咨询，企业通过"RCEP 经贸规则一点通"最优关税便利化查询系统，可以快速查询进出口的优惠税率。创新服务中心的服务内容对"走出去"和"引进来"的企业意义重大，为"走出去"企业拓宽海外合作渠道，加强与东盟、日本、韩国等商会、行业协会对接；为"引进来"企业提供"一对一"服务支持，促进国内外企业的沟通合作和商业往来，为提高区域对外开放水平提供有力支撑。

（四）构建高端要素聚集地

高端要素集聚，有助于实现产业高端化，推动区域经济高质量发展。北京 CBD 通过提升总部经济能级、加速首店经济聚集、增强楼宇经济效益、聚焦数字经济业态等方式，吸引高端要素资源和创新资源集聚，促进北京 CBD 国际化和高质量发展。

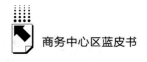

1. 提升总部经济能级

北京 CBD 坚持引进与提升相结合，加大优势领域的开放力度，制定符合跨国公司总部发展的政策，适度放宽认定标准，对总部设立高端功能性机构予以支持，吸引跨国公司总部入驻，提高国际化程度。通过总部集群带来的产业集聚效应，带动上下游关联企业集聚。为企业提供学习交流平台，通过集群带来知识溢出效应，带动产业转型升级。

2. 加速首店经济聚集

北京 CBD 贯彻落实《促进首店首发经济高质量发展若干措施》、《促进中国（北京）自由贸易试验区国际商务服务片区北京 CBD 高质量发展引导资金管理办法（试行）》以及《北京培育建设国际消费中心城市实施方案》等政策，对行业代表性品牌首次开店出台一系列扶持措施，加大重点项目引进。凭借国际化的区位优势、高品质的服务、不断优化的营商环境以及具有前瞻性的商业配套规划，为首店聚集提供发展基础。不断激发市场主体的积极性和创新性，推动时尚与传统、高品质与便利性有机结合，进一步加快培育中国品牌，将北京 CBD 打造成为具有国际影响力的消费地标，助力北京成为国际消费中心城市。

3. 增强楼宇经济效益

北京 CBD 持续增强楼宇经济效益。一是打造"楼宇管理员"工作机制，举办楼宇金牌管理员培训班，对内维系整个写字楼的招商、运营、管理等关系；对外搭建政府、企业、专业机构交流合作的平台，将招商引资政策和服务为企业送上门。二是组建 CBD 楼宇咨询专家团，根据实际发展阶段，动态修订《CBD 楼宇品质分级评价标准》，推动楼宇品质不断提升。三是运用大数据、云计算等手段，完善 CBD 楼宇经济平台，分析日常采集数据，完成对 CBD 楼宇运营情况的动态化、智能化监管。四是结合北京 CBD 主要产业，打造特色楼宇，吸引相关产业集群化、专业化发展。

4. 聚焦数字经济业态

一是构建国内首个 L4 级别高精度城市级数字孪生平台，打造 1∶1 全要素、高拟真的北京 CBD 版"数字新基建"。二是发布北京 CBD 全球数字会客厅，从数字化招商、办公服务及商务拓展与推广等三方面，为企业线上办公和真实场景的商务洽谈提供良好环境。三是打造北京 CBD 全球创新创业云中心，创造集创新交流、资本孵化与企业服务于一体的时空融合数字空间，具备创业辅导培训、创业路演、产品发布、投融资对接、孵化加速、政务服务、人才服务、党员报到等功能，助力创新创业团队发展。四是打造北京 CBD 产业链供应链数字服务平台，包括大宗商品采购、冻品、农产品、跨境贸易、平行进口车交易等场景，接入产业供需两端的企业，进行 B2B 交易撮合，使产业链中的信息流、资金流、商流和物流线上化，与金融机构相链接，形成交易信用赋能交易各方，使产业端和资金端线上对接，实现数字供应链金融服务 3.0 体系，同时能够为交易链中各类小微企业的直接融资和普惠融资提供综合金融服务。五是与北京国际大数据交易所联合发布"北京 CBD 跨国企业数据流通服务中心"，为企业数据跨境业务提供咨询、合作对接等专业服务，构建数据安全产业体系和数据跨境生态体系。六是建立集行业组织、外贸企业、现代物流、机场港口、金融机构于一体的贸易数据共享链，借助数字化手段打通贸易环节，逐步实现跨境贸易全链条的数字化、交互化和场景化，让跨境贸易更加可信、高效与安全。通过搭建数字经济应用平台，推动北京 CBD 成为具有全球影响力的数字经济标杆区域。

（五）加快消费转型升级

北京 CBD 多措并举，从开创多样化消费模式、提升市场消费环境和成立 CBD 商圈联盟三个方面，推动消费转型升级，将北京 CBD 打造成为商务综合消费首选地。

1. 开创多样化消费模式

为缓解新冠肺炎疫情对消费的冲击，北京 CBD 积极开创多样化消费模式。一是培育线上消费模式。贯彻落实《关于鼓励开展 2022 年网络促消费活动培育壮大网络消费市场的通知》，推动线上技术与线下批发和零售融合发展。通过建设直播基地，促进线上带货、打造网红街区等方式，发展

"网红经济"，形成消费新模式。二是发展线下消费模式。启动北京 CBD 消费节，开展"国际"遇见"国风"、艺术流淌在 CBD 消费节、消费链接美好生活系列时尚消费活动，优化消费供给，促进线下消费回暖。把握"超集好"品牌跨境精品北京首店在秀水街开业契机，积极开展线上线下跨境体验精品店、实体商业布局以及品牌出海等方面的合作，引进国际优价好货，出口中国制造与中国设计。此外，北京 CBD 积极发展夜间经济、无人零售、文化旅游消费、"科技+体育"消费、健康消费等新业态和新模式，提升 CBD 消费水平。

2. 提升市场消费环境

一是加快传统产业转型升级。贯彻落实《朝阳区打造国际消费中心城市主承载区行动计划》，建立"品牌+项目"清单化管理、"国内+国际"一体化推进、"产业+区域"协同化发展的工作机制。二是加速国内外知名品牌、前沿消费业态聚集。引进国际高端品牌，打造国际新品首发平台，提升产品更新速度，引入各类时尚前沿消费业态，打造潮流消费集聚地。三是培育本土高端特色消费品牌。北京 CBD 先后揭牌国潮孵化器和餐饮孵化加速器，成立北京 CBD 餐饮联盟，举办新消费品牌孵化论坛和闭门会议，促进消费品牌与场景、资本的加速对接。发挥优质客户群体优势，在重点区域增设国货精品专区。

3. 成立 CBD 商圈联盟

为助力北京 CBD 打造"千亿商圈"，由中国国际贸易中心、北京银泰中心 in01、财富购物中心、北京嘉里商场、华贸中心、北京 SKP 等企业共同发起成立北京 CBD 商圈联盟。积极开展商圈联动和政商合作，促进商业项目互动交流，使联盟成员形成合力，不断加强商圈与供应链上下游合作，推动新产品、新品牌、新业态加速聚集，打造北京 CBD 品牌消费活动，充分释放消费潜力，推动商圈错位发展。秀水街在"北京 CBD 商圈联盟成立仪式暨北京 CBD 消费节启动仪式"上分享商圈建设经验。三悦科技、中国工商银行、腾讯文旅等商圈联盟成员在以"数字化转型"为主题的沙龙上，为疫情防控常态化背景下商圈抢抓数字经济发展新机遇提供对策建议。联盟成员联合助力北京 CBD 打造"千亿商圈"，推进北京国际消费中心城市建设。

二　北京 CBD 千亿级商圈建设取得的成效

（一）经济发展提质增效

北京 CBD 紧抓"两区"建设发展机遇，贯彻落实《北京培育建设国际消费中心城市实施方案（2021—2025 年）》，培育建设千亿级规模的世界级商圈，重点聚焦金融创新、数字经济、总部、功能型机构等领域企业的招商，推动北京 CBD 产业结构升级，保证宏观经济稳步复苏。2021 年，北京 CBD 中心区营业收入 7079.2 亿元，同比增长 5.5%；税收 639 亿元，同比增长 8.6%，占全区的比重为 28.6%，占全市的比重为 4.5%；地均产出 1025.6 亿元/平方公里，同比增长 8.8%，劳均产出 210.5 万元/人，与 2020 年基本持平，社会消费品零售总额为 434.6 亿元，同比增长 14.1%；北京 CBD 功能区营业收入 21073.4 亿元，同比增长 20%；税收 1322.1 亿元，同比增长 15.4%，占全区的比重为 59.2%，占全市的比重为 9.4%；实现区级收入 283.9 亿元，同比增长 2.3%，社会消费品零售总额为 1359.3 亿元，同比增长 15.4%。[①]

（二）高端要素集聚能力增强

一是企业入驻意愿加强。2021 年，CBD 中心区新注册企业 3323 家，同比增长 23.1%，其中，外资企业 273 家，同比增加 44 家，增速达 19.2%，税收为 292.1 亿元，同比增长 11%；CBD 功能区新注册企业 15672 家，同比增长 4.2%，其中，外资企业 896 家，同比增加 126 家，增速达 16.3%，税收为 631.3 亿元，同比增长 33.1%。CBD 中心区和功能区的外资企业税收

---

① 资料来源：北京商务中心区管理委员会提供数据。

占总税收的近一半。二是总部经济加速集聚。中合融资、正大集团多版块总部、爱尔兰老城堡（CHR）集团亚太区总部、翠丰集团、北京百安居、安斯泰来中国总部等集聚北京 CBD，注册资本不断提高，经济能级持续提升。三是首店经济再创新高。2021 年，北京市共引入首店 901 家，朝阳区引入 483 家，其中北京 CBD 商圈引入 157 家，是北京市首店引入最多的区域。其中，SKP 和 SKPS 引入首店 34 家，国贸商城引入 22 家，SKP 蝉联全球"店王"，销售收入超 240 亿元，同比增长 35% 以上。2022 年上半年，北京市新开设首店、旗舰店、创新概念店 393 家，CBD 商圈落地首店62 家，数量远超其余四大核心商圈，为北京 CBD 打造千亿级商圈持续赋能。四是楼宇经济持续增强，2021 年，CBD 中心区过亿元楼宇 55 座，同期增加 9 座，过 10 亿元楼宇 12 座，同期增加 3 座，过 20 亿元楼宇 6 座，同期增加 2 座，过 50 亿元楼宇 3 座，同期增加 1 座，中信、国贸、中海广场税收超过 80 亿元。CBD 功能区税收过亿元楼宇 143 座，同期增加 19座，过 10 亿元楼宇 19 座，同期增加 4 座，过 20 亿元楼宇 9 座，同期增加3 座，过 50 亿元楼宇 6 座，同期增加 2 座。五是数字经济提质增效。推动新伦供应链、万普数字北京、泰康养老等商务服务、科技互联网、金融和生物医药领域的企业集聚。鼓励北京擎盒科技有限公司成功入驻北京 CBD全球创新创业云中心。此外，首次尝试在数字孪生会客厅举办音乐会，成为国内古典音乐内容在数字孪生空间的初体验，为数字娱乐产业发展提供新方向。

（三）营商环境不断优化

一是北京 CBD 创新建立了"4+N+1"的全球招商体系，编制产业指导目录和招商引资目录，精准招商引资。打造 CBD 金牌招商队伍，加强业务配合，已为 150 余座楼宇 800 余人次提供培训。出台"CBD 高质量发展 18条"，加大重点领域支持力度。启动北京首个集政务服务与招商服务于一体的综合性招商服务中心，完成 151 次接待工作，举办 45 场活动，为 106 家企业提供 400 余项工商、税务、社保等业务服务，有 83 家企业落地，创造

3.7 亿元税收。通过"大数据+政务"的方式，积极对接康菲石油、戴德梁行、中建投信、嘉实基金等重点企业，实现异地企业回迁。二是制定《CBD楼宇品质分级评价标准》，评出顶级楼宇 1 座、超甲级楼宇 12 座、甲级楼宇23 座，北京 CBD 楼宇品质分级评价标准将逐步向全国推广。三是创新建设L4 级别高精度的城市级数字孪生平台，构建真实的 CBD 虚拟空间，保障企业数字化转型，打造数字化产业生态。四是完善信用管理体系，持续打造"守信激励、失信惩戒"诚信生态圈，北京 CBD 入选北京市"北京信用管理服务创新先导区"。

三 北京 CBD 千亿级商圈建设对中国 CBD 的借鉴启示

北京 CBD 作为品质消费"金名片"，以品质化、特色化、国际化为导向，有针对性地强化政策引导、完善配套设施、优化资源配置，全力打造千亿级商圈，形成具有国际影响力的消费地标，助力北京国际消费中心城市建设，对于中国 CBD 发展起到一定程度的借鉴作用。通过加强政策引导和制度保障、加强对外开放水平和国际交流合作、提升营商环境和综合治理水平、推动绿色和智慧基础设施建设等领域的重点突破，促进中国 CBD 经济发展提质增效。

（一）加强政策引导和制度保障

CBD 建设是具有长期性、艰巨性的系统工程，政府必须充分利用其职能，在战略层面发挥宏观引领作用，对 CBD 发展建设的基础进行全面摸底和研究评价。借鉴北京 CBD 发展经验，打好"政策+方案+清单"组合拳，制定《北京 CBD 高质量发展引导资金管理办法》为 8 个领域的企业和机构提供资金以及办事绿色通道等支持，出台《中国（北京）自由贸易试验区国际商务服务片区北京 CBD 实施方案细则》打造"23345"对外开放新格局，通过"七清单"管理工作方法，强化资源管理，以实际需求为导向，高效解决企业诉求。制定科学的、具有前瞻性的 CBD 发展规划，明晰 CBD

建设的发展目标和发展路径，并随着试行的实际情况同步进行修订，确保CBD 长期高效发展。

（二）加强对外开放水平和国际交流合作

一是要对标国际一流 CBD，制定全面的开放规则和政策保障，构建合理的开放结构，明晰开放领域。二是要具备开放意识，借助服贸会、广交会、进博会三大展会，搭建国际商贸、国际会议会展、国际体育文化交流平台，创新 CBD 多元合作模式，探索多领域战略合作关系，推动跨国家、跨地区交流，实现信息互通、资源共享。三是坚持"向外看""向内看"相结合，把握中欧投资协定（CAI）、区域全面经济伙伴关系协定（RCEP）签署契机，积极拓展国际贸易合作，加快培育与欧洲国家、共建"一带一路"国家、新兴经济体的贸易关系，加大对外开放力度，吸引总部企业入驻和境外优质资源集聚。同时，发挥企业主体作用，进行政策引导，鼓励本土优势企业在全球布局，开拓国际市场，提升在全球价值链分工中的位势。

（三）提升营商环境和综合治理水平

一是构建全生命周期现代企业服务体系。打造一站式综合行政服务平台和总部经济与企业大数据管理服务平台，建立服务管家机制、企业管理多部门联动机制以及企业服务开放性评价机制，为重点企业提供高效、便捷和精准的服务。二是提升贸易投资自由、便利化水平。贯彻落实国家、所在省、市利用外资若干措施及实施细则，促使外资跨境流动便利化。在外资领域实行"放管服"改革，创新监管模式，促进服务贸易自由、便利化发展。出台重点领域的税收优惠政策，提升纳税服务质量，增强入驻企业的获得感。三是营造便捷、高效和透明的政务环境。推进"放管服"改革，提升服务质量，简化办事程序，在做好"放"和"服"的同时，加强监管，创新监管方式。加强政企联动，建立政企对话、企业服务机制和企业走访机制，及时明晰企业需求，实施定制服务。四是营造国际一流创新创业生态。加强众创空间、创新孵化器、创新扶持计划、知识产权保护等软硬环境建设，统筹协调区域创新资源，促进产学研用协同开放创新。

（四）推动绿色和智慧基础设施建设

一是着力打造绿色 CBD。整治城市生态环境和市容风貌，提升绿色生态景观品质，加大绿地覆盖率，提高绿地开放程度，提升绿地连通性，打造健康绿道网络和绿色慢行系统，提供商务高品质休闲、娱乐健身和旅游观光的重要载体。提升 CBD 楼宇品质，鼓励楼宇按绿色建筑评价体系运营，提高 LEED 渗透率，打造绿色、低碳、健康的办公居住环境。二是着力打造畅达 CBD。构建集高架交通、路面交通和地下交通于一体的立体交通系统，布局轨道交通与公共交通有效衔接的畅行交通网络，打通断头路，完善区域道路网建设。推动智能停车诱导系统全覆盖，充分利用、盘活现有停车场地资源，加快推进公共停车场建设，优化停车位管理制度，实行共享停车、错峰停车等手段，增加有效供给。运用信息技术和经济手段增强停车挤出效应，综合治理停车难问题。利用大数据、云计算、车路协同、5G 物联网等现代信息技术，实现信号协同控制、多维非现场执法、全息交通感知和高效信息服务，推动科技治理，动态制定治堵方案。

（五）培育新产业、新业态、新模式

一是发展数字经济产业，通过 5G、大数据、云计算、人工智能、物联网、区块链等新技术，基于城市海量数据，建设数字孪生时空信息管理平台，促进金融业、房地产业、商务服务业、批发和零售业等传统产业数字升级，培育移动金融、云端教育、在线服务、远程咨询、电商电竞等新业态与新模式。二是发展文化传媒创意产业，通过"互联网+媒体"等新模式，促进传统媒体与新媒体融合，促进现代信息技术与文创产业融合，构建新型数字创意产业。大力发展"网红经济"，建设直播基地，促进线上带货、打造网红街区，形成消费新模式。创新文化传媒创意企业融资模式，构建国际文化产品展示交流交易平台，促使文化投资和贸易便利化，培育具有国际竞争

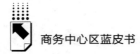

力的外向型文化企业。三是发展高端时尚产业，将引进国际高端时尚品牌和企业与培育中国本土时尚品牌相结合，丰富多元化、个性化、品质化消费和服务供给。将高端时尚产业与商业、文化、旅游、会展、休闲、娱乐、高端消费、高端服务等融合发展，将 CBD 等商圈打造成为国内外知名品牌集聚地和原创品牌"孵化地"。

参考文献

北京商务中心区管理委员会：《北京 CBD 各楼宇科技防疫升级助力疫情防控》，https：//mp. weixin. qq. com/s/0slBiCCHz_ HZvboJ0X6DwQ，2022 年 6 月 9 日。

北京商务中心区管理委员会：《商务领域 19 条新举措，助企纾困促进消费》，https：//mp. weixin. qq. com/s/3dr7w918at8QyNPdROUcvg，2022 年 7 月 12 日。

北京商务中心区管理委员会：《复工复产正当时，北京 CBD 商圈重拾烟火气》，https：//mp. weixin. qq. com/s/Hj1ilMsYiwc5_ rzZhA2VdA，2022 年 6 月 8 日。

北京商务中心区管理委员会：《央视点赞北京 CBD，引领绿色商务发展》，https：//mp. weixin. qq. com/s/NmCTiZKU0EPcG0q6eiNbCQ，2022 年 2 月 23 日。

北京商务中心区管理委员会：《不烧油不耗电，北京 CBD 氢能源商务班车带您一路绿色通行！》，https：//mp. weixin. qq. com/s/WO9mWV_ DnCTIHajQh_ Um5w，2022 年 7 月 15 日。

北京商务中心区管理委员会：《携手大湾区、开创新未来——北京 CBD 全球招商联络站广州、深圳分站揭牌》，https：//mp. weixin. qq. com/s/Lb92trkHzVstTLcXGS0ZOA，2022 年 3 月 24 日。

北京商务中心区管理委员会：《"B&R·RCEP 创新服务中心"首落北京 CBD——进出口企业可享 RCEP "一站式"服务》，https：//baijiahao. baidu. com/s？id ＝1728909776787701692&wfr＝spider&for＝pc，2022 年 4 月 1 日。

北京商务中心区管理委员会：《首店聚集！北京 CBD 助力首店经济发展》，https：//mp. weixin. qq. com/s/oUNMtoTwHKXvNesBitPD3Q，2022 年 4 月 8 日。

北京商务中心区管理委员会：《北京 CBD：国际化"金名片"愈加闪亮》，https：//mp. weixin. qq. com/s/5yOeZe7tX2b061oaW88hkA，2022 年 6 月 16 日。

北京商务中心区管理委员会：《数字化赋能传统行业，加快建设具有全球影响力的数字 CBD 标杆区》，https：//mp. weixin. qq. com/s/XoESZ5dZFBdRJI5G6OZtpw，2022 年 7 月 31 日。

北京商务中心区管理委员会：《北京 CBD 全球数字会客厅正式发布——开启互联网

3.0 时代的全新体验》，https：//mp. weixin. qq. com/s/n8gtxWAqHRT0SQ5l8EzYww，2022年 5 月 20 日。

北京商务中心区管理委员会：《北京 CBD 全球创新创业云中心正式发布——开创 Web3.0 时代创新创业新模式》，https：//mp. weixin. qq. com/s/uomzhTJNE94Mn3MuG3Zg5w，2022 年 5 月 27 日。

北京商务中心区管理委员会：《重磅！北京 CBD 产业链供应链数字服务平台发布》，https：//mp. weixin. qq. com/s/uiiSbpq9DlxgZwokMjn9BA，2022 年 6 月 2 日。

北京商务中心区管理委员会：《北京 CBD 商圈联盟成立，消费链接美好生活》，https：//baijiahao. baidu. com/s？id=1730233930438947845，2022 年 4 月 16 日。

北京商务中心区管理委员会：《首店经济引领消费新潮！北京 CBD 商圈一季度落地首店 31 家》，https：//mp. weixin. qq. com/s/4ZuBbP4wDDXwjq9My5Q4nQ，2022 年 6 月 23 日。

北京商务中心区管理委员会：《提升商圈发展品质，吸引创新消费业态，北京 CBD 聚焦国际消费中心城市建设》，https：//mp. weixin. qq. com/s/mu7ZL7ryRHPd8NDiO9shEQ，2022 年 2 月 10 日。

北京商务中心区管理委员会：《打造千亿商圈助力消费升级，北京 CBD 出招为促消费"添滋加味"》，https：//mp. weixin. qq. com/s/3YQ8hwVHhIiDiBa0a6mQ0Q，2022 年 7 月 21 日。

北京商务中心区管理委员会：《北京 CBD 商圈联盟举办首场主题沙龙，助力商圈数字化升级》，https：//mp. weixin. qq. com/s/8gRmwlT7gLEGvfGy9p3KfA，2022 年 7 月 13 日。

B.15
基于元宇宙的智慧治理：
北京 CBD 和上海 CBD 的实践探索

张鹏飞　单菁菁*

摘　要： 元宇宙作为一个与现实世界映射和交互的虚拟世界，是疫情防控常态化背景下数字政府建设的最终模式。本文在系统论述元宇宙的概念特征、核心技术等基础上，阐释了元宇宙应用于 CBD 智慧治理的可行性与主要问题，并结合韩国首尔等在元宇宙应用中的最新探索，结合北京 CBD、陆家嘴金融城和虹桥国际 CBD 在智慧治理方面的实践案例，从完善元宇宙的基础性制度、建立"元界政务平台"和"元界产业平台"提出未来基于元宇宙进行 CBD 智慧治理的政策建议。

关键词： 元宇宙　智慧治理　虚拟世界　数字孪生

　　元宇宙（又称"元界"）正在引致全球经济社会范式发生新变革，能够最大限度地以非面对面的交流方式来提升政府公共服务能力，并为企业布局未来虚实交互平台提供基础支撑。目前，北京 CBD、陆家嘴金融城和虹桥国际 CBD 在元宇宙智慧治理方面进行了大量的探索，为未来进一步推进 CBD 基于元宇宙的智慧治理具有很好的启示作用。

---

* 张鹏飞，上海社会科学院世界经济研究所助理研究员，主要研究方向为数字经济与区域经济等；单菁菁，博士，中国社会科学院生态文明研究所研究员，主要研究方向为城市与区域发展、城市与区域治理、国土空间开发与治理、生态环境与可持续发展研究。

230

一　元宇宙的概念特征、核心技术与商业模式

元宇宙（Metaverse）一词最早于 1992 年出现在科幻小说《雪崩》中，直到 2021 年 Facebook 宣布将投入巨资打造元宇宙后，才得到社会各界的广泛关注。根据 Facebook 的描述，元宇宙将是一组虚拟空间，用户可以在其中创建一个完全不同于物理世界的虚拟空间，并可以与朋友一起去元宇宙中工作、娱乐、学习、购物等，与 1990 年出现的乌托邦相呼应。结合 Edward Castronova 对虚拟世界的界定，元宇宙空间将有如下特征：一是人机界面交互，用户可以通过 VR 触觉、AR 眼镜、智能手机、笔记本电脑、平板电脑等进入虚拟世界的无限沉浸式空间；二是虚拟的数字身份，每个用户在元宇宙中唯一拥有且被法律认可的数字身份，包括用户年龄、学历等基本信息，是进行虚实交互和沉浸式体验的基础；三是持久性的虚拟世界，当用户从元宇宙中退出后，元宇宙依然在运行，因此元宇宙是一个具备特定运行规律的、永不停息的无限开放的世界①。

依赖于关键数字技术的进步，元宇宙的发展也分为三个阶段。第一阶段：数字孪生，具体是将现实世界镜像到虚拟世界，侧重于将现实世界与孪生世界进行感应和连接，形成两个平行世界，而虚拟世界可以辅助现实世界的决策和治理。第二阶段：虚实交互，主要依赖仿真模拟技术和大数据技术，现实世界与虚拟世界逐步融合，用户参与其中是这一阶段的显著特点，例如互联网 AR 商城通过提供商品 3D 展示，并进行人机互动等，来为用户提供沉浸式体验。第三阶段：独立的经济系统，在此阶段，虚拟世界与现实世界融合共生，已建立完整的运行机制，具备一套独立的经济体系，能够独立于现实世界运行，用户可以直接参与虚拟世界的构建与创造。总之，元宇宙是互联网从 Web2.0 向 Web3.0 各种数字技术融合创新的结果，使用户由

---

① Edward Castronova, Gert G. Wanger, 2011. "Virtual Life Satisfaction", Kyklos, Wiley Blackwell, Vol. 64（3）, 313-328.

简单的互联网共享，转向能够在去中介化和去中心化的 Web3.0 获得逼真感
受的虚实世界。

在商业模式上，目前元宇宙的创新应用尚处于早期，结合微软、Meta、
Unity、英伟达、索尼和苹果等数字科技巨头的战略布局，目前元宇宙商业
应用呈现多元化发展势头，主要分布在六大领域：一是算力，主要是研发
GPU/CPU/ASIC 芯片；二是算法/引擎，主要是通过平台化软件引擎来降低
虚拟世界的创作门槛，丰富元宇宙的内容；三是通信/云，主要是发展 5G
技术，以低延迟来确保沉浸感；四是交互技术，主要是 VR/AR、脑机接口，
是物理世界与虚拟世界的连接器；五是产权规则，主要是依托区块链技术进
行权属认证；六是应用场景，主要包括游戏、工业设计和远程展示等。

表 1 海外科技巨头的元宇宙布局

核心元素	商业方向	Meta	微软	Unity	英伟达	索尼	苹果
算力	GPU/CPU/ASIC 芯片				√		
算法/引擎	模拟真实世界			√	√		
通信/云	5G		√				
交互技术	VR/AR、脑机接口等	√	√			√	√
产权规则	区块链	√					
应用场景	游戏、工业设计、远程展示等	√	√	√		√	√

资料来源：东吴证券《2021 年元宇宙框架梳理》，2022 年 2 月 10 日，http：//www. capwhale.
com/newsfile/details/20220210/a0e88203308f42a795683c5f448d1e56. shtml。

二 元宇宙应用于智慧治理的可行性与主要问题

智慧治理一般是指以特定区域如城市为单元进行的数据驱动型治理模
式，具体是通过传感器和其他数据源将交通和电网等实时信息收集，然后
综合这些信息以简化城市运行方式，能够有效地提升城市的服务效率，并
迅速解决供电或交通等领域可能面临的问题。但是，从目前智慧治理建设
成效来看，主要依赖大数据平台，如上海"一网通办、一网统管"治理模

式等，存在多元共治困境等问题，还不是智慧治理的终极形态。然而，元宇宙为解决智慧治理困局提供了新思路。尤其是在大规模数据驱动的人工智能系统设计的虚拟城市，能够通过与城市治理相关的各个领域进行协调和信息交换，有效地协调城市的各个系统，元宇宙已成为智慧治理的关键驱动要素。

第一，元宇宙的虚拟空间为控制风险提供便利。元宇宙的内容场景是现实世界的映射，这就意味着可以在虚拟世界中充分利用现实世界的真实信息和社会多元数据，来进行城市治理的探索。一方面可以基于数字孪生技术，提前演示和模拟现实世界可能面临的外部冲击，如气候、瘟疫等。另一方面也可以优先将政策在虚拟城市中实施，来了解居民的态度和选择动向，最终对现实治理做出更加科学的决策。

第二，元宇宙有利于解决智慧治理中的多元共治困境。元宇宙作为一个沉浸式的虚拟空间，人的因素会被无限放大，由外部观察者转变成虚拟空间的活跃参与者，可以多层次参与到城市系统的虚实互动、相互反馈中。民众更多参与，使管理者能够及时洞悉居民对治理现状的态度，有助于城市治理的完善，并进行自适应优化，更将有助于现实城市的精准治理。

第三，元宇宙为智慧治理提供虚实交互的便利条件。整个元宇宙虚拟空间体系中包括了稳定的货币体系、多元的文化体系、自由开放的社交环境，而居民通过人机交互参与到虚拟城市的基础运行架构的构建当中，尤其是映射现实经济系统的虚拟经济体系，能够联动和预测现实世界中的经济危机。因此，虚实交互对进一步了解现实城市的运行规律、经济治理等具有重要作用，进而前瞻性制定全局性的应对策略。

综上所述，元宇宙作为智慧治理的终极模式，从数字孪生、虚实交互到独立经济系统，能通过模拟现实城市治理环境、经济运行规律等，来前瞻性预测现实治理中的问题并进行校正。元宇宙智慧治理效果的展现，依赖于制度的完善，包括了隐私保护、互操作性、产权界定、数字身份等。但是，现实世界中制度并非尽善尽美，依然存在隐私、互操作性、产权界定等问题，具体如下。

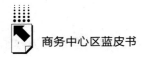

第一，隐私保护问题。元宇宙将以前所未有的规模收集数据，包括用户眼球运动、情绪变化和步态等生物特征信息，而元宇宙的治理不仅仅是对现实城市治理的映射，还包括对元宇宙中的虚拟世界等治理，这就涉及大量数据所有权与保护的问题。目前欧盟的 GDPR（《通用数据保护条例》）和《数字服务法》尽管包含了对部分生物特征数据的保护内容，但是元宇宙所涉及的、大多数的生物特征信息数据，不在现有数据保护法规之内。

第二，互操作性问题。元宇宙的互操作性主要是指依托于用户数字身份的虚拟货币等可以跨越不同平台进行移植的能力，也即用户可以在多个在线平台上进行无缝切换。而这种互操作性是需要相应的监管框架进行支撑的，如《反垄断法》等。以美国《通过启用服务交换方法来增强兼容性和竞争》为例，其在 2021 年 6 月进行了修订，来确保数据的可移植性和互操作性。此外，《通过启用服务交换方法来增强兼容性和竞争》这一数据安全条款还允许每个平台合理地保护数据，防止互操作性给数字系统带来安全风险。但是现在面临的问题是，在元宇宙这种虚拟世界里，全球尚未达成关于互操作的统一规则，也尚不清楚现有法规是否适用于元宇宙，或者涵盖整个元宇宙的虚拟空间。

第三，知识产权安全风险。元宇宙中的知识产权包括但不局限于各种商标和版权，如徽标、品牌和标语等，还包括虚拟产品创作等。尽管目前元宇宙已存在版权和商标等知识产权方面的监管框架，但缺少能够进行整体监管的国际通用规则。这将不利于元宇宙虚拟产品的创作，尤其是外观设计对元宇宙沉浸式体验至关重要，而如果虚拟产品所有权得不到确定和保护，或者仅掌握在几个大型数字科技企业手里，将不利于整个元宇宙空间的繁荣与发展。

第四，数字身份互认问题。数字身份就是包含用户的性别、种族、年龄等信息的一个虚拟身份，是用户在元宇宙中的唯一且被法律认可的合法身份证明，用于用户身份的验证、认证和支付等，使用户能够在元宇宙中进行各类活动，并且能够被不同平台认可。而目前很多国家尚未建立数字身份系统，更不要说数字身份互认。

三 元宇宙在全球智慧治理领域的最新探索

目前，韩国首尔等少数城市已在元宇宙智慧治理上进行布局，国内北京、杭州和上海也在积极推进，都为 CBD 元宇宙智慧治理提供了很好的经验借鉴。

（一）韩国首尔元宇宙智慧治理的最新探索

2021 年 11 月 3 日，韩国首尔发布了其在公共服务中建立"元界首尔"的报告，旨在为疫情防控常态化背景下迅速崛起的非面对面交流提供多元渠道和平台，并在整个首尔引入基于元宇宙的公共服务等城市治理新理念。主要内容如下。

首尔"元宇宙"的建设将分为三个阶段：导入期（2022 年）、扩建期（2023~2024 年）和竣工期（2025~2026 年），总投资约 39 亿韩元。明确了六项优先任务，具体包括：一是经济领域，主要是利用元宇宙平台来培育首尔的产业生态系统，如建立"数字内容创作平台""元界投资平台"等，对数字内容生产和招商引资等提供便利服务。二是教育领域，主要是基于元宇宙对教育学习进行支持，如创建"元界高校平台"和"首尔市民大学"的虚拟校园，向虚拟世界的年轻人提供专业讲座、指导和职业培训等。三是文化旅游领域，主要是进行无时空限制的即时文化营销，如基于首尔的光化门广场、德寿宫、南大门市场等主要旅游景点打造"虚拟旅游特区"，并在元界上运营城市旅游巴士。四是公共服务领域，主要是以市民为中心建立政务平台，如建立"元界 120 中心"，为居民提供民事投诉、咨询等公共服务。五是城市治理领域，主要是基于现实与虚拟相结合来建立城市治理平台，具体是通过数字孪生、人工智能和 XR 等新技术来创建一个智能城市管理系统，对城市进行实时监测，并基于物联网传感器的大数据来预判城市可能面临的各种外部冲击。六是行政领域，主要是实施更加便捷的虚拟行政，如创建"元界首尔市政厅"和"元界首尔广场"等，为举办各种线上行政活动等提供平台。

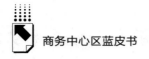

（二）北京 CBD 元宇宙智慧治理的最新探索

北京 CBD 依托数字孪生 CBD 建设，系统推进元宇宙相关产业和技术在 CBD 落地发展，助力北京建设数字经济标杆城市。目前，北京 CBD 建成了国内首个 L4 级别高精度城市级数字孪生平台，该平台依托 UE4 游戏引擎，初步实现 CBD 中心区 1∶1 全要素、高拟真还原和流畅运行，实现了时空和天气的真实化模拟，CBD 综合经济、土地规划、楼宇经济等可视化展示，同时探索视频融合、地下管廊、BIM 场景展现等功能。平台不仅为智慧城市管理建设了坚实的城市底座，也为互联网 3.0 时代发展打造了公共数字城市平台，形成了北京 CBD 版的"数字新基建"，打造了全国智慧城市平台建设的新标杆。

另外，北京 CBD 还积极推动场景创新，打造数字经济繁荣发展的数字生态环境。一是探索数字招商等场景助推全球招商体系建设。打破时间和空间的界限，依托足够真实的 CBD 数字孪生平台，以毫无视觉限制的"上帝"视角，全方位了解北京 CBD 的发展全貌，"足不出户"开展全球化招商推介。二是发布北京 CBD 全球数字会客厅，开启互联网 3.0 新体验助力企业线上复工复产。数字会客厅产品全面复刻线下会议室中的各种细节，以及北京 CBD 高楼耸立城市景观。可实现合影、PPT 播放、烟花、彩蛋等功能，可选择塑造个性化数字人物形象，还可以多种语言、文字以及鼓掌、举手等动作交流，带给人独特的三维真实会议体验。会客厅未来将从数字化招商、办公服务及商务拓展与推广等三方面，帮助企业实现线上办公和真实场景的商务洽谈。同时导入更多媒体资源，帮助区域企业通过数字会客厅进行宣传。三是发布北京 CBD 全球创新创业云中心，开创 Web 3.0 时代创新创业新模式。云中心在数字空间中打造了一个 4000 平方米的创新创业基地，集合了创业辅导培训、创业路演、产品发布、投融资对接、孵化加速、政务服务、人才服务、党员报到等功能，构建创业团队从 0 到 1 发展的一站式服务平台，全方位助力企业创新创业和人才成长，全方位营造 CBD 区域创新创业发展的氛围。已经吸引北京擘盒科技有限公司等数字创新企业入驻。四是在数字空间举办了音乐会，邀请观众以数字人的身份齐聚数字孪生会客厅观看体验。这不仅是北京 CBD 数字空间在音乐会场景下的首次尝试，也是国内古典音乐内容在数字孪生空间的初体验。

（三）上海 CBD 元宇宙智慧治理的最新探索

上海市也是国内比较早进行元宇宙探索的城市，2021 年在《上海市电子信息产业发展"十四五"规划》提出要搭建虚拟世界与现实世界交互的平台，聚焦元宇宙底层核心技术的研发，鼓励元宇宙在公共服务、商业办公、社交娱乐等领域的创新应用。本文以陆家嘴 CBD 和虹桥 CBD 为例进行具体阐释。

第一，陆家嘴 CBD：提出了"数字陆家嘴"的新概念。陆家嘴作为全国楼宇经济密度最高的中央商务区之一，其中税收超过亿元的楼宇就有 110 栋，建设智慧楼宇系统显得尤为重要。以陆家嘴滨江中心为例，其引入了"润腾"智慧楼宇管理系统，运用物联网、大数据、人工智能等技术，从卓越运营、安全责任、悉心服务、绿色发展等多维度、全方位打造智慧写字楼集群。

该管理系统共有 12 个本地子系统，5 个 SAAS 应用平台，并提供包括物业 App、智慧运营中心、统一登录平台、OE App 对接等在内的 4 个访问入口产品，投入使用后可满足 12 个智慧化运营场景需求。该管理系统在四个方面帮助陆家嘴滨江中心提升了智慧管理水平：一是实现了基础设施信息化建设与数据分析智能化，以此支撑科学运营；二是通过消防安防系统与物联技术结合，联动管理人员，以更快更好保障楼宇安全；三是以用户的需求为导向，提供智慧互动体验服务；四是秉承绿色环保理念，利用数字化新技术实现写字楼的绿色可持续运营，如通过引入机器学习算法，对能耗进行分析，产生能耗工单，并统计能量评估节能效果，为物业提供运营能耗报告，指导项目用能，实现绿色运营，助力碳中和目标的实现。

另外，从整个陆家嘴智慧治理来看，整个陆家嘴以推进政务服务"一网通办"和城市运行"一网统管"建设为核心，还通过完善基础设施、丰富应用场景、再造业务流程等方面，构建了基层数字治理"1+3+X"基本框架，即1个街道智能管理综合平台，3个联勤联动平台，分别是居民区平台、街区平台、金融城核心区平台，X是若干应用场景，努力让"两张网"切实为社区治理赋能。

其中在金融城核心区管理方面，针对核心区常态管理要求高、要事保障任务重的特点，围绕人、车、楼三大核心要素进行应用场景设计，通过提供标准通用的功能模块接口，无缝接入公安、城管等部门现有的智能系统，以"日常+综合""日常+专业""要事+综合""要事+专业"相结合的管理模式，形成协同联动管理。

第二，虹桥国际CBD：提出"智慧虹桥"的新理念。主要是推动人工智能、大数据、5G等新型基础设施与园区、会展、交通等应用领域深度融合，将虹桥商务区打造成国家级新型智慧城市"5（G）A（I）"示范区。目前虹桥商务区在"智慧新城"建设框架基础上，进一步构建由"一张网络建设"（即国际精品5G网络）、"两大技术赋能"（即AI+、大数据+）、"三大特色平台"（即城市运营中心、进博会保障服务平台、数字贸易公共服务平台）、"四大功能体系"（即智慧交通、智慧会展、智慧商务、智慧生活）组成的新基建建设总体框架。

"智慧虹桥"智慧建设经验主要体现在以下四个方面。一是支持应用大数据、云计算、物联网和移动互联网等信息技术加强城市运行管理，并提升城市生命线智能化水平。二是支持开展虹桥商务区内公共资源数据的采集、梳理、加工、开放等服务，整合跨区划、跨部门、跨功能性单位的综合数据服务平台。三是支持基于虹桥商务区公共资源数据和政务资源数据进行数据挖掘分析、数据增值服务和数据应用开发。四是支持推动政务数据在企业服务、公众服务、民生服务、政务服务方面的有效运用，提高虹桥商务区功能服务能力的创新应用[①]。

此外，虹桥国际CBD还推进智慧社区、智慧园区、智慧商贸、智慧建

---

① 部分内容参照虹桥商务区发布的《关于"智慧虹桥"建设的实施意见》。

筑、智慧交通、智慧会展等领域建设；积极推进 5G 示范区建设，基本实现了公共区域 5G 网络全覆盖，在大交通、大会展、大商务等方面的行业应用也不断深化。这都为未来虹桥 CBD 开展基于元宇宙的智慧治理奠定了良好的基础。

（四）国内其他省市元宇宙智慧治理的最新探索

2022 年 6 月，国务院印发《国务院关于加强数字政府建设的指导意见》，要求建立与政府治理能力现代化相适应的数字政府，而北京、杭州等城市的政府工作报告或相关工作会议上均提到城市元宇宙的建设任务。例如，北京 2022 年的《关于支持北京城市副中心高质量发展的意见》等文件均明确提出了城市元宇宙建设的内容，一是要推动组建元宇宙新型创新联合体，探索建设元宇宙产业集聚区；二是明确城市副中心元宇宙应用场景主要集中在文化旅游区、张家湾设计小镇和大运河景区。其中雄安新区"数字孪生"治理模式已经初步形成。

此外，杭州的"智慧大脑"治理模型也具有一定代表性。目前，杭州逐步构建了"中枢系统+部门（区县市）平台+数字驾驶舱+应用场景"的核心架构，包括 11 个系统、48 个应用场景，基本实现了市、区、部门间数据信息互联互通，为杭州市的城市运行和治理提供全方位的决策支持。

四　促进 CBD 基于元宇宙智慧治理的政策建议

从目前国内 CBD 如北京 CBD、陆家嘴金融城和虹桥国际 CBD 来看，基于元宇宙的智慧治理尚未达到数字孪生的初级阶段，更多是依托数字技术将城市治理的大数据进行整合，来提升城市治理水平，距离元宇宙的智慧治理还有很大距离。未来，基于元宇宙的 CBD 智慧治理的创新应用需要注重以下几个方面。

第一，建立并完善元宇宙的基础性制度。在虚拟世界中，会涉及隐私保护、知识产权保护、数字身份等新的现实世界不存在的新议题，目前各国都在进行这方面探索，来解决元宇宙中面临的新问题。具体建议如下：一是探索建立元界的隐私保护机制。可以借鉴欧盟的 GDPR（《通用数据保护条例》）和《数字服务法》等，重点需要对公司收集的私人数据进行监管，确保元宇宙上企业收集和处理的生物特征数据符合国家标准。二是探索建立元界的知识产权保护机制，在元界上出售的商品应和现实世界商品享有同等的权利和义务，虚拟外形设计等新知识产权应得到保护，鼓励元界不断创新。三是逐步建立元界的透明度机制，对涉及用户的虚拟世界产品代码需要对外披露，以避免产生歧视性算法偏见。四是尽快建立元界的数字身份系统，目前新加坡等城市均已建立数字身份系统，作为用户在虚拟世界中的、以法律形式赋予的唯一合法身份，用于数字身份验证，将对整个元宇宙平台发展至关重要。

第二，探索建立"CBD元界政务平台"。主要是逐步建立一个虚拟的元界政府，为企业提供非面对面的线上办事的场所。一是建立"元界投资平台"，为招商引资提供基于元界的参观、洽谈、签约、启动等一站式支持服务。二是建立"元界政府平台"，主要是提供一个虚拟交流空间，为企业提供民事投诉和咨询服务。三是建立"元界智慧管理系统"，主要是通过 VR、AR 和 XR 等技术来完善城市的智慧城市管理系统，提升政府对环境的反应能力，进一步优化营商环境。四是建立"元界数字内容体验平台"，主要是为数字内容创作提供各种体验的服务性平台，奠定未来数字内容产业发展的基础。

第三，探索建立"CBD元界产业平台"。主要是围绕科技金融、专业服务等领域重点发展基于元宇宙的 CBD 核心业务。一是建立"元界金融科技平台"，主要是通过线上与线下相结合，重点开发元界虚拟支付功能，打造金融科技集聚区，为未来虚拟世界交易奠定基础。二是建立"元界专业服务平台"，主要是依托律师事务所和会计事务所等，在虚拟世界提供专业服务、更加逼真的沉浸式服务，不断增强专业服务的核心竞争力。

参考文献

彭国超、吴思远：《元宇宙：城市智慧治理场景探索的新途径》，《图书馆论坛》2022 年第 6 期。

Q. Sun, A. Patney, L.-Y. Wei, O. Shapira, J. Lu, P. Asente, S. Zhu, M. McGuire, D. Luebke, and A. Kaufman, "Towards Virtual Reality Infinite Walking: Dynamic Saccadic Redirection," ACM Transactions on Graphics (TOG), 2018, 37 (4), pp. 1-13.

T. Gillespie, "Custodians of the Internet: Platforms, Content Moderation, and the Hidden Decisions that Shape Social Media", 2018, Yale University Press.

Bosworth, A., Nick, C. Building the Metaverse Responsibly. 2021. Available online: https://about.fb.com/news/2021/09/building-the-metaverse-responsibly (accessed on 23 February 2022).

Hemmati, M. "The Metaverse: An Urban Revolution Effect of the Metaverse on the Perceptions of Urban Audience Tourism of Culture", *Tour. Cult.* 2022, 2, 53-60.

Lee, L. H., Braud, T., Zhou, P., Wang, L., Xu, D., Lin, Z., Kumar, A., Bermejo, C., Hui, P. "All One Needs to Know about Metaverse: A Complete Survey on Technological Singularity, Virtual Ecosystem, and Research Agenda", *arXiv* 2021, *arXiv*: 2110.05352.

Bina, O., Inch, A., Pereira, L. "Beyond Techno-utopia and Its Discontents: On the Role of Utopianism and Speculative Fiction in Shaping Alternatives to the Smart City Imaginary", *Futures* 2020, 115, 102475.

Bibri, S., Krogstie, J. "Data-Driven Smart Sustainable Cities of the Future: A Novel Model of Urbanism and its Core Dimensions, Strategies, and Solutions", *Futures Stud.* 2020, 25, pp. 77-94.

Bibri, S.E., Allam, Z., Krogstie, J. "The Metaverse as a Virtual Form of Data-Driven Smart Cities: The Disruptive Impacts of Digital and Computing Trends and Game-Changing Technologies", *Comput. Urban Sci.* 2022, in press.

Falchuk, B., Loeb, S., Neff, R. "The Social Metaverse: Battle for Privacy. IEEE Technol", *Soc. Mag.* 2018, 37, pp. 52-61.

Johnson, J. "Metaverse—Statistics & Facts; Statista: Hamburg, Germany, 2022", Available online: https://www.statista.com/topics/8652/metaverse/ (accessed on 25 February 2022).

Rosenberg, L. "Regulation of the Metaverse: A Roadmap. In Proceedings of the 6th International Conference on Virtual and Augmented Reality Simulations (ICVARS 2022)", Brisbane, Australia, 1 November 2022.

B.16
上海虹桥国际中央商务区：
"四高五新"产业体系建设

顾　芸*

摘　要：　上海虹桥国际中央商务区是引领长三角一体化的重要承载区，也是服务构建新发展格局的关键枢纽点。上海虹桥国际中央商务区着力于"四高五新"产业体系建设，在打造高能级总部经济、高流量贸易经济、高端化服务经济和高溢出会展经济方面，在构建数字新经济、生命新科技、低碳新能源、汽车新势力和时尚新消费方面均取得显著成效。"四高五新"产业体系的建设，在战略引领、区域联动、人才集聚、交通畅联和智慧赋能方面为中央商务区现代化产业体系建设提供了有益经验启示，也能为提升中央商务区产业竞争力和经济韧性夯实发展之基。

关键词：　上海虹桥国际中央商务区　产业体系　长三角

　　上海虹桥国际中央商务区是上海现代服务业的集聚区和长三角更高质量一体化发展的重要枢纽，也是国际贸易中心建设的新平台和国内外企业总部和贸易机构的会集地，还是国家确定的现代服务业综合试点区域。上海虹桥国际中央商务区"四高五新"产业体系建设既是新发展阶

---

　　* 顾芸，首都经济贸易大学城市经济与公共管理学院博士后，讲师、博士，主要研究方向为新空间经济学、教育经济与管理。

段下现代产业体系建设的内在要求，也是中央商务区（CBD）增加产业竞争力、提升经济韧性的重要抓手，更是服务于长三角高质量发展、落实长三角一体化发展国家战略，致力于打造国际一流产业高地、构建新发展格局的战略部署。

一 上海虹桥国际中央商务区的发展概况

2009年7月10日，上海市政府做出设立"虹桥商务区"的战略决定，提出建设以长三角为中心，服务全国、具有国际影响力的国际商务区。虹桥国际中央商务区总面积达151.4平方公里，其中核心区面积16平方公里，截至2021年底，拥有注册法人企业56272家、非企业类国际组织与代表处36家。自虹桥商务区设立以来，区域内两大功能平台虹桥综合交通枢纽和国家会展中心相继发挥作用，同时一批金融服务机构也纷纷入驻，产业集聚度持续提升，形成了以凸显商务、会展、交通功能的国际一流企业群为主体的特色区域。2021年，虹桥国际中央商务区营业总收入5086.86亿元、社会消费品零售总额534.62亿元、全社会固定资产投资额506.17亿元、实际利用外资总额54000万美元，税收收入总额达345.97亿元，且同比增长29.1%。① 区域内大商务辐射效应逐渐显现，大会展品牌形象日益凸显，大交通枢纽功能全面升级。

"十三五"期间，上海虹桥商务区由开发建设阶段逐渐转向功能打造阶段，大交通枢纽功能全面升级，大商务集聚效应初步显现，大会展品牌形象日益凸显，各片区错位发展亮点涌现，主城区服务功能逐步提高。2020年，上海市政府批复《上海市虹桥主城片区单元规划》（以下简称《单元规划》）。2021年2月，国务院批复《虹桥国际开放枢纽建设总体方案》（以下简称《总体方案》）。2021年7月，《虹桥国际开放枢纽中央商务区"十四五"规划》（以下简称《规划》）公布（见表1）。2021年9月，虹桥商

---

① 资料来源：中国商务区联盟提供数据。

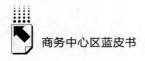

务区正式更名为虹桥国际中央商务区，进一步凸显了区域发展战略定位，也将在新的起点上开启新的篇章。

表 1　2021 年上海虹桥国际中央商务区的主要政策文件

政策文件	主要内容或措施
《虹桥国际开放枢纽建设总体方案》（发改地区〔2021〕249 号）	高水平规划建设虹桥国际开放枢纽，包括建设高标准的国际化中央商务区、构建高端资源配置国际贸易中心新平台、全面提高综合交通枢纽管理水平、显著提升服务长三角和联通国际的能力以及实施保障措施等具体内容，以促进长三角地区深化改革、协同开放
《关于支持打造虹桥进口商品集散地的政策意见》（沪虹商管〔2021〕64 号）	为承接和放大中国国际进出口博览会溢出效应等，对支持打造虹桥进口商品集散地的资金来源、支持范围、支持内容和标准，以及申报、评审和项目管理等做出详细规定
《虹桥国际开放枢纽中央商务区"十四五"规划》（沪府发〔2021〕14 号）	回顾商务区"十三五"发展，提出商务区"十四五"发展总体要求、主要任务和保障措施。其中，主要任务包括：提升产业能级，建设一流的国际化中央商务区；放大进博效应，打造开放共享的国际贸易中心新平台；增强辐射功能，打造联通国际国内的综合交通新门户；推进改革创新，构建高效率全球高端资源要素配置新通道；促进产城融合，打造引领高品质生活的国际化新城区；扩大双向开放，构建引领区域协同发展新引擎

資料来源：根据上海虹桥国际中央商务区管理委员会网站公布资料整理而得。

二　"四高五新"产业体系建设内涵与意义

（一）"四高五新"产业体系建设内涵

在 2022 年 3 月 2 日市政府新闻发布会上，上海提出虹桥国际中央商务区将围绕提升总部经济能级、拓展贸易平台功能、挖掘和创造流量价值，抢抓产业链价值链高端环节，在重点领域和新赛道上抓紧布局，着重打造高能级总部经济、高流量贸易经济、高端化服务经济、高溢出会展经济和数字新经济、生命新科技、低碳新能源、汽车新势力、时尚新消费的"四高五新"产业体系，这也意味着虹桥国际中央商务区未来将着重"四高五新"的产业定位①。从产业形态上提出"四高"：打造高能级的总部经济，推动总部机构融合多元功能，构筑总部经济集聚升级新高地；打造高端化服务经济，推动专业服务业集聚发展，打造富有特色的现代服务业集聚区；打造高流量贸易经济，发展新型国际贸易，打造进口商品集散地，加快建设国际贸易中心新平台；打造高溢出会展经济，办好中国国际进口博览会，打造会展产业集群，发展高端国际会展会议服务产业，建成国际会展之都的承载地。从产业门类来说提出聚焦"五新"：聚焦数字新经济，聚焦低碳新能源，聚焦生命新科技，聚焦汽车新势力，聚焦时尚新消费②。

（二）"四高五新"产业体系建设意义

1．"四高五新"产业体系建设是提升经济韧性的关键举措

复杂的国际环境和疫情的不确定性考验着经济发展韧性。在理论上，只有升级经济结构、建立创新空间格局、塑造经济新动能、夯实高质量发展基础，才能够承受住不确定性冲击、激发出经济活力、恢复经济，表现出良好的经济韧性。虹桥国际中央商务区作为发展的先锋也将承压前行，力图在更高、更新的产业水平上下功夫、做文章，不断增强经济韧性。因此，虹桥国际中央商务区的"四高五新"产业体系建设以高能级、高流量、高端化和高溢出为目标，致力于将总部经济、贸易经济、服务经济和会展经济提升至更高一个层级，这将有助于创造经济回旋空间；以创新驱动发展，着力于在数字经济、生命科技、低碳能源、智慧汽车、时尚消费等新领域、新技术上探索前行，这将有利于掌握更多经济主动权。

2．"四高五新"产业体系建设是推动长三角一体化的主要抓手

从 CBD 的功能等级发展历程来看，CBD 的功能辐射范围通常会从最初的地方级发展成区域级进而发展成世界级。对于虹桥国际中央商务区而言，服务于长三角地区、引领长三角发展责无旁贷，应能够在带动长三角发展中

---

① "四高五新"产业体系又称"4 高+5 新"产业体系。

② 资料来源：https://baijiahao.baidu.com/s? id=1726234118068580177&wfr=spider&for=pc。

促进国际化发展，以国际化定位推动长三角发展。一方面，长三角一体化发展需要物流、人才、信息、技术、资金等更加集聚、高效便捷流动和普惠共享的平台，该平台能够提供商务、贸易、金融、交通等领域的高端服务，带动长三角走向国际；另一方面，虹桥国际中央商务区地处长三角地区核心区域，互联互通和经济辐射范围不断扩大，协同发展空间较大，具备引领长三角一体化发展的区位优势、良好发展基础和潜力。因此，虹桥国际中央商务区将以"四高五新"产业体系建设为主要抓手，依托优越的地理位置和一流的营商环境，引领长三角产业高质量发展，助推长三角技术一体化，引领长三角一体化发展，勇当服务长三角一体化发展国家战略的排头兵。

3. "四高五新"产业体系建设是构建新发展格局的重要推动力

世界级功能的 CBD 是跨国公司的集聚地、国际交通的重要枢纽和一流产业的高地，具备配置国际资源的能力和联通国际市场的条件。构建新发展格局的本质特征是实现全球配置资源，而 CBD 的总部经济性质和交通枢纽定位将对一个地区或国家的全球配置资源能力提升发挥着重要作用。自"十四五"起，虹桥国际中央商务区将开启国际化定位，打造国际开放枢纽功能，建设国际化中央商务区，推动"四高五新"产业体系建设，通过着力提高综合管理水平、加强国际分工合作，将不断提升全球资源配置能力、资源配置效率和国际竞争能力。无疑，虹桥国际中央商务区"四高五新"产业体系建设将有利于推动加快形成以国内大循环为主体、国内国际双循环相互促进的新发展格局。

三 "四高五新"产业体系建设现状与进展

（一）"四高"现状与进展

1. 高能级总部经济

CBD 是总部经济的重要承载区。截至 2020 年末，虹桥国际中央商务区集聚国内外具有总部功能的企业 357 家，其中内资总部类及上市公司 239

家，外资总部类企业 118 家，初步形成总部经济集聚区[①]。根据《规划》，构筑总部经济集聚发展新高地是商务区在"十四五"期间的主要任务之一，将着力吸引各类头部企业总部机构，培育高能级总部机构。2022 年 6 月 30 日，《关于支持虹桥国际中央商务区贸易型总部企业发展的若干措施》发布，提出了包括支持贸易型总部企业在商务区集聚发展、支持贸易型总部企业招才引智、加大对贸易型总部企业金融支持、支持贸易型总部企业提高资金运作和管理能力、支持贸易型总部企业提升贸易规模、支持贸易型总部企业拓展国际市场以及完善贸易型总部企业服务机制等多项措施，将全方位支持虹桥国际中央商务区总部经济发展。

2. 高流量贸易经济

贸易经济是虹桥国际中央商务区的重要潜力点。2021 年 5 月，《关于虹桥商务区建设进口贸易促进创新示范区的工作方案》下发。该工作方案要求：培育进口贸易发展新生态，推动建设高标准国际化中央商务区；放大进博会溢出带动效应，建设联动长三角、服务全国、辐射亚太的进口商品集散地；推动进口贸易要素交互融通，提升服务长三角和联通国际的能力；优化功能布局，打造"一区一特色"、联动长三角进口格局；深化制度创新，营造法治化、国际化、便利化的进口贸易环境；加强组织实施，健全完善多层次保障体系[②]。目前，虹桥国际中央商务区依托进博会，集聚各类总部 400 余家，打造开放共享的国际贸易中心新平台[③]。2021 年 7 月，由虹桥商务区管委会与闵行区、长宁区、青浦区、嘉定区人民政府共同制定的《关于支持打造虹桥进口商品集散地的政策意见》印发，在提升平台及贸易主体集聚度、扩大进口贸易规模、促进贸易形态创新发展、举办进口贸易高端活动以及开展贸易贷款和海关税款的担保、保险业务等方面给出了具体的支持方案。商务区将形成"一区五新"总体发展框架，实施"聚焦四个一"，即推动形成"一地"（进口商品集散地）、"一港"（全球数字贸易港）、"一区"

[①] 资料来源：《虹桥国际开放枢纽中央商务区"十四五"规划》。
[②] 资料来源：《关于虹桥商务区建设进口贸易促进创新示范区的工作方案》。
[③] 资料来源：《虹桥国际开放枢纽中央商务区"十四五"规划》。

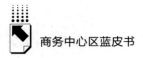

（新型国际贸易总部集聚区）、"一都"（国际会展之都），同"两个市场"（上海国际技术交易市场、上海国际医药医械交易市场）引领的"4+2"进口贸易促进创新示范格局①。

3. 高端化服务经济

虹桥国际中央商务区紧密围绕产业链上下游不断推进金融创新和服务创新，积极培育和集聚高端化服务经济。2021年6月，上海虹桥商务区管委会与上海联合产权交易所签署战略合作协议，长三角产权市场服务中心揭牌；同年7月，《关于支持虹桥国际中央商务区企业开立自由贸易账户有关事项的通知》发布，支持在虹桥国际中央商务区内通过自由贸易账户开展跨境交易本外币结算和境外融资业务。目前，通过金融机构推荐，虹桥国际中央商务区管委会定期向人民银行上海总部报送符合条件的企业名单，已形成常态化工作机制。当前，商务区内已有167家企业开立自由贸易账户，多家企业已使用账户开展日常结算、结售汇及融资等相关业务，享受到自由贸易账户结算汇兑的便利。2018年成立的位于长宁片区的西郊国际金融产业园（长宁西郊金融园）是被授予的虹桥商务区43个特色园区（楼宇）中唯一一个以金融为特色的产业园区，是金融机构集聚的重要载体。虹桥国际中央商务区后续将进一步研究支持商务区内符合条件的企业积极开展离岸经贸业务，扩大离岸经贸企业"白名单"；继续鼓励商业银行提供基于自由贸易账户的跨境金融服务便利，优化非自由贸易账户离岸贸易资金结算等相关工作，全力推动金融政策制度创新落地，推进虹桥国际开放枢纽建设。

4. 高溢出会展经济

虹桥国际中央商务区是进博会的常年举办地和进博会溢出效应的核心承载区。2021年，第四届进博会成功举办，办展面积不断扩大，进博会溢出效应持续放大。虹桥国际中央商务区以进博会为契机，加快构建"大会展"生态圈，引进会展促进机构以及与会展相关的专业服务业企业200余家，积

---

① 资料来源：https：//www.shhqcbd.gov.cn。

极搭建以虹桥进口商品展示交易中心为主的"1+N"贸易平台矩阵①。根据《"十四五"时期提升上海国际贸易中心能级规划》要求，在"十四五"期间，商务区将进一步提升进博会的全球影响力和竞争力，持续放大进博会溢出带动效应，推动贸易升级、产业升级、消费升级、开放升级。

（二）"五新"现状与进展

1. 数字新经济

虹桥国际中央商务区依托会展溢出效应，积极培育数字经济企业，推动数字经济企业集聚，实现数字技术应用，打造上海都市圈与长三角的数字经济创新动力核，引领数字经济发展。一是在搭建数字经济会展平台方面，在第四届进博会上，为集成电路、数字工业、能源低碳及环保技术等设置专区，面积超过3万平方米，还发布了工业数字转型行业报告②。二是在集聚数字经济企业方面，2020年，《虹桥商务区全力推进全球数字贸易港建设三年行动计划（2020—2022年）》发布，全球数字贸易港开港；目前，商务区聚焦元宇宙、电竞、北斗导航、互联网等重点领域，已吸引了万生华态、超竞互娱、皇族电竞、广联达、聚水潭、华测导航、携程、爱奇艺、科大讯飞、百秋、震坤行等6600余家数字经济企业③。

2. 生命新科技

虹桥国际中央商务区依托会展溢出效应，通过构建医疗健康产业园，推动高端医疗康养服务和智慧医疗器械集聚，实现商务区大健康产业的高质量发展，构筑长三角生命科技总部集聚区，打造生命科技产业长三角一体化发展样板，建设具有国际水准的生命健康和生物医药研发产业集聚区。一是在搭建生命科技会展平台方面，在第四届进博会上，医疗器械及医药保健展区首发新产品、新技术数量达135项，继续位居六大展区之首④。二是在集聚

---

① 资料来源：《虹桥国际开放枢纽中央商务区"十四五"规划》。
② 资料来源：https：//www.shhqcbd.gov.cn。
③ 资料来源：https：//mp.weixin.qq.com/s/b8Jo_59PWvcdBexgAYfV9Q。
④ 资料来源：https：//www.shhqcbd.gov.cn。

生物医药科技企业方面，2021 年 10 月，"南虹桥智慧医疗创新试验区"揭牌，园区规划面积 7.5 平方公里，依托北部的新虹桥国际医学园区、南部的智能医疗创新示范基地和东部的国际健康生命城等片区；同时，"浦江基因未来谷"揭牌，预计到 2025 年将集聚 200 余家基因相关企业、实现营收 100 亿元。目前，商务区已吸引罗氏、东软、信达、威高、正大天晴、康德莱、其胜生物、云南白药、库克医疗等企业 2800 多家[①]，已集聚了因美纳、普洛麦格、之江生物、思路迪等一批国内外领先的基因检测龙头企业，也聚集了信达生物全球研发中心等一批生物医药产业的重大项目[②]，将充分发挥高端医疗服务、生物医药、基因技术、人工智能与医疗器械融合的集聚优势，打造生命新科技的研发地和集散地。

3. 低碳新能源

以双碳为目标驱动，虹桥国际中央商务区着力吸引和培育低碳能源企业，强调低碳能源技术策源地和实践区功能，在绿色创新经济和降碳减排中发挥引领作用。一是在搭建低碳能源技术会展平台方面，在第四届进博会上，技术装备展区首次设置能源低碳及环保技术专区，与绿色能源、建筑节能、环境治理相关参展企业多达 60 余家，充分展现低碳化、智能化等行业发展新趋势。二是在集聚低碳能源技术企业方面，商务区聚焦太阳能、氢能、核能、风电、储能等重点领域，已引进低碳新能源企业 1100 余家，天合光能、晶科能源、远景能源、中核建、中电投、壳牌、神马电力、安姆科等行业领军企业纷纷设立国际化总部[③]；新材料、新能源产业将成为北虹桥片区"十四五"重点发展产业。三是在打造绿色低碳发展商务区方面，核心区建成三星级及以上绿色建筑占比达 58%，绿色低碳、生态环保的花园式商务区形态大致显现；根据虹桥国际开放枢纽中央商务区"十四五"发展主要任务，要按照世界一流标准，通过完善供能系统和低碳平台建设运营、打造新型海绵城市建设最佳实践区、推动绿色生态城区建设以及构建高

---

① 资料来源：https：//mp. weixin. qq. com/s/b8Jo_ 59PWvcdBexgAYfV9Q。

② 资料来源：https：//www. shhqcbd. gov. cn。

③ 资料来源：https：//mp. weixin. qq. com/s/b8Jo_ 59PWvcdBexgAYfV9Q。

品质生态空间，打造绿色低碳发展商务区①；遵循商务区"最低碳"的理念，虹桥商务区管委会于2021年编写了《虹桥商务区低碳规划建设分导则》。

4. 汽车新势力

随着低碳减排的推进和智能网联汽车的发展，人们对于低碳减排技术、新能源、数据和软件服务的需求会越来越大，虹桥国际中央商务区已集聚汽车产业链企业1700多家②，将依托进博会和产业园区，吸引和培育智慧汽车研发和制造头部企业，不断提升汽车领域的高端研发和设计能力、制造和销售服务能力，发挥总部溢出效应，形成汽车新势力。一是在搭建汽车会展平台方面，2021年4月，在上海国家会展中心举办了上海国际汽车工业展览会；在第四届进博会上，汽车展区会集了全球十大汽车集团，全面展示世界汽车工业的最新发展成果和未来愿景③。二是在集聚智慧汽车总部经济方面，例如，在商务区核心区虹桥新地中心，就有一家专注于智能网联、智慧交通、车路协同及智慧出行解决方案的总部企业——联陆智能交通科技（上海）有限公司，其2020年逆势扩张，成立成都分公司，公司人员增加50%，致力于成为智慧出行引领者；蔚来是全球领先的智能电动汽车企业，蔚来国际业务总部于2021年落户在嘉定片区，建设规模超过17万平方米，是包括研发、办公、展示等功能的国际业务总部园区。三是在打造汽车企业集群产业园方面，虹桥国际中央商务区长宁片区将打造"临空智能驾驶产业园"，推动形成汽车产业集聚区，吸引新能源汽车、智能驾驶等重点领域高端研发总部集聚④，加速打造上下游协同创新的汽车产业集群。

5. 时尚新消费

2021年9月，《上海市建设国际消费中心城市实施方案》正式印发；根据《上海市商业空间布局专项规划（2021—2035年）》，虹桥国际中央商务区引领打造上海西片国际级消费集聚区，提升消费能级，打造时尚新消

① 资料来源：《虹桥国际开放枢纽中央商务区"十四五"规划》。
② 资料来源：https：//mp.weixin.qq.com/s/b8Jo_ 59PWvcdBexgAYfV9Q。
③ 资料来源：https：//www.shhqcbd.gov.cn。
④ 资料来源：https：//www.shcn.gov.cn/col5441/20220309/1212744.html。

费。一是在搭建消费品会展平台方面，在第四届进博会上，消费品展区展览面积超过 9 万平方米，是面积最大的展区①。二是在培育消费特色方面，承接进博会等重点展会溢出效应，大力发展首发、首秀经济，吸引国外消费品首店、体验店，国内外知名品牌、网红品牌、国潮品牌落地，打造新一代进口商品消费商圈。2021 年，东风日产智能汽车 ARIYA 体验中心全国首店在光大安石虹桥中心 Art Park 大融城开业，Venchi 亚洲首家机场店和%Arabica 咖啡全球首家机场店、lululemon 国内机场首店等均选择设在虹桥机场。三是在丰富消费业态方面，大力发展保税、免税、离境退税、即买即退、跨境电商新模式等。加大进出口商品集散地推进力度，做大做强虹桥品汇、绿地贸易港等"6 天+365 天"交易服务平台，打造国别中心及全球消费中心集中展示基地。目前，进博会常年展销平台已吸引超过 150 个国家和地区的 2.6 万个品牌，15 万种商品入驻销售。四是在消费品牌打造方面，承接"五五购物节"和"拥抱进博首发季"等促消费活动，打响"虹桥购物"品牌。五是在商业能级提升方面，围绕商业重点项目建设、数字商圈、夜间活动开展等加强指导，不断引入高能级、高品质的消费地标。2021 年，长宁虹桥临空商务区的光大安石虹桥中心 Art Park 大融城，毗邻虹桥交通枢纽、东接国家会展中心的首位 SHOWAY 和位于虹桥前湾核心区域的富昱前湾印象城被列为市级重点消费地标。

四　"四高五新"产业体系建设的经验启示

纵观上海虹桥国际中央商务区产业体系建设历程与成果，不难发现，商务区"四高五新"产业体系建设为中央商务区产业体系建设及发展提供了重要经验启示，为增加产业竞争力和提升经济韧性提供重要的借鉴价值。

（一）战略引领，定位产业体系建设

由政府参与制定统一协调的区域产业政策，着重产业体系的空间布局，

---

①　资料来源：https：//www.shhqcbd.gov.cn。

强化中央商务区的高端产业引领功能布局，切实推动和落实产业定位与产业政策。在"十三五"规划发布到"十四五"规划发布期间，无论是国家层面还是上海市级层面都对虹桥国际中央商务区的发展起到战略引领作用，强调国家顶层设计、虹桥细化方案和创新扶持政策的衔接与契合，商务区基本形成了新一代商业区，实现了配套优势明显、区域特色鲜明以及产城融合发展。根据《上海市产业地图（2022）》，商务区核心区主要有总部经济、国际商贸、高端服务、时尚消费等，西虹桥片区主要有会展商贸、文创旅游、空间信息，东虹桥片区主要有枢纽经济、临空经济、数字经济、产业金融，北虹桥片区主要有创新经济、低碳能源、科技服务、智能汽车，南虹桥片区主要有国际化公共服务、生命健康、电竞娱乐等；此外，还有南北两条拓展带，长三角一体化发展。中央商务区的产业体系建设要在"新蓝图"和"施工图"这两张图上做足文章，既要有产业战略性眼光，又要有产业落地的方案。

（二）区域联动，共推产业体系建设

上海虹桥国际中央商务区地处长三角地区，是构建长三角产业的动力源，将助力长三角消费一体化升级，推进长三角技术一体化提升，服务长三角产业总体发展，引领长三角一体化前行；与此同时，长三角一体化建设也是上海虹桥国际中央商务区产业体系建设的助推器，长三角地区的产业联动、企业互动、资源流动和市场空间融合都将助力于商务区的产业体系建设。在"十三五"期间，上海虹桥国际中央商务区重点打造了长三角电子商务中心、长三角会商旅文体联动平台，与长三角主要城市基本实现一小时通勤①。根据《规划》，"十四五"期间将加快建设长三角贸易促进中心，持续打造商务区与长三角主要城市两小时轨道交通圈，提升沪宁、沪杭等方向的对外高速通行能力；建立长三角外籍人才服务平台，搭建长三角人才中介机构联盟平台。

①　资料来源：《虹桥国际开放枢纽中央商务区"十四五"规划》。

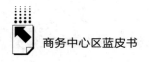

（三）人才集聚，保障产业体系建设

中央商务区的发展离不开人才，产业体系建设也同样离不开人才。商务区的产业体系建设，对人才提出了更高的要求，也将吸引更多的人才来到中央商务区，尤其是引进海内外高层次人才，进而保障商务区的产业体系建设。为构筑虹桥国际中央商务区人才优势，由虹桥国际中央商务区管委会牵头，整合政府部门人才服务功能资源与人才引进、创新创业扶持类公共机构，打造"虹桥国际人才港"，设立"虹桥国际人才港 CDP 服务中心"和"虹桥人力资源服务CDP 中心"，集聚具有全球人力资源配置服务能力的市场机构，为国际高端人才打造健康、生态、多元文化共融的国际化生活环境，建设体验佳、效率高、服务优的人才服务枢纽。截至 2021 年 12 月，中国上海人力资源产业园区虹桥园已吸引上海外服、CDP 集团、英格玛集团等 50 家人力资源龙头企业落地，已举办第六届中国人才峰会（上海站）暨"中国人力资源服务机构 100 强"颁奖典礼、2021 新鹅湖之会百亿企业家专场、中国企业家走进虹桥、2021 年大中华地区HRVP 高峰论坛、中国人力资源数字化生态峰会 5 场大型人力资源活动，对接近百家人力资源企业，构筑区域人才合作交流和便捷办事的一流服务平台。此外，商务区内的文体中心、白领食堂、商业、餐饮、剧院群、优质教育和医疗资源、绿地景观和公园等空间品质也是人才集聚的重要因素。总之，中央商务区的产业体系建设可以通过做强做优人力资源服务产业园，加强高等教育人才培养，增强人才激励，优化人才服务，打造优质空间品质，做到积极吸引人才、牢牢抓住人才、努力培养人才。

（四）交通畅联，助力产业体系建设

中央商务区产业体系建设离不开交通流畅运行。无论是货物运输，还是人的运输，都离不开交通，并且只有流畅的交通系统才能够快速畅联起不同的区域，加速人和物的区际流动，有效提高交流互通的频次，进而构成人物运输的有力保障，助力产业体系建设。上海虹桥综合交通枢纽作为特大城市的特大型综合交通枢纽，是拥有 150 万平方米的超大型城市交通综合体，聚

集机场、高铁、轨交、公交、出租、长途等多种交通方式，并衔接上海港，为虹桥国际中央商务区提供巨大的交通便利优势，也是"四高五新"产业体系建设的重要基础。根据虹桥枢纽客流高位运行新形势，2022 年《虹桥综合交通枢纽突发事件总体应急预案》实施，2015 年发布的《虹桥综合交通枢纽市级基层应急管理单元突发事件应急预案（总案）》同时废止，再次优化完善了虹桥综合交通枢纽的应急处置能力，进一步为"四高五新"产业体系建设保驾护航。同时，智慧火车站、智慧停车等智慧交通项目在商务区纷纷落地建设，而"智慧交通"建设既能拓展信息共享渠道，又能加强信息精准及时报送，智能化交通枢纽打造显然将进一步推动商务区的交通畅联。随着上海以及长三角地区的快速发展，虹桥综合交通枢纽也将进一步加强规划建设和运营管理，确保未来能够承载更多的集散需求、更快更有效的响应能力。

（五）智慧赋能，加速产业体系建设

随着大数据、5G、人工智能等信息技术的快速发展，上海虹桥国际中央商务区正如火如荼地建设"新基建""智能网联示范应用"，依托政策支持和科技支撑，涵盖智慧政务管理、智慧社区、智慧园区、智慧商贸、智慧建筑、智慧交通、智慧会展等领域，全方位大力打造"智慧虹桥"，催生新业态、新场景，不断加速商务区产业体系建设。《上海虹桥商务区管委会关于"智慧虹桥"建设的政策意见》《上海虹桥商务区管委会关于虹桥商务区新型基础设施建设项目贴息管理的政策意见》等一系列配套的政策体系推出。同时，正在加快推进国际互联网专用通道在商务区的示范落地，国际互联网专用通道机房适应性改造、铁塔 2021 新基站、新虹桥医学园区智慧园区、国展中心智慧会展、北斗园区智慧平台功能提升等项目通过视频连线的方式正式"云开工"，安全、有序、高效地提升了数智赋能水平[①]。

---

① 资料来源：https：//www.shhqcbd.gov.cn。

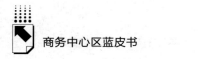

参考文献

顾春娟、张晓篯：《中国国际进口博览会：四度相约　越办越好》，《国际商报》2021 年 12 月 28 日。

弘铮言：《彰显开放优势　提升枢纽功能》，《上海人大月刊》2021 年第 10 期。

梁琳：《做强核心功能　带动协同创新》，《上海科技报》2022 年 3 月 8 日。

毛冬冬：《相聚进博　共沐"开放的春风"》，《上海人大月刊》2021 年第 11 期。

吴力、阎密、顾春娟：《第四届进博会：圆满落幕　世界共赢》，《国际商报》2021 年 11 月 11 日。

吴斯洁：《虹桥商务区周岁"长势喜人"》，《国际金融报》2022 年 3 月 7 日。

吴卫群：《长三角民企总部扎堆"大虹桥"》，《解放日报》2021 年 9 月 8 日。

B.17
成都春熙路：以商圈建设提升经济活力

李文洁　单菁菁*

摘　要： 自 2020 年以来，在新冠肺炎疫情等因素影响下，我国经济社会发展受到较大冲击，而消费作为经济"稳定器"和"压舱石"的作用愈加凸显，多地提出建设国际消费中心城市以提升经济活力。成都春熙路作为我国西南地区最繁华的商业中心之一，在疫情之后展现出了强大的经济韧性和经济发展带动力。本文梳理春熙路的发展历史，总结春熙路近年来在体制机制创新、消费场景营造、消费模式培育等方面的经验做法，以期为其他城市商圈建设提供经验参考。

关键词： 成都　春熙路　商圈建设　消费城市　经济活力

一　引言

《中华人民共和国国民经济和社会发展第十四个五年规划和 2035 年远景目标纲要》提出，要深入实施扩大内需战略，增强消费对经济发展的基础性作用，顺应居民消费升级趋势，提升传统消费，培育新型消费，发展服务消费，适当增加公共消费，培育一批国际消费中心城市，打造一批区域消费中心。从我国情况看，随着经济从高速增长阶段转向高质量发展阶段，促进

---

* 李文洁，中国社会科学院大学应用经济学院博士研究生，主要研究方向为城市与区域发展；单菁菁，中国社会科学院生态文明研究所研究员，博士生导师，主要研究方向为城市与区域可持续发展、国土空间开发与治理、城市与区域经济等。

消费和服务业发展已经成为高质量发展和建设新发展格局的内在要求。自2020年以来，我国消费市场在新冠肺炎疫情等外部冲击影响下，仍显示出强大韧性。2021年，我国社会消费品零售总额达到440823亿元，比上年增长12.5%，两年平均增速为3.9%。2012~2020年，我国社会消费品零售总额年均增长8.4%①，对经济增长的拉动效应十分明显，消费作为经济"稳定器"和"压舱石"的重要性愈加凸显。"十三五"期间，我国最终消费支出对经济增长的贡献率稳定在60%左右，但相较于发达国家70%~80%的消费贡献率，我国消费仍有较大提升空间。所以，提高居民消费能力、完善消费政策、改进消费环境、开拓更多的消费增长点应成为我国经济发展的着力点。

商务中心区（CBD）是城市承载现代服务业的主要区域，高密度地聚集了金融、贸易、中介服务、文化、零售、餐饮等产业，伴随而来的巨量人流和资金流也创造了可观的消费流，因此CBD往往也是城市中重要的消费承载地，促进了CBD商圈的形成。商圈是零售企业的经营活动空间和顾客的消费行为空间直接或间接重叠创造出的一种动态空间范围。建设CBD商圈是促进消费结构升级的重要做法，也是提升城市经济活力的重要手段。自2020年以来，在实施新一轮扩大内需战略、构建新发展格局的背景下，国家级步行街改造提升试点对城市商圈发展带动作用明显，夜间经济、首店经济等新消费业态不断涌现，商圈数字化、智能化发展水平不断提升。CBD商圈在疫情发生后在促进消费回补、激发城市消费活力方面发挥了重要作用。随着居民消费加速升级、新一代信息技术深度应用和城市更新持续推进，未来CBD商圈将不仅是吸引国内外商业活动的重要载体，也将在促进城市消费升级、满足人民日益增长的美好生活需求方面发挥重要作用。

2003年，成都首次向社会公布成都CBD规划。CBD选址依托成都老城中心区，其规划范围北起新华大道、南至府南河、东起红星路、西达东城根街，总面积5.5平方公里。其中，中央商务区核心区面积为2.45平方公里，包括了春熙路、红星路、盐市口、骡马市、顺城街等传统商务、商业聚集区

---

① 资料来源：国家统计局。

域。本文选取的研究对象——春熙路商圈就位于其中。经过近 20 年的发展，虽然成都产业功能区规划几经调整，新兴商务区也不断涌现，但春熙路始终是成都乃至西南地区最具代表性、最繁华的商务中心区之一。春熙路核心区域面积 0.96 平方公里，现有约 700 家商业网点，14 栋超甲级（甲级）写字楼，21 家高端酒店，11 家外国驻蓉领事机构，24 个高端商业体。春熙路建成近百年，有着"中西部第一商业街"的美称。"十三五"期间，春熙路所在的成都市锦江区服务业增加值是"十二五"末的 1.51 倍，消费对其所在的锦江区经济增长贡献率达 75%[①]。本文将沿着春熙路商圈发展的历史，分析总结春熙路商圈的优势基础和经验做法，提出未来发展的建议和对其他 CBD 商圈建设的启示与借鉴。

二 春熙路商圈发展历史和传统优势

（一）春熙路商圈发展历史

春熙路始建于 1924 年，最初是由时任四川督理的军阀杨森提议建设在市中心繁华商业区联通东大街和劝业场的马路，以方便来往客商和市民。春熙路初名森威路，后得名于《道德经》中"众人熙熙，如享太牢，如登春台"的典故，以描绘商业繁华、百姓熙来攘往的盛世太平之景。春熙路建成之后，得益于绝佳的地理位置，发展速度极快，迅速聚集了当时成都地区最高档的理发厅、钟表行、眼镜公司、西餐厅、茶楼、戏园等商家，使春熙路在民国时期就成为集购物、餐饮、休闲于一体的综合性商业街。同时春熙路还聚集了商务印书馆、中华书局和大量报馆，使春熙路成为成都的文化商业中心，被誉为"成都第一路"。

20 世纪 80 年代改革开放后，春熙路开启了现代商业的新篇章，进入了第一段黄金发展时期。随着春熙路上的"路中路"——青年路市场的开市，

---

① 资料来源：《2021 年成都市锦江区政府工作报告》。

以服装批发为代表的商贸业聚集春熙路，春熙路以物美价廉的名声吸引了大量客商。1991 年，春熙路南段出现了金融交易市场，金融机构开始向春熙路周边汇集。1992 年春熙路夜市首次开街，最高峰时夜市摊位 600 多个、从业人员 3000 余人，年成交额数亿元。同时，太平洋百货、伊藤洋华堂等一批外资百货陆续落户春熙路。在繁华鼎盛时期，春熙路聚集了 21 个行业、800 余家商店。

2001 年，春熙路夜市关闭，春熙路经过大规模改造扩建成为纯步行街区并于 2002 年重新开街，标志着春熙路进入第二段快速发展期。重新开街当日，春熙路人流量达到 10 万人次，之后春熙路的人流量迅速增长，以步行街为中心，春熙路日均人流量约 30 万人次，周末日均人流量达 50 万人次，黄金周则最高达到 80 万人次。扩大规模的同时，春熙路根据业态特色进行了商圈产业规划，细分为"精品一条街""休闲个性一条街""餐饮一条街"和围绕中山广场形成的商贸中心区，并对新进入春熙路的商家实行资格审查制度，鼓励低端商业腾退。春熙路辐射圈内东大街板块数十座高层写字楼，汇聚上百家金融机构和世界 500 强企业，会集而来的高收入人群形成了更为强劲的消费力，助推春熙路营业额再次快速增长。

虽然坐拥核心商圈先天优势，但传统的商场形态逐渐不能满足高端消费人群的需求，春熙路遭遇发展瓶颈。101 购物中心、GAP 成都第二店撤离和第一城运营失败等事件，让春熙路的业绩一度下滑。2014 年，春熙路商圈提质升级，向东与红星路、大慈寺商圈深度融合，引入 IFS、太古里等高端商业综合体，正式开启了春熙路商圈的现代化时尚化进阶发展阶段。其中，2014 年开业的成都 IFS 包括 27 万平方米的超甲级写字楼和 21 万平方米的旗舰购物中心，引进 Chanel、Balenciaga 等数百个奢侈品牌和知名品牌中西部首店，开业一年即实现出租率 100%。疫情之后，IFS 购物中心和太古里仍继续保持销售额两位数增长，其中 2021 年 IFS 购物中心销售额超过 100 亿元，跻身全国购物中心销售额排行榜前十。以春熙路为代表的商圈在疫情下凸显强大的商贸消费韧性，支撑成都市社会消费品零售总额总量规模和增长速度均位居全国前列。

（二）春熙路商圈传统优势和特色

回顾春熙路"百年金街"发展史，它的长期繁荣主要得益于以下三点。

一是城市商业历史文化积淀深厚，消费氛围浓郁。春熙路街道虽然修建于 1924 年，但其所在的区域早在唐宋时期就是成都的商业中心。而成都则有"千年商都"的美誉，城市商业史最早可以追溯到先秦时期。在唐宋时期，成都已成为全国工商业最为繁盛的地区，有"扬一益二"之称。春熙路北端所链接的成都劝业场，则是始建于晚清时期的四川第一条近现代商业街，是四川乃至西南地区近现代商业的开端。长期繁荣发达的商业氛围，营造了成都浓厚的休闲消费文化，为春熙路商圈的发展奠定了基础。

二是位居城市地理中心位置，客群辐射西南全域。从城市内部来看，春熙路商圈处于城市中心地带，交通便利，3 条地铁线和 3 条城市主干道从区域内穿过，与机场、高铁站均有地铁直接相连，人流物流可快速到达，其中地铁线路直通 IFS、太古里和银石广场三大商业综合体，并与周围地下商业街相连通，有效增强了春熙路商圈的交通便利性和可达性。从更大的空间尺度来看，成都市作为我国西部地区的重要中心城市，是中东部地区通往四川其他城市以及西藏等相邻省区的重要交通枢纽，对于西部地区的人流、商流有着极强的吸引力，春熙路商圈凭借成都的枢纽地位将辐射范围扩展到整个西南地区。

三是商业业态完善，各业态相互促进发展。从建成起，春熙路就是以娱乐休闲为主，商贸、餐饮、购物、文化等业态完备的综合性商业街区，可以为游客提供一站式游购娱体验。后随着城市经济的发展，高端写字楼纷纷入驻，金融服务等现代服务业集聚于春熙路—东大街沿线。商业高度发达的春熙路所拥有的丰富客户资源、便利的交通和信息流、人流，正是现代服务业所关注客户市场和商务环境的非成本因素，为现代服务业的集群化发展提供了良好基础。而现代服务业带来的专业金融、咨询等服务，则能帮助商圈内商家更好地进行业务规划和成本计划，助力商业提质发展。

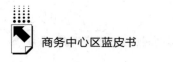

三 春熙路商圈建设经验及成效

2020 年新冠肺炎疫情发生以来，实体经济受到较大冲击，但春熙路商圈表现依然强劲。2020 年国庆中秋双节期间，春熙路商圈日均客流达 88.6 万人次、同比增长 25.8%，商圈内 24 家重点商场实现零售额 37.4 亿元、同比增长 18.6%。2021 年，春熙路商圈成都 IFS、成都远洋太古里销售额稳居成都商业综合体销售额前二，其中成都 IFS 进入全国商业综合体销售额前十名。2021 年，春熙路国际时尚消费中心区域 GDP 对其所在的成都市锦江区经济贡献同比增长 10%，与此同时，春熙路所在的锦江区社会消费品零售总额达到 1324.3 亿元，连续 18 年位居全市第一，社会消费品零售总额增速达 13.7%，高出全国平均水平 1.2 个百分点①。在疫情冲击影响下，春熙路商圈仍然保持强大韧性，支撑锦江区以及成都市经济稳步增长，主要得益于以下四点。

（一）创新体制机制管理，促进产业提能升级

早在 2007 年，锦江区打破行政界限，按照经济功能区的要求，避免多个街道在招商引资时同质化竞争，成立了锦江区中央商务区管委会，由管委会统一规划、统一建设锦江区中央商务区，并为该区域内的企业提供更好的服务。2019 年成都进行产业生态圈和产业功能区调整，全市划分为 12 个产业生态圈 66 个产业功能区，成立春熙路时尚活力区管委会。春熙路时尚活力区聚焦时尚消费、国际商务、消费金融、数字文创四大主导产业，全力做强国际消费中心城市极核区、国际时尚消费引领区、西部数字文创中心三大功能，加快建设国际消费中心。同时，在活力区内，根据每个片区的自身产业基础和文化特色，规划产业细分、功能匹配、空间集聚的 8 个产业社区。产业社区的划分明确了各个片区的主导产业，也突出了各个片区的特色，避

---

① 资料来源：《锦江区人民政府 2022 年政府工作报告》。

免了同质化竞争，也促使各个片区整理空间载体资源，优化产业布局，使产业社区内的优势产业提质升级（见表1）。

表1 春熙路时尚活力区产业社区划分

产业社区	主导产业
春熙路国际潮购城	国际商贸业
盐市口总部商务活力区	金融总部业
红照壁国际城市会客厅	国际商务业
四圣祠国际文化交流区	时尚文化消费和医美健康产业
水井坊滨江潮玩廊	
牛王庙市井烟火风貌区	数字文旅产业
东湖时尚文旅社区	
攀成钢国际金融商务中心	新兴金融产业

资料来源：《锦江区人民政府2021年工作报告》。

（二）营造新消费场景，带动城市更新提质

2019年12月，成都召开建设国际消费中心城市大会，聚焦"以场景营造为核心，促进新消费创新应用"，在全国率先提出塑造满足人民美好生活需要的八大消费场景，并实施"一场景一示范"。"场景营城"是成都公园城市示范区建设的路径创新方式，也成为贯穿成都创建国际消费中心城市的关键词。2021年，春熙路商圈以"成都十二月市"① 为主题，应势拓展后街经济、夜间经济等新兴消费场景，提升品质、提升功能、提升效益，精心打造潮购、潮游、潮玩、潮享四条场景消费专线（见表2），带动相连相邻子街巷连片改造升级，加快建成国际时尚消费中心动力极核特色街区。潮游专线中，"1.314爱情专线"就获得政府投资800余万元，带动社会投资6000余万元，原有社区底商业态实现100%升级，引进夜购、夜游、夜食、

---

① "成都十二月市"是成都在唐宋时期在现春熙路大慈寺一带举行的每月特定主题的交易集会。

夜秀等新业态，并植入"交子券"、数字货币支付结算等科技体验场景。2022 年 3 月，"1.314 爱情专线"沿线商家营收较上年增长 34.39%，预计 2022 年实现销售额 12.5 亿元。

表 2　潮购、潮游、潮玩、潮享四条场景消费专线

消费场景专线	具体内容	2021 年成绩
潮购专线	串联春熙路、IFS、太古里，打造潮购专线，以品牌时尚为主题，精心打造春台市锦、红星路步行广场等核心节点，辐射带动正科甲巷、小科甲巷、大科甲巷、联升巷、南糠市街、东糠市街等 6 条子街巷风貌整治、城市更新和业态转型	带动沿线重点商超营收同比增长 22.4%
潮游专线	串联太古里、合江亭、九眼桥，打造潮游专线，以鲜花爱情为主题，深化"1.314 爱情专线"建设，在"锦江""酒吧""音乐"等关键符号的基础上精心打造"玉成缘起""邂逅广场""四季花街""东门码头""天仙桥会""繁花市井""合江听涛""兰桂品香""九眼桥醉"等核心节点，辐射带动东顺城南街、玉成街、天仙桥北路、天仙桥滨河路、天仙桥南路、黄伞巷等 6 条子街巷风貌整治、城市更新和业态转型	带动沿线临街商铺营收同比增长 58.7%
潮玩专线	串联九眼桥、牛王庙、水碾河，打造潮玩专线，以电音电竞为主题，精心打造水璟唐、潮力方、娇子音乐厅等核心节点，辐射带动锦官驿、金泉街、年丰巷、青和里南北段、宏济路、水碾河南三街等 6 条子街巷风貌整治、城市更新和业态转型	带动沿线品牌潮店营收同比增长 28.9%
潮享专线	串联华兴正街、四圣祠，打造潮享专线，以美食美容为主题，精心打造西部文化产业中心、国际医美城等核心节点，辐射带动永兴巷、慈惠堂街、岳府街、庆云南街、落虹桥街、中道街等 6 条子街巷风貌整治、城市更新和业态转型	带动沿线老字号店铺营收同比增长 38.6%

资料来源：《锦江区人民政府 2022 年政府工作报告》。

（三）大力发展首店经济，培育消费新品牌

首店是指知名品牌在一定地理范围内开设的第一家店，从首店的选址中可以看出商业企业的梯度转移路径。首店经济则是地方通过整合优势资源，以首店布局和新品首发为手段促进商业创新的一种经济发展模式，在我国最

早由上海正式提出。自 2018 年以来，成都大力布局首店经济，首店开幕的网红效应，能够大幅度提升商圈人流量，同时也能在抖音、微信、微博等社交媒体扩大商圈和品牌的知名度，实现线上线下消费的良性互动。春熙路基于一线品牌覆盖率较高的商业基础，着重吸引小众品牌、潮牌和设计师品牌首店，以实现对于年轻客群的吸引力。并且在引入外来首店的同时，注重本土老字号的活化焕新和孵化本土特色品牌首店。2021 年，成都共计引入 801 家各类首店，仅次于上海（1078 家）和北京（901 家），引入首店数量较 2020 年增长 415 家，同比增长 107.5%，增速超过上海和北京，春熙路商圈则是成都首店布局最多的商圈。①

（四）奢侈品加码布局，巩固高端时尚消费优势

在创造新消费场景的同时，春熙路商圈不断加强商圈环境建设，提升高端客群的消费体验。春熙路商圈大力邀请品牌在春熙路进行首发、首展、首秀，让消费者能沉浸式了解品牌文化与精神价值，也让商业体的公共空间拥有更多样化的表达。自 2018 年起，成都打破北京、上海时尚垄断，先后举办 Chanel、Chloe、Dior、Louis Vuitton、Hermès 等时尚大秀，成为继北京、上海之后的时尚第三城。成都太古里成为全球首个取得 LEED 最新标准铂金认证的开放式商业街区，极大提升了消费者的购物体验。2020 年，春熙路新增菲拉格慕亚洲单店销售冠军、范思哲等全国单店销售冠军 50 家。优秀的销售成绩不断地吸引众多奢侈品品牌加码布局，进一步巩固春熙路商圈西南奢侈品消费中心地位。2022 年第一季度，国内第三家 LV 之家亮相远洋太古里，Gucci 新店入驻 IFS，Balenciaga 和 Moynat 新店进驻远洋太古里，目前已有 11 家奢侈品牌在春熙路大慈寺商圈布局了双店，其中两大头部奢侈品集团 LVMH 和开云占到 9 家。这也反映了高端消费品对春熙路区域的持续看好和对成都消费市场的长期信心。

---

① 资料来源：上海中商数据、成都零售商协会：《2021 年度成都首入品牌研究》。

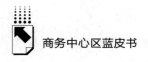

四　新形势下春熙路商圈面临的挑战

（一）传统线下消费模式受到互联网发展和疫情防控双重挑战

随着互联网商业平台的兴盛、智能手机等移动设备的普及和网络信息基础设施的不断完善，线上消费逐渐成为消费的重要方式。自 2020 年初新冠肺炎疫情以来，餐饮、旅游和线下购物等传统消费模式受到极大影响，以直播带货、在线娱乐为代表的"宅经济"逆势兴起。2020 年全国网上零售额达 11.76 万亿元，同比增长 10.9%，实物商品网上零售额达 9.76 万亿元，同比增长 14.8%，占社会消费品零售总额的比重接近 1/4。2021 年全国网上零售额 13.1 万亿元，实物商品网上零售额 10.8 万亿元，占社会销售品零售总额比重达 24.5%，规模居世界第一。① 当前，零星散发式疫情反复，消费者流动仍受到一定限制，预计传统线下消费模式仍易受到影响。同时，不同于疫情前只有年轻消费者青睐电商消费的情况，目前，全年龄段的消费者对网络购物、线上娱乐等生活方式都已形成习惯，线下传统消费场景吸引消费者回归难度较大。

（二）成都城市版图南向扩张，新兴购物商圈发展迅速

随着 2010 年成都市政府正式搬迁至市区南部的成都高新区，成都城市版图不断向南扩张。十余年间，众多科技创新企业扎根成都南部新城的高新区，成都市政务、经济、产业重心和人口流量均逐步向南偏移。2021 年，成都高新区与锦江区宣布合作共建交子公园金融商务区，培育"第二都市级商圈"——交子公园商圈。目前交子公园金融商务区入驻金融及配套企业数量位居中西部第一，已汇集了包括成都 SKP、环球中心和银泰 in99 在内的 8 家大型商业综合体。交子公园围绕"公园里的商圈"定位，着力打

---

① 资料来源：国家统计局。

造具有国际品质及体现成都特色的新型公园式购物模式。交子公园商圈内，交子大道沿线聚焦文创、时尚潮流和生活美学消费场景，引进雅格狮丹等各类首店 49 家，吸引大量年轻消费者前往打卡。而在建的 SKP 预计在建成后将对春熙路商圈内的 IFS 和太古里高端客户群体进行分流。

（三）载体空间趋于饱和，商圈扩容增效受限

春熙路商圈位于城市中心，黄金口岸寸土寸金，经过近百年的发展，载体空间已接近饱和，但是推进现代服务业提档升级、转型发展的步伐还在不断加快。2011~2014 年，春熙路通过整合红星路—大慈寺商圈的土地资源，引入了铁狮门、九龙仓、太古地产、远洋地产等知名开发企业，在 3 年左右的时间里新建超过 100 万平方米的商业综合体，新增近 20 万平方米的购物空间，成功打造了 IFS、远洋太古里、银石广场等商业项目，成功助推春熙路商圈东扩并向时尚化、高端化发展。但经过近十年的发展，春熙路商圈商业载体再次趋于饱和。2022 年，成都预计有 70 万平方米购物中心进入零售市场，但均不在春熙路商圈内。春熙路商圈通过城市更新提供的小型商业空间，无法满足仍在快速扩张的商业布局需求，春熙路商圈急需在空间载体供应扩展上破题。

五　启示借鉴

春熙路经过百年发展和多次转型升级，目前已发展成为以时尚消费、国际商务、消费金融、数字文创四大产业为主导，覆盖盐市口、合江亭、水井坊、大慈寺等多个文旅消费热点区域，日均人流量超过 30 万人次的"中西部第一商圈"，在高端时尚消费等领域比肩北京、上海等一线城市 CBD。总体来看，春熙路商圈发展历程和经验做法对于 CBD 商圈的发展，尤其是中西部城市 CBD 的发展在以下三个方面有着较强的借鉴意义。

一是创新管理模式，加强商业体合作。大型综合商业体往往依托本身强大的招商运营团队，但容易出现各商业体各自为政、相邻商业体业态重复性

较高、恶性竞争的情况。成都春熙路时尚活力区将辖区细分为八大产业社区，引导各产业社区着眼于细分市场，避免了同质化竞争，同时业态之间的联动也促进了商圈内部的良性合作与错位竞争。又如北京成立北京 CBD 商圈联盟，促进商业项目之间互动交流，并联手政府部门共同打造消费节、购物节等北京 CBD 品牌消费活动，推动商圈错位发展、良性互动。

二是结合本地特色打造新消费场景。成都春熙路以"成都十二月市"的文化历史典故为依托，打造包括"夜游锦江""春台市锦"在内的富有蓉城特色、充满本土风韵的新消费场景，避免了千城一面的同质化消费场景，在带给消费者更多新鲜感的同时，也赋予了消费场景更深的历史文化内涵，帮助游客更好地了解本地文化，提升文旅消费体验。

三是线上线下联动发展，促进实体商业店铺与线上平台"联姻"。春熙路通过互联网平台联动线下商圈，开展首店打卡、夜间消费节等丰富多彩的主题促进消费活动，串联"吃住行游购娱"，让线上平台用户流量资源、网红营销资源、即时物流配送资源与实体商业线下的商品和服务供给资源、文化体验资源进行精准匹配，形成线上线下有机联动的消费热点，充分释放消费需求潜力。同时，互联网平台企业依托大数据挖掘，可以快速发掘消费者最新需求，反馈至实体商业，助力实体商业精准定位，提升服务质量满足消费者需求。

参考文献

董超：《顺应消费升级趋势 促进首店经济发展》，《先锋》2020 年第 2 期。

杜泽江：《春熙路修建始末》，《资源与人居环境》2016 年第 6 期。

国务院发展研究中心"建设国际消费中心城市的政策研究"课题组：《新阶段我国加快国际消费中心城市建设的政策研究》，《中国经济报告》2021 年第 5 期。

蒋三庚、于慧芳：《现代服务业集聚的区域选择研究》，《人民论坛·学术前沿》2010 年第 9 期。

齐晓斋：《城市商圈发展概论》，上海科学技术文献出版社，2007。

国际借鉴篇

International Experience Chapters

B.18
伦敦金融城的"地域修复":
打造西方首位的人民币离岸中心

王晓阳*

摘　要：　全球金融危机和英国退出欧盟对伦敦的国际金融中心地位和国际化带来了巨大的冲击。在这个背景下,伦敦金融城积极打造人民币离岸中心体现了其强大的经济韧性。伦敦金融城积极打造西方首位的人民币离岸中心,作为"地域修复"的手段,以维持其在全球的竞争力。本文展示了将金融中心作为一个具体切入点来理解在更广泛的人民币国际化过程中形成金融市场的重要意义。人民币离岸中心的打造可以理解为一种政治经济关系,其增长依赖并受经济决策的影响,但至关重要的是东道国(中国)市场与离岸市场关系中的政治决策。这种政治经济关系主导的再金融化和地域修复对中国 CBD 的发展带来重大

---

* 王晓阳,地理学博士,全球城市实验室首席研究员,主要研究方向为国际金融中心、全球城市、城市与区域发展等。

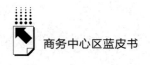

启示。

关键词： 伦敦金融城　人民币离岸中心　地域修复　经济韧性

一　引言

在英国经济学家 O'Brien 提出"地理的终结"这一论断 30 年之后，金融中心，特别是领先的国际金融中心不仅仍然存在，而且在当代全球资本循环和国际金融体系的运行中发挥关键角色。不同区位的金融中心，特色、机制和尺度各不相同，从而在物理空间中造成持续的、不平衡的金融增长与繁荣。伦敦金融城作为全球领先的国际金融中心，管理着全球约 15% 的资产，总额达到 11 万亿英镑。从 2010 年起，戴维·卡梅伦（David Cameron）政府为金融危机后在伦敦发展新的中英金融市场的可能性增加了动力。他于 2016 年结束的首相任期中，在许多方面都标志着中英关系的高峰，包括在金融方面。特别是在 2010~2015 年，由卡梅伦领导的联合政府战略性地寻求在地缘经济上重新平衡英国经济，使其转向中国。这一政策重点包括但不限于金融。英国成为中国投资日益重要的目的地，尤其是在伦敦。

这种政治经济背景，无论是在英国还是就英国当时的全球地缘经济优先事项而言，都为支持和合法化伦敦在人民币国际化中的作用提供了更广泛的经济和政治合法性。无论是在资金、信息还是全球影响力方面，英国和伦敦金融城都具有无与伦比的优势，将为中国和其他合作伙伴的全球布局和发展提供支持。中国的"走出去"、人民币国际化以及开放金融服务业等战略意味着中国将继续把伦敦作为优先合作伙伴。越来越多的中国金融和专业服务机构落户英国，尤其是在伦敦金融城，目前已有 40 多家中国金融机构入驻。伦敦是继香港之后全球最大的人民币离岸交易中心，也是中国企业募集资金的首选地。

伦敦与人民币的"牵手"体现了伦敦金融城的韧性发展战略。2008~

2009 年的全球金融危机对伦敦造成重大冲击。2016 年 6 月，英国退欧公投之后，伦敦作为欧洲金融中心的地位被削弱。同年，人民币正式加入特别提款权（SDR）货币篮子，在国际化方向上迈出了一大步。从长远来看，几乎没有人会否认人民币将在世界舞台上扮演更加重要的角色。在这个背景下，伦敦金融城积极打造西方首位的人民币离岸中心。作为大中华区以外最大的人民币离岸清算中心，伦敦的人民币业务增长迅速。2021 年，伦敦的人民币外汇市场交易量、新点心债券发行规模、中英跨境人民币交易量、人民币存贷款余额等各项指标同比均出现增长。伦敦的日均人民币外汇交易量接近 820 亿英镑，比上一年增长 7%。在伦敦证券交易所上市的点心债券金额上涨 130%，达到 167.1 亿元。截至 2021 年 12 月底，英国累计人民币清算量达 64.05 万亿元。

本文展示了将金融中心作为一个具体切入点来理解在更广泛的人民币国际化过程中形成金融市场的重要意义。从理论上讲，金融中心不仅仅是建立全球金融市场"路径依赖"的强制性通道，还通过旨在让特定类型的金融市场蓬勃发展的监管和政策变化重塑全球金融市场。本文特别强调政府在"地域修复"（territorial fix）进程中的角色，尤其是货币和金融当局的作用，因为它们试图利用监管变革将国际金融中心用作"地域修复"的一种方式，以实现其在国际金融体系中的政治经济目标。伦敦金融城打造离岸人民币中心就是一个很好的案例。

二 地域修复与"地理"的政治经济学

正如英国经济地理学家 Pryke 指出的那样，"流"与地域之间复杂的互动作用促进了当代金融资本主义的发展。这些特定的地域被称为"金融中心"。地理学家认为，金融化可以被部分定义和理解为对空间修复或"地域修复"的寻找，其中一部分是资本第四类循环的出现和日益增长的影响。在这种概念化的方法中，可以将金融中心视为战略性场所，从而可以引导资本和价值的内外向流动，以寻求全球、国家或区域金融一体化的空间和地域

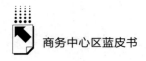

修复。金融中心提供了修复全球资本网络，在多尺度空间中进行重组的机会。空间的金融化显示出高度极化的结构，金融化的力量需要某些特定区域作为空间中介，以实现空间或区域修复，这些地域中介就是金融中心。

1990 年代后，发达经济体和新兴市场中主要金融中心的发展，被视为对空间构架中正在进行的金融化寻求地域修复的积极反应。在多尺度空间中，具有先发优势的一些国内金融中心在国家战略政策方面具有高度优先权，以使这些中心更具竞争力并更容易承接资本流动。因此，全球资本的空间循环促进了国际金融中心作为寻求时空修复的门户的发展。在这些过程中，作为地域修复的国际金融中心已越来越多地融入世界经济，并随着全球城市的发展而繁荣。

与此同时，社会学家 Kirshner 宣称"货币是带有政治属性的"，因此，必须始终对货币的政治性进行考察。在"地理"的政治经济方面，地理学家和其他学者对政治和国家—政府的干预在阻碍、促进和维持某些金融中心发展中的作用有了更全面的研究。"地理"的政治经济与传统政治经济的不同之处在于，这种方法主要关注地点（场所）而不是空间，并为特定金融中心提供了更详尽的地理学解释。通过地域政治，政治成为塑造增长和改变特定金融中心性质的过程中的关键因素。

基于市场经济制度多样化的理论，越来越多的学者证明了政府启动和创造条件以超越传统的新自由主义模型（市场导向模型）、促进特定的金融中心建设的重要性，尤其是在全球金融危机以及中国崛起并积极融入全球金融的背景之下。French 等强调了政府试图将监管作为应对金融中心之间激烈竞争的战略工具。此外，Hall 指出，建立对货币和金融更具政治性和地理性的解释，以及国际金融体系空间异质性的分析框架非常重要。

三 以金融中心为切入点研究人民币国际化

人民币国际化现有工作的重点一直是国家尺度国际化背后的地缘政治和地缘经济学，特别关注中国在全球金融领域的进展，特别是人民币作为全球储备货币的发展潜力。人民币国际化的大部分研究都借鉴了以前的货币变化案例作为其组织框架。他们将此称为"技术经济"方法，强调货币国际角色的宏观经济决定因素。然而，正如他们所指出的，美元以这种方式升值，进而人民币以类似方式发展，也并非不可避免。

虽然这种以技术为中心的货币国际化方法存在明显的局限性，但McNally 和 Gruin 确定了另外两个新兴的思想流派，他们试图在国际政治经济学方法中更全面地理解人民币国际化。其中第一个重点关注促进人民币国际化的中国国内先决条件和张力。人民币国际化的第二种方法强调为人民币国际化提供动力的国际地缘政治，这种方法过分强调了"国际体系的结构动态"。然而，如果我们认真对待 McNally 和 Gruin 的呼吁，即理解货币权力不能直接从国家权力中解读出来的方式，那么这表明需要更多地关注其他行为主体努力塑造人民币国际化等全球货币转型的经济进程的尺度。

换句话说，人民币国际化现存的研究侧重于"全球货币体系"的地理分布，但较少关注"全球金融体系"的地理分布，特别是国际金融中心的作用，在全球金融体系中，国际金融中心处于人民币国际化进程的核心。鉴于这两个系统相互作用的重要方式，将人民币国际化理解为不仅是一个国家工程，而且借助国际金融中心的形成得以推进，这一点很重要。作为回应，本文以金融中心，特别是以领先的离岸（即中国大陆以外）人民币中心的伦敦金融城作为研究起点。人才、话语、法规、资金和金融中心的流动，解释了伦敦金融城如何以及为何形成了领先的西方人民币离岸中心的地位。

四　伦敦金融城的人民币国际化

人民币国际化是一个多方面的过程，包括一系列经济和外交政策干预，旨在促进人民币在中国大陆以外作为货币的更多使用。这包括在中国以外的金融中心指定人民币清算银行，在中国境外发行以人民币计价的债券，以及允许外国机构投资中国内地债券和股票市场。这些发展意味着到 2021 年 12 月，人民币成为仅次于美元、欧元、英镑的第四大支付货币。

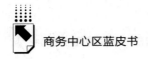

然而，美元和欧元的主导地位仍然引人注目，美元占支付的40.5%，欧元占36.6%，而人民币占2.7%（截至2021年12月）。[1] 这揭示了国际金融中心在中国大陆以外的独特地理环境，这些地理环境对塑造人民币国际化的性质和形态至关重要。

从2010年代中期开始，伦敦与包括法兰克福、巴黎和卢森堡在内的其他欧洲金融中心竞争人民币业务。尽管每个中心都热衷于强调自己在人民币国际化方面的"第一"，但有一些明确的迹象表明伦敦发挥了核心作用，这将在接下来的内容中进行更详细的讨论。例如，2016年6月，伦敦证券交易所在中国大陆以外发行了第一支人民币债券。到2020年6月，按价值计算，近33%的人民币外汇即期交易发生在英国，而香港和美国的可比数字分别接近11%和14%。同时，伦敦是大中华区以外最大的人民币支付中心，英国占人民币外汇交易的43.9%。

分析表明，在人民币国际化方面，伦敦是在话语、政治和经济上，中国尤其是中国人民银行选择的合法合作伙伴。与其将伦敦视为中国货币和金融网络流动的惰性背景或强制性通道，不如认为伦敦金融城更好地为伦敦和中国的财政部和货币当局的政策目标提供了地域解决方案。其中至关重要的是，在当时的首相卡梅伦和财政大臣乔治·奥斯本的领导下，一系列经济政策领域支持更紧密的英中关系。

与此同时，在金融领域，英国在2015年3月成为第一个加入亚洲基础设施投资银行作为创始成员的欧洲国家时，清楚地表明了英国致力于与中国建立更密切关系的承诺。亚投行是一家成立于中国，对世界银行和亚洲开发银行等西方尤其是美国的多边金融机构的回应。

通过关注对伦敦发展成为领先的离岸人民币中心至关重要的中英地缘政治和外交政策决策，伦敦金融城除了作为人民币国际化合法化的必经之地外，还成为一个重要的节点，支持人民币国际化的规范被上传到全球货币和金融网络。将伦敦塑造和（重新）打造为领先的西方离岸金融中心的地缘

---

① 中国人民银行：《2022年人民币国际化报告》，2022年9月。

政治工作在很大程度上旨在协调中国和伦敦的主要政策制定者和金融参与者的利益。伦敦绝不是人民币资金流动的被动接受者，而是积极参与塑造围绕人民币国际化的叙述以及西方国际金融中心在其中的潜在作用。

五　伦敦作为离岸人民币中心发展中的地域修复和（重新）监管空间

伦敦在英国和中国成为人民币国际化的西方首选合作伙伴，说明了全球金融危机后，伦敦金融城重塑金融版图和被重塑的两个重要主题。首先，国家和更广泛的政策导向机构，尤其是伦敦金融城集团，在协调伦敦金融服务界的利益方面发挥着核心作用。这呼应了将伦敦金融市场的形成理解为政治经济关系的呼吁。其次，政策制定者、致力于促进伦敦金融城全球影响力的组织和监管机构的活动表明，伦敦人民币离岸市场的建立不仅仅是将人民币融入以其他货币计价的现有全球金融市场的故事，更重要的是，伦敦金融城作为一个地域单位，通过参与人民币国际化，特别是在对海外中资银行的监管方面，正在以特定方式被重塑。

在这里需要引入地域修复的概念（第二部分中已经阐释），它参与人民币国际化，部分是为了使人民币国际化项目本身合法化，部分是为了应对金融危机对英国政治经济中金融业地位的影响。然而，在这样做的过程中，它已成为人民币市场本身的一个活跃元素，通过这个地点（伦敦金融城），关于离岸人民币中心可以或应该如何运作的特定规范和期望已经产生并被传达回全球金融市场中。分析中的一个关键要素是，它展示了伦敦金融城如何成为一个有价值的切入点，以揭示 Alami 确定的两个循环之间的交叉点。在他看来，这两个循环构成了"货币权力的关系地理"或者说全球金融在人民币国际化的背景下：首先是全球货币体系的地理，其次是全球金融体系的地理。

伦敦的案例展示了金融中心如何介于这两个体系之间，从而形成了全球金融的地理。它们是关于货币政策决策的空间，也是货币形式通过金融市场进行创新交易和交换的空间。正是在这个意义上，本部分首先通过研究伦敦金融城的地域特质来展开这一分析，这些特质促使伦敦被中国货币和金融当局认定为有可能发展成为西方第一个离岸人民币中心，然后转向如何通过中国和英国的国家干预来实现这一目标，用 Christophers 的话说，就是将伦敦作为人民币国际化的"地域修复"。

（一）将伦敦打造为欧美领先的离岸人民币中心

关于伦敦作为国际金融中心在经济地理学以及经济社会学、经济史和国际政治经济学等相关领域的研究很多。历史视角提供了一个有价值的起点，因为它们通常将伦敦作为国际金融中心的崛起追溯到它在支持和资助英国贸易方面的作用。在伦敦作为国际金融中心发展的这些长期主题的基础上，可以确定三个最重要的属性，这些属性解释了为什么中国货币当局将伦敦确定为西方第一个离岸人民币中心的所在地以及它是如何建立并获得了伦敦政府和私营部门的支持。

首先，从文化经济的角度，特定于伦敦的公约被理解为构成和塑造了伦敦金融城理想和合法金融活动的社会文化规范，对中国的货币当局和政策制定者以及英国的私营部门金融服务界都起到重要作用。这遵循了先前确定的有关城市社会性的更广泛的研究。正是在这个意义上，伦敦为人民币国际化提供了认知领导力的潜力。特别是，需要了解这些公约在 2007～2008 年全球金融危机之后运作时的时间和地理特殊性与人民币国际化轨迹之间的关系。

从创建新的金融市场和产品开始，如果要在伦敦发展人民币金融，这显然是必要的，在 2007～2008 年金融危机之后，从业者和决策界都担心危机可能威胁伦敦作为领先的国际金融中心的地位。这些担忧意味着伦敦金融界在英国政府的支持下，对新形式金融市场的试验和相关发展持特别开放的态度，"以保持其作为全球范围内领先的国际金融中心的地位"。这一举措加强了伦敦作为全球领先金融中心的地位。

其次，这与伦敦发展成为离岸人民币中心的第二套公约有关，这可以概括为伦敦金融城"真正而深刻的国际化倾向"。这反映了一个基本事实，与纽约相比，伦敦的发展一直依赖国际金融服务，因为其潜在的国内市场规模相对较小。在这个背景下，英国政府在促成伦敦与人民币国际化的"联姻"上发挥了至关重要的作用。在卡梅伦首相的领导下，它准备促进与中国的经济联系，特别是金融联系，以确保全球金融危机冲击下英国的经济发展和伦敦作为国际金融中心的持续主导地位。事实上，当时的财政大臣奥斯本特别热衷于与中国达成双边经济协议，以此作为英国经济增长的源泉。

最后，确定伦敦作为西方第一个离岸人民币中心的选址的第三套重要公约在于它与香港（第一个离岸人民币中心）和中国的货币当局关系非常紧密。这些联系很重要，因为它们为金融监管机构提供了一定程度的承诺，了解伦敦的运作方式并会回应他们的要求。

伦敦的这些公约以及英国政府和政策制定者对它们的支持，显然在伦敦成为西方第一个离岸人民币中心的合法性中发挥了重要作用。首先，研究中确定的关于伦敦作为国际金融中心的成功及其提供的外部规模经济的更多标准制度属性很重要。其次，伦敦的时区，便于与海外同行进行 24 小时交易，其对外汇市场的历史依赖，以及深厚而密集的高技能劳动力库，都已在围绕人民币国际化的政策文献中得到强调。过去 30 年，大量的地理学文献解释了伦敦作为国际金融中心的持续重要性。最后，伦敦金融城对促进其作为离岸人民币中心的初步发展非常重要的第三个维度是其监管方法，特别是利用监管变化来促进离岸市场的发展，历史上通过 19 世纪 60 年代和 70 年代发展欧洲美元市场来促进离岸市场的发展。对伦敦欧洲债券市场的发展至关重要的是监管变革与金融机构在这种不断变化的环境中寻求解决方案，同时也以最有利于自身目的的方式塑造监管环境。伦敦金融城的这些特征是其作为离岸人民币市场合法中心定位的核心。

（二）伦敦离岸人民币市场的"地域修复"

通过关注伦敦发展成为离岸人民币中心时监管的实施，伦敦金融城可起到"地域修复"的作用。这种"地域修复"涉及伦敦金融城边界之外的多尺度关系，在以下方面尤为重要：第一，年度中英经济与金融对话；第二，伦敦金融城倡议将伦敦作为人民币业务中心；第三，伦敦—香港人民币论坛。通过这些渠道，人民币国际化的不同方面可以从伦敦传递到更广泛的人民币国际化网络中。

首先，自 2007 年起，一年一度的中英经济与金融对话开始，这些对话主要在副首相级别进行。这些对话的意义是双重的。在某一层面上，它们充当了一个平台，宣布来自中国和英国货币当局的主要监管变化，这些变化促进了伦敦人民币市场的发展。在另一个层面上，它们在谨慎履行英中密切的经济和金融关系方面也发挥了重要的话语作用，双方都利用这些关系来证明他们对伦敦在人民币国际化中地位的承诺。第五次和第六次对话尤为重要，因为这些会议标志着伦敦作为离岸人民币中心的发展步伐和规模显著加快。英国货币当局试图通过自己的监管改革来回应中国对伦敦的承诺。最值得注意的是，英国央行同意考虑中国银行在英国开设分行而不是子公司的申请。

英国政府在卡梅伦和奥斯本的领导下支持伦敦发展成为离岸人民币中心的承诺进一步体现在英国政府成为第一个以人民币发行债券的西方国家，2014 年它筹集了 30 亿元人民币，是当时西方历史上规模最大的人民币债券。虽然发行本身相对较小，但它对人民币国际化具有象征意义，同时也表明英国政府致力于将伦敦发展为离岸人民币中心。

其次，通过离岸人民币金融重塑伦敦的地域空间，并不仅限于双边国家关系。伦敦货币当局也在寻求发展伦敦的人民币离岸金融中心凭证，最引人注目的是在 2012 年 4 月创建了伦敦金融城倡议，将伦敦作为人民币业务中心。该倡议旨在考虑支持伦敦发展为人民币业务中心的实际措施，并就伦敦发展为人民币中心所面临的问题向英国财政部提供建议。这一倡议还旨在向香港监管机构学习其发展人民币中心的经验。

为此，倡议的成员来自在伦敦和香港设有办事处的头部金融机构的代表，包括中国银行（英国）有限公司、汇丰银行、中国建设银行（英国）有限公司和巴克莱银行。成员资格揭示了伦敦利用其作为与香港紧密联系的国际金融参与者的历史优势，通过银行和金融服务公司之间的私营部门合作来发展在人民币业务方面的专业知识。该倡议基于这样的假设，即这些企业网络可以作为知识共享和学习的渠道，以便香港作为第一个和领先的离岸人民币中心的企业经验可以用来为伦敦的发展提供信息。

最后，支持伦敦发展成为人民币中心的私营部门和国家支持的结合进一步得到伦敦—香港人民币论坛的巩固。该论坛自 2012 年 5 月成立以来已举行了三次会议，以提高金融市场参与者对人民币市场的认识。论坛包括英国财政部官员、香港金融管理局以及伦敦和香港参与人民币市场的银行和金融机构代表之间的会议。这些会议的目的是在香港和伦敦的公司之间共享信息，并确保政策制定者和监管机构了解他们的要求。例如，英格兰银行和香港金融管理局通常在这些会议上充当协调人。

这些事态发展表明，中国和伦敦的政策制定者和监管机构都坚定地致力于通过伦敦金融城的监管变革来重塑金融空间，以此促进伦敦作为离岸人民币中心的发展。然而，值得注意的是，围绕伦敦人民币活动的持续发展存在一定的不确定性，包括英国脱欧、中美贸易关系等均会对伦敦作为离岸人民币中心的发展产生影响。

六　结论和借鉴意义

本文探讨了伦敦如何以及为何成为人民币国际化中首要的西方金融中心。中国追求人民币国际化的性质，通过离岸人民币中心网络形成了其独特的地理环境。双循环的背景进一步强化了这个模式。因此，需要离岸人民币中心来管理中国大陆以外的人民币流通。伦敦一直是特别重要的西方离岸人民币中心。为了解释这一点，本文将人民币离岸中心的打造理解为一种政治经济关系，其增长依赖并受经济决策的影响，但至关重要的是，中国市场与离岸市场关系中的政治决策。通过这样做，英国政府对伦敦作为离岸人民币中心的政治支持，尤其是在伦敦金融城集团的领导下，被认为是伦敦在人民币国际化中日益重要的核心。然而，随着英国政治格局发生变化，特别是自 2016 年公投脱欧以来，这种对政治支持的依赖导致伦敦在人民币国际化中

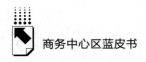

未来角色的不确定性增加。

在人民币国际化的背景下，伦敦金融城提供的正是 Christophers 或 Elden 所说的"政治技术"，它结合了对伦敦的地域和网络理解。一方面，对于中国而言，伦敦是一个金融中心，能够实现其进一步推动人民币国际化进入欧洲的目标。与此同时，对英国而言，在伦敦进行监管改革以支持人民币国际化，是为了在全球金融危机之后维持伦敦作为国际金融中心的地位而做出的更广泛努力的一部分，并在政治关注范围内培养与国际金融中心的密切关系。

在全球金融危机之后，伦敦金融城打造离岸人民币中心的发展战略体现了韧性，这给中国 CBD 的发展带来诸多启示：第一，在多尺度空间中，具有先发优势的一些国内金融中心在国家战略政策方面具有高度优先权，以使这些中心更具竞争力并更容易承接资本流动。因此，国家空间战略应该支持北京 CBD 和上海 CBD 的国际化，使它们成为双循环背景下，对接境内外资本流动的门户；第二，地缘的政治经济关系对 CBD 的发展有重大影响，因此，政府在处理国际关系中，应该塑造有利于金融中心发展的"背景"；第三，除了政府之外，跨国公司、国际组织和其他金融机构也对 CBD 之间的合作起到重要作用，因为要发挥多种行为主体在促进 CBD 发展和人民币国际化中的角色作用。

参考文献

《专访伦敦金融城市长：中英将进一步加深商业合作伦敦人民币离岸市场持续增长》，21 世纪经济报道，https：//baijiahao. baidu. com/s？id＝1729446560789750129&wfr＝spider&for＝pc。

Christophers Brett. "The Territorial Fix：Price，Power and Profit in the Geographies of Markets"［J］. *Progress in Human Geography*，2014，38：754−770.

Brenner Neil. New State Spaces：*Urban Governance and the Rescaling of Statehood*［M］. Oxford：Oxford University Press，2004.

Kirshner Jonathan. " Money is Politics" ［J］. *Review of International Political Economy*, 2013, 10: 645−660.

Woo Junjie. "Beyond the Neoliberal Orthodoxy: Alternative Financial Policy Regimes in Asia's Financial Centers" ［J］. *Critical Policy Studies*, 2015, 9: 297−316.

Woo Junjie. *Business and Politics in Asia's Key Financial Centers: Hong Kong, Singapore and Shanghai* ［M］. Singapore: Springer, 2016.

French Shaun, Leyshon Andrew, Thrift Nigel. "A Very Geographical Crisis: the Making and Breaking of the 2007−2008 Financial Crisis" ［J］. *Cambridge Journal of Regions, Economy and Society*, 2009, 2: 287−302.

Hall Sarah. "Geographies of Money and Finance I: Cultural Economy, Politics and Place" ［J］. *Progress in Human Geography*, 2010, 35: 234−245.

Hall, Sarah. "Rethinking International Financial Centres Through the Politics of Territory: Renminbi Internationalisation in London's Financial District" ［J］. *Transactions of the Institute of British Geographers*, 2017, 42, 489−502. doi: 10.1111/tran.12172.

McNally, C. A., and Gruin, J. "A Novel Pathway to Power? Contestation and Adaptation in China's Internationalization of the RMB" ［J］. *Review of International Political Economy*, 2017, 24, 599−628. doi: 10.1080/09692290.2017.1319400.

Hall, Sarah. *Respatialising Finance: Power, Politics and Offshore Renminbi Market Making in London* ［M］. London: Wiley, 2021.

Alami, I. "On the Terrorism of Money and National Policy-making in Emerging Capitalist Economies" ［J］. *Geoforum*, 2018, 96, 21−31.

Lai, K. P. Y. Marketization through Contestation: Reconfiguring China's Financial Markets through Knowledge Networks ［J］. *Journal of Economic Geography*, 2011, 11, 87−117.

B.19
拉德芳斯品牌建设及其
对我国中央商务区的启示

湛 泳 唐世一 邱思琪*

摘 要： 品牌建设是商务区获取差异化竞争力的重要途径，随着互联网、大数据等新兴数字技术在社会经济生活中的广泛应用，尤其是抖音、微博、微信等社交媒体软件在民众中的普遍使用，互联网平台、新兴社交媒体已经成为商务区品牌形象传播的重要载体。与此同时，由于关于商务区或城市的形象、定位等相关信息能够更加顺畅地传播于国内乃至国际公众间，商务区的品牌建设对商务区的发展而言在数字和信息时代显得更加重要。本文试图基于巴黎拉德芳斯区品牌建设的主要措施和显著成效，结合当前国内商务区发展的实际情况，探讨拉德芳斯区在品牌塑造以及运营管理方面为国内商务区带来的启示与经验借鉴。

关键词： 中央商务区 拉德芳斯 品牌建设

一 引言

拉德芳斯区属于法国上塞纳省，位于巴黎大都市区西北部的塞拉河畔，规划总面积 750 公顷。20 世纪 50 年代末，为承接巴黎老城区的商务功能，

---

* 湛泳，博士，湘潭大学理论经济学博士生导师，主要研究方向为金融发展与技术创新；唐世一，湖南大学管理学博士，研究方向为国防经济与技术创新；邱思琪，湖南大学管理学博士，研究方向为国防经济与技术创新。

缓解巴黎全市的人员工作与居住、交通出行等方面的压力，政府部门决定在巴黎近郊建设拉德芳斯商务区。经过多年、多阶段的建设，拉德芳斯从落后的小村庄发展成世界著名的商务中心。如今，入驻拉德芳斯区域的企业超过3000家，其中包括许多法国大型企业和世界500强企业，超过15万人在该区域工作，每年有200万游客来拉德芳斯旅游、购物[1]，可见，拉德芳斯已形成集购物娱乐、商务办公、休闲旅游等于一体的多元化品牌形象，成为欧洲乃至全球最负盛名的中央商务区之一。拉德芳斯区的规划建设和发展主要具有以下三个特点。

一是政府和企业共同主导开发。拉德芳斯区的开发建设是政府和开发公司共同完成的。政府部门设立专门的区域开发公司（简称EPAD）负责拉德芳斯区的土地收购、基础设施建设等任务。同时，政府部门对开发公司具有较大的控制权，从而实现政府对区域的规划设计、监督管理等流程的主导权。

二是公共交通基础设施发达。拉德芳斯区具有发达的公共交通路网系统，包括轨道交通、地铁、快速路、区域快速交通线等，还设计了完善、多元化的慢行交通路网，包括步行、自行车、轮滑等慢行方式的路网。同时，拉德芳斯区已经形成了高架交通、地面交通和地下交通"三位一体"的便捷交通系统，实行了人车分流、互不干扰的交通模式。拉德芳斯区的公共交通系统每天能够承担35万人次以上的通勤任务，且区内85%的员工通过公共交通上下班。

三是注重历史艺术文化与现代化办公功能的结合。为了保持与巴黎老城区的历史文化艺术传承的紧密联系，拉德芳斯区设计集古典建筑的艺术魅力与现代化办公功能于一体的地标性建筑——新凯旋门，并在办公楼、会展中心等商务建筑间构建了雕塑、音乐喷泉等多种多样的艺术作品，使拉德芳斯区的古老历史艺术文化与现代化城市建设理念从割裂走向了融合。

---

[1]　魏后凯、李国红主编《中国商务中心区发展报告（No.1）》，社会科学文献出版社，2015。

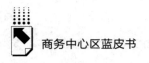

二 拉德芳斯商务区品牌建设和运营的主要成效

（一）树立艺术与环境融合理念，提升商务区文化内涵

2020 年安永联合城市土地学会发布的《全球商务区吸引力报告》认为，音乐表演、艺术画廊或假日活动能够为员工、居民提供健康的环境、舒适的生活和工作氛围，吸引高端人才来商务区工作和生活，从而提高商务区的影响力。2020 年，拉德芳斯在人居环境方面排名全球第八、欧洲第三。拉德芳斯区不断提升的人居环境和深厚的历史文化底蕴，吸引了大量新居民的到来，根据 2017 年数据统计，截至 2017 年 10 月拉德芳斯区约新增 4.2 万居民，并成为欧洲人口最多的商务区[①]。

拉德芳斯通过定期开展音乐会、歌剧、展览等文艺活动，提升商务区艺术文化内涵，吸引了全世界许多游客前来观赏，提高了商务区游客流量，促进了当地旅游经济的发展。拉德芳斯区内有会展中心、剧院、新凯旋门屋顶展厅等场所会定期举行艺术表演、艺术品展览、音乐会等文艺活动。另外，拉德芳斯区开展文化艺术活动恰好与巴黎文化艺术之都的称号相匹配，该举措相当于借助巴黎的文化艺术之都的城市品牌基础，提高拉德芳斯区的艺术文化品位，放大拉德芳斯区的文艺品牌效应，从而促进区域经济韧性和社会韧性水平的提升。

从拉德芳斯区的建筑景观设计来看，拉德芳斯区在总体设计上融合了巴黎传统艺术文化与现代化商务区理念，而且是在保留和翻新传统老建筑的基础上建设新建筑，最大限度地保护传统老建筑。新凯旋门与老凯旋门遥相呼应，也是一座时尚的现代艺术博物馆，既实现了对巴黎老城区过去历史的传承，又丰富了现代化的城市色彩，完美地连接了巴黎城市的新老文化。

---

① 永安、城市土地学会：《2020 年全球商务区吸引力报告》，2020。

（二）打造商务区景观特性，提高商务区品牌影响力

商务区通常位于都市圈的核心位置，这意味着该地区需要与大都市的其他部分（如国际机场）保持良好的联系，并且通常是休闲和商务旅游的目的地。进一步提高国际影响力是商务区的一个关键优先事项，这可以通过举办国际活动、高端会展和论坛，并通过加强与世界其他商圈的联系来推广商务区品牌。根据2020年安永联合城市土地学会发布的《全球商务区吸引力报告》，拉德芳斯在世界影响力方面排名全球第五、欧洲第二，仅次于英国伦敦金融城。

拉德芳斯通过新凯旋门打造门户化的城市形象，梳理商务区的品牌特殊性，提高品牌影响力。拉德芳斯区具有融合了传统文化艺术与现代科技的景观特性，区内最典型的建筑就是新凯旋门。新凯旋门作为拉德芳斯区的标志性建筑，融合了办公、餐饮等基础性功能，还具备娱乐、观光、会展等附加性功能，这使得新凯旋门成为拉德芳斯区的门户型建筑。

另外，拉德芳斯区内还设计和建设了大量雕塑、喷泉、特殊景观等艺术作品，通过在城市公共空间设计和嵌入具有文化特色的艺术作品来呈现拉德芳斯区的文化多元性、复杂性和独特性，从而加强游客或当地居民对拉德芳斯区的形象感知和理解。例如，拉德芳斯区许多广场上都摆放了著名艺术家米罗、塔基斯以及亚历山大·考尔德等人雕塑的作品。同时，在政府部门和开发公司的大力保护下，拉德芳斯所在的城市巴黎至今还完好地保存着3000多座历史悠久的古建筑，这使得拉德芳斯俨然是一座规模宏大的历史博物馆。拉德芳斯在这些古迹名胜的烘托下更具吸引力，通过巴黎的城市氛围培育出拉德芳斯良好的中央商务区品牌。总之，拉德芳斯区的设计与规划完美地将公共艺术与自然环境、人工环境以及人文环境融合在一起，这不仅能够提升居民的居住舒适感，还能激起游客的艺术文化共鸣，加强游人对拉德芳斯区历史、艺术文化的品牌印象，提高拉德芳斯的品牌影响力。

（三）建设完善的基础设施，提高商务区品牌吸引力

基础设施是商务区品牌竞争力的重要支持性因素，拉德芳斯作为一个集

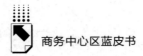
旅游、娱乐、办公等多项功能于一身的商务区，其内部基础设施的建设更是塑造具有竞争力的品牌形象的重要基础和途径。得益于近年来的投资建设热潮，在配套基础设施方面，拉德芳斯从全球第二位上升到第一位。2020年，拉德芳斯在建或规划中的房屋面积超过70万平方米，达到目前可售存量的20%。同时，拉德芳斯等全球发达的CBD已经开始通过数字技术及其基础设施来运营和管理CBD，例如在建筑物添加传感器，以实现预测性维护，并改善对能源消耗和使用的管理。随着技术设备和数据使用的增加，商圈内以及城市之间的5G融合也可能成为商圈用户的一个吸引力因素，特别是在当前常态性防疫管控的情况下，例如相关区域的封锁解除、部分员工仍在家工作的情形下，数字基础设施的完善有利于CBD的运营和管理效率的提升。具体而言，为吸引高端企业、优质人才入驻拉德芳斯区，政府和开发公司设计和规划建设了渐趋完善的基础配套设施，包括发达的公共交通路网系统和办公楼、医疗机构、购物中心等其他娱乐性、功能性的基础设施。而且拉德芳斯的房屋空置率也大幅下降（2019年为4%，而2017年为近8%）[①]，这也说明了拉德芳斯区对企业、人才的商业吸引力较大。

从拉德芳斯区的公共交通路网系统来看，政府部门和开发公司设计规划了充足的快速路、地铁、轨道交通等公共交通路网。拉德芳斯区已经建成了18条公车路线和2条铁路，能够承担每天35万人次的通勤需求量。在交通的空间设计上，拉德芳斯建设了地上、地面以及地下"三位一体"的交通系统，而且构建了世界上最早的人车分流系统，实现了行人与车流互不干扰，既保证了行人的安全，也避免了因人车混流造成的行驶拥堵，提高了行车的通行效率。另外，拉德芳斯区规划建设了26000多个地下停车位，这不仅满足了长时和临时的停车需求，也能够把人流带来，还能把人流带走，实现了人流停留时间的保证。发达的交通基础设施为拉德芳斯区的人员流动提供了良好的条件，同时也推动了区内人才和经济集聚效应的产生，提高了拉德芳斯区的品牌吸引力水平。

---

① 永安、城市土地学会：《2020年全球商务区吸引力报告》，2020。

一方面，随着拉德芳斯区交通网络智能化水平的不断提升，区内居民和游客不仅能够从容抵达目的地，还能实现高效的跨区域空间移动，融合应用商务、购物与休闲场景，从而促进区域间的人口交汇和商业融合，推动了拉德芳斯区的经济繁荣发展。同时，发达的交通路网系统有利于促进产业集聚，创造了更多的就业岗位，对全区乃至全市的劳动力就业吸纳产生了积极的促进作用，提高就业率，进而提升城市区域发展水平，间接促进了拉德芳斯区经济发展水平的提升。另一方面，拉德芳斯区不仅构建了完善的机动车交通路网，还进行了全面城市标识系统的更新、慢行交通路网的规划。区内的慢行交通系统主要包括步行、自行车、滑轮等非机动车交通路网，这为当地居民和游客的出行提供了更加多元化的选择，同时也能够降低机动车、私家车出行率，降低汽车尾气等污染物的排放，提高拉德芳斯区的人居环境质量。另外，多元化的公共交通系统还能够提升城市应对紧急事件、突发性自然灾害等外部冲击的抵抗能力、动员能力以及自我恢复能力，间接提高环境韧性水平，从而对公众塑造和形成安全、稳定、高效的商务区品牌形象。

此外，除了发达的公共交通路网系统，拉德芳斯区还规划建设了充足的生活、娱乐、购物等功能性的配套设施，包括满足区内居民和游客居住、办公、娱乐、观赏、旅游等基础设施配套系统。具体而言，政府部门和开发公司在区内的闲置空间设计了充足的公园，设置了许多雕塑、喷泉等艺术作品，同时规划设计了大量办公楼、会展中心以满足入驻企业的办公需求。对居民和游客而言，拉德芳斯区还建设了大量绿地和宽敞的人行广场，绿地面积超过67公顷，区内还有邮局、医院、出租车公司、购物中心、快递公司、酒吧、餐厅等各种服务设施，基本能够满足当地居民和游客的办公、居住、娱乐、旅游等多元化的需求。充足的服务配套设施每年可以为拉德芳斯吸引200万游客慕名而至，这不仅提高了拉德芳斯在全球的品牌知名度，更提高了企业、人才入驻拉德芳斯区的倾向和意愿，提升了拉德芳斯区在游客、人才以及企业中的知名度和吸引力。

（四）大力优化营商环境，吸引高端人才、企业入驻

《全球城市500强报告》显示在2019~2021年三个年度的排名中，巴黎

的品牌价值均稳列全球第四位，仅次于纽约、伦敦、东京，且巴黎三个年度的品牌价值均超过1万亿美元，是全球极少数在品牌价值上超过1万亿美元的城市，而巴黎获得如此高的成绩离不开拉德芳斯区的贡献。

为招揽全球优秀企业和人才，拉德芳斯区积极向国际企业招商。拉德芳斯通过专门网站提供详细的企业设立程序、劳动法、企业税、企业可享受政府提供的财政支持等相关资料的介绍和下载，最大化地进行信息公开，以此来吸引优质企业入驻。通过政府部门的持续性大力支持，加上开发公司的多年经营，拉德芳斯区吸引了大量法国国内外的优质企业、跨国公司、银行、证券公司、大饭店等实体入驻。拉德芳斯区已有3000多家来自全球的知名企业入驻，且其中不乏法国排名前100的企业和世界500强企业，包括四季商业中心、法国电力公司、兴业银行、里昂信贷银行等优质企业。

但拉德芳斯也具有与普通商务区不同的特点。一方面，拉德芳斯的商业覆盖更加多元化，包括保险、能源、信息科技、通信、咨询和服务等多种行业，而且拉德芳斯所在的巴黎地区的公司在研发方面的投资占该地区GDP的3.6%，位居欧洲第一，体现出拉德芳斯区强大的创新投资文化，这种"以投资促发展"的独特发展模式不仅有助于拉德芳斯区的快速发展，更有助于其抵抗金融危机、疫情等不确定性因素带来的风险。具有行业多样性与高密集度特征的拉德芳斯与其他产业单一的商务区相比具有更高的抗风险能力。因为行业多样化可以促进区域内同行业和跨行业公司之间的商业合作，也可以迅速地发现行业周期性问题并对其进行补足，防止出现一损皆损的情况。这使得在当前新冠肺炎疫情持续蔓延、大国博弈升级、极端气候变化、国际粮食市场动荡以及近期俄乌冲突的国际环境下，拉德芳斯区仍然具备更强的经济韧性。另一方面，拉德芳斯能够顺应市场变化实时调改，及时适应市场需求。例如，拉德芳斯老牌购物中心四季商业中心（QuatreTemps）根据消费者市场需求，在引入LV等名品旗舰店的基础上，进一步吸引欧尚（Auchen）超市以H&M、优衣库、Zara等为代表的大众品牌入驻，以满足不同消费水平的消费者的需求。直至今日，四季商业中心以其多元化业态与品牌而著称，日均接待客流仍保持在10万人次以上的高位，这使得四季商业中心依旧是拉德芳斯得以享誉全球的名片之一，提高了拉德芳斯商务区的品牌效应。

（五）政府的持续性支持，提高了市场对拉德芳斯的信心

拉德芳斯商务区的成功离不开政府的持续性支持。相比于西方新一届内阁总是惯于推翻上一届施政方针的风气，拉德芳斯获得的持续性的政府支持在欧洲是极为罕见的。其今日所获得的地位，离不开几十年来历届政府源源不断的支持。

法国政府对拉德芳斯区的支持措施主要包括三种，一是将关键性政府机关迁入区内，二是为入驻企业提供政策优惠，三是设立专门机构来开发建设拉德芳斯区。1973 年，法国经济开始严重倒退，但此时政府对拉德芳斯的支持力度并未因此而减小。虽然在经济形势倒退时期，社会对于办公楼的需求会骤减，但法国政府大力扶持拉德芳斯区的建设和发展，包括将法国国家环境部、设备部等重要权力机关迁入拉德芳斯区，向社会释放政府对拉德芳斯区发展的支持信号，在拉德芳斯区内修建公路、办公楼等设施。同时，法国政府还对入驻拉德芳斯区的企业、投资机构给予一定程度的政策优惠。2019 年，法国政府还将位于英国伦敦的欧洲银行管理局迁至拉德芳斯区。政府的持续性的大力支持，吸引了高端企业、科研院所等机构入驻拉德芳斯区，也吸引了大量社会资金、高端人才、先进技术在拉德芳斯区的集聚。如兴业银行、道达尔、赛诺菲、安塞乐等多家法国顶尖企业将总部设置在拉德芳斯区，巴黎第九大学、索邦大学和全球顶尖的 ESCP 商学院距离拉德芳斯区不到 11 公里。

另外，拉德芳斯区能取得今天的繁荣成就离不开科学合理的开发和规划机制。政府成立了专门的区域开发公司，该公司的大部分委员来自政府部门，这保证了政府对开发公司的控制和主导权。同时，政府将原有房屋拆迁、交通规划建设等权力下放给开发公司，使拉德芳斯区的建设能够通过市场机制进行运作。尤其是在土地收购、拆迁等涉及原住居民利益的情况下，这种政府监管、公司运营的合作开发机制能够更好地避免原住居民利益受到侵害，为拉德芳斯的开发建设提供了体制保证。

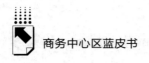

三 拉德芳斯商务区对中国中央商务区品牌
建设和运营的借鉴

（一）CBD 的品牌建设需要以顾客视角为中心

与企业品牌一样，商务区的品牌是归属于顾客的，商务区的顾客即在商务区居住的居民、来商务区旅游的游客等商务区利益相关者。只有基于这些顾客对商务区品牌的真实感知，才能塑造和培养出更符合顾客需求的品牌形象。而目前关于商务区品牌的研究更多是关注商务区管理者如何创造积极的、独特的品牌形象，忽视了顾客对商务区品牌的感知以及对商务区品牌形成过程的理解。从顾客视角来看，商务区品牌是顾客对商务区的真实体验和评价，以及商务区所能带给顾客的总体印象和潜在价值。商务区品牌是居民、游客等群体对商务区竞争力或软实力的一种评价和反映，而商务区本身是为居民、入驻企业、游客等利益相关者提供服务和体验的载体。因此，商务区品牌形象的定位和塑造应从顾客的角度入手，具体而言，应该站在区内居民、游客、工作人员以及入驻企业等顾客的角度对商务区的品牌形象进行定位，以满足这些顾客的多元化需求为前提，挖掘商务区品牌形象的价值内涵，从而塑造出与顾客产生情感共鸣的品牌形象，才能赢得商务区顾客的认同，并被更广泛地传播。

此外，商务区品牌塑造不仅要面对本地居民，还要满足外来人员的多元化需求，如国际或国内游客。因此，在满足商务区顾客需求方面，首先需要获得本地居民的认可，基于本地居民对商务区或城市品牌的认识、理解和期望来进行商务区品牌定位，综合商务区或城市外部顾客的需求和商务区自身的优势确定最终的品牌定位。

（二）结合历史积淀与时代机遇，树立具有特色的商务区品牌形象

CBD 的形象和品牌塑造与传播是一个尤为纷繁复杂的系统，其一方面

需根基于城市自身的历史，另一方面又要与当前时代发展密切相关。因此，在培养和塑造 CBD 品牌形象方面，需要结合城市的历史积淀和现代化因素，找准 CBD 形象传播的特色与核心，避免与其他城市 CBD 在形象与话题内容设计上的同质化，从而真正有效地凸显 CBD 自身的特色。例如，广州将"海上丝绸之路起点""海上贸易中心""千年羊城，南国明珠"与"改革开放的前沿阵地""'一带一路'建设""粤港澳大湾区的建设发展"等城市形象结合起来，凸显了"千年商都，商业名城"这类带有延续性的城市形象表征，同时深挖了其背后所具有的历史积淀与时代价值。同时，广州响应国家重大战略发展方向，积极抓住国家"一带一路"建设的伟大构想所赋予的发展机遇，继续完善城市的各项基础设施，不断提升自身的国际化影响力。因此，我国 CBD 应该将城市历史积淀和国家或区域战略等当前时代发展要求结合起来，基于历史特征和时代特色的理念构建 CBD 品牌形象，以此提升公众对 CBD 形象的认同感，提高 CBD 在国内外的品牌影响力。

（三）注重中央商务区在区域层面的协作共享

我国对中央商务区的规划建设始于 20 世纪 90 年代，经过多年的发展，我国的中央商务区已经取得了长足的发展，进入了区域化发展的新阶段。但随着区域产业分工的深化，我国中央商务区总体上形成了核心城市与次级城市中央商务区在功能、产业或交通等方面的紧密联系，从而进一步形成了区域性的中央商务区网络。而根据其他国家发展水平较高的中央商务区发展进程来看，中央商务区的发展一般会由单一的核心城市发展模式扩散为核心城市与次级城市协同共进的网络型发展模式。因此，我国的中央商务区发展应该根据这种普遍的发展进程制定好对应的发展战略。具体而言，一方面，由于不同的中央商务区涉及不同省份的政府部门，因此，我国应基于国家层面制定区域间中央商务区协同发展战略，构建中央商务区之间的便捷交通路网系统，促进形成既相互竞争又协作共享、既合理分工又各具特色的区域网络发展体系；另一方面，各级地方政府应牵头鼓励高等院校、科研院所、行业

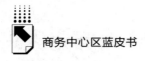

社团等机构共同参与中央商务区区域协同发展，加强核心城市与外围城市的产业、功能联系，通过中央商务区的区域化发展促进城市群的经济发展，提高中央商务区和区域发展的经济韧性。

（四）提升中央商务区智慧建设水平

在当前数字经济蓬勃发展的时代背景下，应着重考虑数字技术在中央商务区规划建设和运营管理中的重要作用。具体而言，政府部门应鼓励中央商务区在建设和运营管理过程中应用数字技术，通过互联网、物联网、大数据、云计算、区块链等新兴数字技术，快速获取中央商务区运行管理的各类重要信息，并基于获取的信息分析存在的问题和可能的改进措施，从而对中央商务区区域的环境建设、产业发展、民生服务、公共管理、城市安全、物业管理、运营等各类需求做出精准化的智能响应。同时，要加强中央商务区的信息基础设施建设，加大财政支持，鼓励中央商务区规划建设和运营管理过程中的数字技术探索性开发和应用，因地制宜加快构建智慧交通、智慧楼宇、智慧商务区以及智慧城市等应用体系建设，从而实现中央商务区的智慧运行和管理。

（五）利用新兴数字技术提高中央商务区影响力

拉德芳斯通过构建专门的互联网平台公开企业设立程序、企业可享受政府提供的财政支持以及相关的劳动法、税法等资料介绍，为企业入驻拉德芳斯区降低门槛，提高吸引力。而拉德芳斯区通过互联网技术宣传、吸引企业入驻的方法为国内 CBD 招商引资和品牌影响力构建提供了新的借鉴。在当前新兴数字技术蓬勃发展并越来越深入人们的工作、生活等多个方面的趋势和背景下，新兴数字技术以及新兴媒介成为中央商务区或城市品牌建设的重要工具和途径。例如，中央商务区的规划和运营方可以通过抖音、微博、头条等新兴媒体软件做好中央商务区的宣传、招商等工作，宣传 CBD 的各类法律法规和行业政策，提供专业的产业政策及法律法规介绍，通过短视频软件、互联网平台等多种方式提供详细的政策咨询、产业引导、企业设立程序、企业可享受政府提供的财政支持等企业和投资者关注的信息，同时可以借助 B 站、抖音、微博等各大平台的视频博主的力量，以更为平民化的拍摄视角展现 CBD 的现代化城市魅力与人文魅力，通过联合公众本已具有的紧密的人际传播网络、社交网络形成 CBD 城市形象传播的强大辐射力和影响力。通过借助多种传播方式及渠道的整合，形成媒介的合力功用，促进 CBD 品牌的建设和影响力的提升。另外，CBD 运营管理方可以通过 VR（虚拟现实）等数字技术提前让客户体验中央商务区的商业氛围等要素，也可以通过大数据、云计算等数字技术提高企业行政审批服务效率，也能利用新兴数字技术为企业快速匹配合适的选址。

参考文献

武占云、单菁菁：《中央商务区的功能演进及中国发展实践》，《中州学刊》2018 年第 8 期。

王征：《论当代我国中央商务区的构建方式——基于中外发展经验的探讨》，《理论月刊》2017 年第 6 期。

蒋三庚、杨洁：《北京 CBD 文化创意企业的融资模式研究》，《金融经济》2015 年第 24 期。

蒋三庚、刘建新：《特大城市 CBD 老区与新区如何协调发展》，《人民论坛》2015 年第 32 期。

桑潇潇：《基于复杂网络理论的慢行交通网络分析》，北京交通大学硕士学位论文，2019。

蒋三庚、宋毅成：《我国特大城市中央商务区差异化发展研究》，《北京工商大学学报》（社会科学版）2014 年第 5 期。

吴艾株：《重庆江北嘴中央商务区金融业建设研究》，重庆大学硕士学位论文，2019。

温甜甜：《济南中央商务区发展策略研究》，北京化工大学硕士学位论文，2017。

张开琳：《巴黎拉德芳斯城市副中心建设启示录》，《上海经济》2004 年第 5 期。

张杰：《中央商务区转型创新路径分析》，载蒋三庚、王晓红、张杰等《中央商务区产业发展报告（2020）：以创新转型推动 CBD 发展》，社会科学文献出版社，2020。

王晓净：《我国特大城市 CBD 投融资研究》，首都经济贸易大学硕士学位论

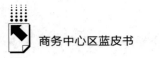
文，2016。

广州市社会科学院课题组：《广州构建国际大都市品牌形象体系的战略》，载尹涛主编《广州城市国际化发展报告（2020）：提升城市品牌形象》，社会科学文献出版社，2020。

王莉娜：《中央商务区综合发展指数分析》，载张杰等《中央商务区产业发展报告（2019）：以高水平开放推动区域发展》，社会科学文献出版社，2019。

韩晓生：《中央商务区理论的缘起及发展模式分析》，《城市问题》2014 年第 9 期。

B.20
阿姆斯特丹海绵城市建设及对我国
CBD 发展成海绵城市建设的启示

贺之杲*

摘　要： 海绵城市建设与 CBD 发展相结合，体现出城市治理中城市经济功能和可持续发展功能的并重。阿姆斯特丹海绵城市建设走在欧洲乃至世界的前列，泽伊达斯（Zuidas）作为阿姆斯特丹中央商务区，正发展为绿色城市、循环经济和智慧城市的集合体。阿姆斯特丹海绵城市建设立足于政府、企业和市民的积极合作，尤其是阿姆斯特丹市政当局、北部荷兰省和荷兰政府乃至欧盟等多层级治理主体的协同推进，通过资金支持、技术支撑、基础设施完善、区域协同等手段共同营造可持续发展的城市环境。我国 CBD 建设有必要借鉴阿姆斯特丹海绵城市建设经验，推动 CBD 绿色可持续健康发展。

关键词： 海绵城市　CBD　阿姆斯特丹　泽伊达斯

近几十年来，气候变化令城市变得异常敏感和脆弱。尤其是，在城市现代化过程中，大部分地区覆盖着沥青或者其他密封材质，无法快速有效实现雨水的疏通和再利用，极端天气条件下的城市洪涝灾害对城市产生了系列负面影响。海绵城市建设是通过加强城市规划建设管理，充分发挥建筑、道路

---

* 贺之杲，中国社会科学院欧洲研究所副研究员，主要研究方向为欧洲政治与国际关系、欧盟治理研究。

和绿地、水系等生态系统对雨水的吸纳、蓄渗和缓释作用，有效控制雨水径流，实现自然积存、自然渗透、自然净化的城市发展方式。因此，海绵城市建设不仅是城市水循环系统的重构，也是城市基础设施的改善，可以有效降低城市脆弱性、增强城市在自然灾害面前的韧性。作为城市商业活动的集中地和城市现代化的核心，CBD面临更为严重的水生态问题，这背后是建筑物的密度和高度以及绿色空间数量存在短板。因此，不同于一般意义的城市，海绵城市建设在CBD发展过程中变得尤为紧迫和重要，需要在立足CBD功能区定位的基础上学习借鉴发达国家在治理体系、海绵城市基础设施建设等方面的理念和措施，规避城市内涝问题，提高CBD的生态品质。

一 海绵城市建设的现实背景

自20世纪70年代以来，西方发达国家便对海绵城市理念和实践路径进行了系统探索。总体而言，西方海绵城市建设的理论实践包括美国的最佳管理措施（BMPs）、绿色基础设施（GI）和低影响开发（LID），德国的自然开放式排水系统（NDS），英国的可持续排水系统（SUDS），澳大利亚的水敏感性城市设计（WSUD），欧盟的水框架指令（EUWFD）等。尽管西方各城市在海绵城市建设路径选择和优先议题等方面存在诸多差异，但海绵城市建设已成为发达国家城市发展和城市治理的优先事项。

近十年来，海绵城市建设成为我国城市治理的关键词。2013年，习近平总书记在中央城镇化工作会议上，首次指出"要建设自然积存、自然渗透、自然净化的海绵城市"，这成为城市发展方式的重要调整方向。随后，习近平总书记在多次场合强调海绵城市建设的重要性以及相关发展思路。2014年，住房和城乡建设部编制《海绵城市建设技术指南》，提出海绵城市建设遵循"规划引领、生态优先、安全为重、因地制宜、统筹建设"的基本原则。2015年，国务院办公厅出台《关于推进海绵城市建设的指导意见》，综合采取"渗、滞、蓄、净、用、排"等措施，最大限度地减少城市开发建设对生态环境的影响，成为海绵城市建设的纲领性文件。2022 年 4 月，住房和城乡建设部办公厅发布《关于进一步明确海绵城市建设工作有关要求的通知》，要求各省区市扎实推动海绵城市建设，增强城市防洪排涝能力。海绵城市建设已成为贯彻落实习近平生态文明思想的重要维度，也是城市适应气候变化、抵御灾害、强化韧性的必由之路。

二 荷兰生态环境治理的总体情况

荷兰位于欧洲大陆西北部，地势平坦，有一半国土海拔低于 1 米，1/4 国土低于海平面。与此同时，荷兰总人口 1748 万人，主要分布在阿姆斯特丹、鹿特丹、海牙等城市及其周边地区。鉴于荷兰是受海平面上升和极端气候威胁最为严重的国家之一，荷兰长期以来在水环境管理领域积累了大量先进经验和成熟做法，其海绵城市建设水平在世界上遥遥领先。

（一）环境治理法律体系较为完备

1989 年，荷兰首次通过《国家环境政策计划》，以营造一个可持续发展和绿色经济的环境。1995 年，荷兰制定《环境管理法》，并于 2014 年被《环境法》所代替。2009 年，荷兰颁布《水法》，旨在有效应对气候变化和海平面上升对防洪安全的影响，缓解取水量增加的压力，加快推进水资源综合管理。2010 年，荷兰住房、空间规划和环境部改革重组并成立基础设施与管理部后，于 2016 年出台《环境与规划法》。《环境与规划法》对有关空间、住房、基础设施、环境、自然、水、噪声等 35 部法律进行了整合，保留了中央政府层面必要的干预（如规则、指令等政策和法律工具），并延续了"强化地方分权"的趋势，尤其是将市级政府作为履行规划相关职责并行使职权的关键主体。至此，荷兰《水法》及《环境与规划法》等法律明确了荷兰各级治理主体承担空间规划和水资源治理的责任，为各城市开展实施海绵城市建设奠定了法律基础。

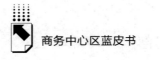

（二）循环经济发展成熟

荷兰注重环境保护和水资源管理，拥有成熟完整的环保产业，比如空气净化、污水处理、生活垃圾回收、土壤改良和水源净化等技术居世界领先地位。早在数十年前，荷兰已将建设绿色建筑以及巩固水利设施纳入城市规划政策，针对不同区域的水系统、基础设施、自然环境和经济发展实施整体性、差异性和精准性战略。随后，荷兰绿色经济比重越来越高，聚焦碳排放、交通、循环经济和清洁能源等领域。据统计，2019 年荷兰环境行业对国内生产总值的贡献率约为 2.3%，创造了 188 亿欧元的增加值。近年来，荷兰政府推出"循环建筑经济转型议程"，要求 2023 年以后签订的建设项目必须达到 100% 的可循环性，通过发展循环经济来解决有限空间和资源的困境，不仅提供财政补贴，还提供相关培训。

（三）多主体参与城市水环境治理

荷兰是一个议会民主制国家，多党联合组阁执政。从中央到省，到行政区，再到市镇级别，荷兰共有四级政府，国会下议院及地方议会议员均由选民直接选举产生，议会民主政治体制形成了以共识为基础的政策体系，巩固了民众参政议政的权力。水资源委员会（waterschap）是荷兰环境治理体系中独有特色之一。荷兰从中央、省到地方政府均成立了水资源委员会，由市民、房地产主、企业主和农场主等群体组成，下设执行委员会负责具体事务，负责管理地表水的水量、水质、大坝维护、污水净化和河道航运等，其中，政党不得介入水资源委员会的选举。目前，水资源委员会的数量大幅削减，但各层级水管理部门之间的合作在逐步加强。

三 阿姆斯特丹的海绵城市建设

阿姆斯特丹是荷兰的首都和最大的城市，也是荷兰重要的港口和商业金融中心。阿姆斯特丹人口为 87 万，面积 219 平方公里，位于一个平坦低洼的区域，城市大部分区域位于海平面以下。阿姆斯特丹是传统与创新并存的城市。正如刘易斯·芒福德对阿姆斯特丹在数百年前的超前规划给予极高评价，"是城市规划师的最伟大的艺术样板之一，是风俗习惯与制度、革新和机遇有效融合的综合体"。在长期水患威胁下，阿姆斯特丹积极投入海绵城市建设，城市"海绵体"的规模和质量有了较大的提高，成为世界海绵城市建设的典范。

（一）有效利用欧盟平台进行交流学习

从欧盟层面来看，欧盟有侧重于城市治理的趋势，比如欧盟在城市或大都市地区确立了广泛的治理机构和安排。2021 年，欧盟发布新版的《欧盟城市议程：多层治理在行动》，加强城市在欧盟立法和政策决议过程中的地位，为欧盟、国家、区域和地方层面的相关利益攸关方在城市发展方面提供交流平台。该文件还参照了《新莱比锡宪章》《卢布尔雅那协议》等内容，提出城市转型的三大行动领域——公平城市、绿色城市和生产型城市。同时，开放式协调方式是欧盟多层治理工具，是一种政府间决策形式，不会产生具有约束力的欧盟立法措施，体现为欧盟委员会制定一般性的指导标准，欧盟成员国在此基础上制定适合本国的政策，欧盟委员会进行监督和评价，通过最佳实践来促使成员国之间相互学习。比如，如果缺乏适当的国家计划，阿姆斯特丹可将注意力转向欧盟计划，从而获得欧盟资助。

（二）区域协同发展助力海绵城市建设

兰斯塔德（Randstad）地区位于荷兰西部，是由阿姆斯特丹、鹿特丹、海牙和乌得勒支等荷兰最大的 4 个城市和众多中小城市组成的环形多中心城市区域。2008 年出台的《兰斯塔德 2040 结构愿景规划》以"迈向一个可持续的、有竞争力的欧洲领先区域"为总目标愿景，在国家和地方层面确保生态、经济和社会文化均衡协调发展。该远景规划认为空间质量是可持续发展和获取竞争力的关键，绿带、蓝带与空间的联系以及区域整体网络持续得到高度重视。同时，该规划还强化和利用阿姆斯特丹作为该地区的国际枢纽

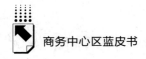

门户，根据阿姆斯特丹地区的发展、可达性和生态改善的愿景，加速阿尔梅勒（Almere）地区的扩张发展。

（三）多元主体参与城市水环境治理

在应对气候变化领域，阿姆斯特丹十分注重多元主体合作实施城市水环境治理。从政府角度来看，政府主要通过对话协商以及项目激励，协助城市居民采取可持续的生活方式，如通过税收政策鼓励居民对住宅进行防水改造。从社会角度来看，非政府组织、行业协会、企业等在水环境治理中发挥了重要作用，例如绿色商业俱乐部致力于调动区内企业的力量，促进企业和地区的可持续发展；阿姆斯特丹及其周边地区的重要供水公司 Waternet 制定了气候适应战略，并制订了阿姆斯特丹防雨政策计划，其中包含多项应对降雨增加的措施，该自来水公司选择软政策工具，例如鼓励和激发居民、企业主、政府官员和知识工作者设计和建设密集型建筑的屋顶、街道、花园、公园和广场，从而能够更好地处理雨水造成的灾害，并使雨水能够可持续使用。

（四）建设智力支撑平台，助力海绵城市建设

从智力支撑来看，阿姆斯特丹大都市问题解决方案研究院（Amsterdam Institute for Advanced Metropolitan Solutions）于 2014 年成立，聚焦智慧城市、绿色城市等议题，通过跨学科研究和教育活动将学术兴趣与实验治理研究相结合，与政府、民众、企业、咨询公司等合作伙伴扩大社会网络来助力城市治理。其中，城市生活实验室项目提供了一个共同创新的环境，多个利益相关者在其中共同测试、开发和创建大都市解决方案。此外，该机构还分析阿姆斯特丹整个城市的"空气—水—土壤—绿色"系统，绘制该市及周边地区的降雨、温度和风湍流图，从而评估阿姆斯特丹气候系统的功能和适应能力。在阿姆斯特丹智慧城市（Amsterdam Smart City）的公开网站上，随时可看到各计划更新动态，包含活动讯息、讨论过程与结果、大众意见征求等，展现出真正以解决问题、改善市民生活为导向的智慧城市精神与活力。

（五）为海绵城市建设提供资金支持

从防雨项目的资金来源看，阿姆斯特丹 2016～2021 年总预算为 7000 万欧元，其中 175 万欧元先期用于该市防雨政策。该资金不包括项目的实际实施，仅包括工资、研究和会议等费用。污水税为阿姆斯特丹防雨公司提供了大部分指定预算。除此之外，市政府还使用其他资金共同资助绿色项目，例如交通预算。使用基础设施项目来实现其适应气候的水资源管理目标。阿姆斯特丹投资于公共建筑的绿色屋顶、住宅区的绿色空间和水上广场。未来 4 年，阿姆斯特丹将从其城市维护预算中拨出 1500 万～2000 万欧元，用于公共空间和城市绿地气候适应领域的新智能项目。

（六）推广建设海绵城市基础设施

多年以来，阿姆斯特丹将扩大城市绿化、巩固水利水务设施、兴建绿色建筑、优化水系统设计管理等纳入荷兰的城市规划政策，通过践行海绵城市理念以应对城市水管理的种种挑战。

其一，城市绿化在使阿姆斯特丹成为气候适应型城市方面发挥着重要作用。绿色屋顶可更好地吸收雨水，从而减缓向街道排放雨水。绿色植被在极端高温下通过蒸发而具有冷却效果。此外，树木、花卉和植物对人类健康有积极影响，降低"城市热岛效应"和提高应对气候灾难韧性，有助于提高城市的宜居性，甚至提高经济收益。因此，阿姆斯特丹十分注重扩大绿色空间，充分发挥杂草丛生地段、街道边缘地带和城市棕地和空地等非正式绿地提供生态系统服务的功能，发挥城市降温、雨水管理和减少空气污染等微气候调节功能。

其二，阿姆斯特丹是一座著名的水城，数百年历史的运河体系仍发挥着解决城市水问题的作用。早在 17 世纪，阿姆斯特丹就出台"城市综合规划"以应对不断扩大的移民潮，其中运河开凿工程的启动使得阿姆斯特丹成为闻名世界的"水城"。目前，阿姆斯特丹拥有 165 条运河道，总长度超过 100 公里，其中 4 条主要运河是绅士运河、皇帝运河、王子运河和辛格运河，内城被运河网络划分为大约 90 个"岛屿"。阿姆斯特丹不断巩固水利水务设施，有效利用运河水道的通航、防洪排涝、生态保护、空间规划等功能，与围堤、海堤、水坝等水利系统共同增强阿姆斯特丹应对气候变化的城市韧性。

其三，阿姆斯特丹积极推广绿色建筑，优化水系统的设计管理，以缓解暴雨对城市的破坏。比如，作为荷兰最高的木结构建筑之一，井楼（Well House）具有高度的"幸福感"和可持续性，预计 2025 年竣工。该大楼采用三角形基座，并建造一个城市公共冬季花园，遵循可持续发展原则，不仅储存二氧化碳，还带有污水净化系统、屋顶和墙体的生态过滤外表铺层。乔治和古斯塔夫（George & Gustav）是一个阶梯式的公寓项目，以绿色生态和可持续为特色。该建筑物有一个碗形屋顶花园，设计成沙丘景观，将雨水收集在储水池中，并用 PVC 面板填充，计算机控制的加水系统和滴灌线连接到种植区，确保植物健康成长。如果遭遇强降雨，多余的雨水会及时从种植园区排出。牛顿大楼（The Newton）是一个公寓项目，预计 2023 年建成，该大楼使用新技术的建筑材料，允许更高比例的混凝土重复使用，可节省大约 1160 吨的二氧化碳。同时，该大楼还建有常绿植物的屋顶花园，大楼综合体周围设有"防雨"绿色区域，可以收集大量雨水，以在大规模降雨期间缓解下水道系统的压力。此外，阿姆斯特丹市的"循环展馆"建成于 2017 年，该建筑物不仅创造了一个自给自足的生态系统，比如展馆地下建有蓄水池，贮存的雨水经过处理可用来浇灌全楼植被、冲洗厕所，还采用了循环模式的建筑材料，比如通过"材料护照"为该市的公共建筑建档，为建材循环利用提供信息依据。

（七）注重 CBD 区域海绵城市建设

泽伊达斯（Zuidas）位于阿姆斯特丹 A10 南环路沿线，距市中心区 4 公里和史基浦机场 8 公里，在阿姆斯特尔河和辛格运河之间，是阿姆斯特丹依托外环车站承接老城办公功能扩展需求的高品质商务区，正发展成为荷兰主要的国际商务中心以及欧洲乃至全球具有代表性的绿色城市之一。

为打造成为健康、清洁、紧凑和节能的 CBD，泽伊达斯多渠道、多方式、精准化地完善绿色空间，增加城市绿化，满足人才和企业的需求，还完善滨水空间的蓝绿资源，成为集聚吸引力的重要硬件和软件保障。比如，泽伊达斯及其周边发展出一个由高楼、绿道、公园以及水系构成的生态网络，高楼建筑的内外、屋顶等空间引入更多生态要素，景观设计与建筑设计前后衔接，辅以循环利用技术和水资源处理系统，有效存储、渗透、净化、循环利用废水和雨水，将海绵城市、韧性城市、智慧城市的元素融入 CBD 建设之中，泽伊达斯还创建网站平台，定期、及时、准确公开发布 CBD 建设和发展等相关信息。

此外，CBD 周围区域也是 CBD 海绵城市建设的重要外部支撑。比如泽伊达斯附近的循环经济园区是海绵城市区域协同发展的重要体现。PARK 20/20 办公园区基地位于阿姆斯特丹市郊的霍夫多普（Hoofddorp），是荷兰乃至全球首个提倡循环经济理念的商业园区，也是首个依据"从摇篮到摇篮"理念建设的社区规划与设计项目。该园区遵循使用清洁和可再生能源、鼓励多样性的设计原则，比如整个园区的建材遵循可拆解、回收、再利用的使用原则进行规划；践行"生态、经济、公平"理念，园区建筑群之间保留较大空间，作为人行步道、广场、绿地和水道等公共空间。该园区附近的冯德尔公园（Vondelpark）保留了大片的林荫、草地和水塘，呈现一个简约、自然的环境，无太多复杂的设施，比如自行车道铺设沥青混凝土的地面。

总体看，阿姆斯特丹一直在寻找适应城市发展的方法，能够适应快速发展的城市化进程，为越来越多的居民和企业提供便利，在城市规划、绿色环保、韧性城市等方面拥有较好的国际声誉，正成为各国城市治理的参考对象。在城市发展评估机构凯迪思（Arcadis）发布的全球可持续城市指数中，阿姆斯特丹名列前茅，是世界上具有代表性和竞争力的绿色城市和海绵城市之一。

四 对我国 CBD 海绵城市建设的启示

CBD 承载着一个城市经济发展的核心竞争力，也是资源环境承载力矛盾较为突出的区域，往往呈现城市密度高、环境韧性低、资源高度集中等特征。此前，CBD 的土地开发模式过于单一，容积率较低，绿地过于分散，难以形成生态和环境规模效应。近年来，高能级、生态型和国际化的 CBD 越来越成为新发展方向，其中与生态、绿色相关的主题不断增多。CBD 海绵城市建设是重要发展方向，这就要求 CBD 建设规划更科学、实施路径更精准、标准要求更全面，尤其是施工管理和运行维护做到全生命周期优化设计，落实创新、协调、绿色、开放、共享的新发展理念。

（一）树立系统思维

坚持系统谋划，将海绵城市建设理念贯穿 CBD 城市规划建设和城市治理发展的全过程之中，协同推进 CBD 区域的工作和生活方式的转型。CBD 海绵城市要避免重复建设，避免环境破坏和资源浪费，更不能"头痛医头脚痛医脚"。2020 年，习近平总书记在深圳经济特区建立 40 周年庆祝大会上强调，要树立全周期管理意识，努力走出一条符合大型城市特点和规律的治理新路子。作为大型城市的核心区域，CBD 区域经济高度发展，易加剧气候变化、生物多样性丧失和生态系统退化、污染等环境危机，要求 CBD 城市治理选择低碳和绿色的发展路径，达到最大化的经济、社会、生态效应。为此，CBD 海绵城市建设要提高常态治理和危机应对能力，引入"社区需求导向"机制，将共同体理念落实在 CDB 建设的规划、施工、竣工、维护等多个环节，贯穿到 CBD 海绵城市空间规划、经济发展、政治社会发展的全周期之中。

（二）鼓励多方参与

CBD 海绵城市治理是多层的、多行为体的、多部门议题领域的。从纵向维度来看，中央政府、地方政府的政策制度框架和法律法规要有效衔接，地方政府积极利用中央政府为 CBD 建设提供的技术支持和资金支持，同时，地方政府要发挥主动性，尤其是 CBD 管委会等机构立足该地区的发展现状和环境生态，开展海绵城市建设和生态文明建设。从横向维度来看，政府、科研机构、高校、行业协会、企业、个体（消费者和居民）等多方力量共同参与 CBD 海绵城市建设，如通过可持续发展委员会等进行沟通与对话，对政府政策制定和实施提供多元声音，尤其是在 CBD 海绵城市建设的项目早期阶段让利益相关者充分参与，不仅减少对 CBD 海绵城市建设的抵制，还可以凝聚共识，提升民众和利益攸关方对 CBD 海绵城市建设的认同感。鉴于城市治理不是几个人的责任，也不是一代人的责任，公众教育变得至关重要。提高民众对可持续发展和绿色转型的全面认识，为 CBD 海绵城市建设和政策改革铺平道路。

（三）灵活融资方式

CBD 海绵城市建设需要更加精准和有效地利用中央财政转型资金补助。一方面，国家政府在目标导向、技术实施、法律监管等多维度对 CBD 海绵城市建设加强指导和支持；另一方面，在国家宏观指导的基础上，以市场化逻辑探索 CBD 海绵城市建设的新机制、新模式。重视民间融资和私人投资，让社会资本和龙头企业助力 CBD 海绵城市建设，CBD 管委会等部门可设立改善环境和建设海绵城市相关项目的基金，可面向企业、科研机构、社区组织甚至个体提供资金申请。同时，以 CBD 海绵城市建设推动"海绵城市产业"发展，比如向"海绵建筑材料"等相关企业予以政策倾斜，形成 CBD 海绵城市产业链条和产业体系。

（四）高新技术引领

城市治理的绿色化与数字化转型正加速升级，CBD 海绵城市建设与智慧城市建设也正深度融合。CBD 海绵城市建设要提高智能化、数据化、网络化、可视化，运用现代信息技术（包括大数据）和城市信息模型基础平台（包括物联网）对 CBD 海绵城市的建设管理和日常维护进行实时监控和常态检测。CBD 海绵城市建设要保证项目实施的连续性，既要完善 CBD 海绵城市建设的考核指标，也要强化项目施工的自主完善标准规范。鉴于混凝土是城市建设的常见建筑材料，CBD 海绵城市建设可通过将苔藓贴附在建

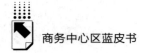

筑物外表的特殊石质材料或混凝土上，通过苔藓密集的叶子系统清除空气和水中的污染物，并发挥雨水收集和再利用的功能，更能通过生物多样性的绿色墙壁突出 CBD 区域的宜居性。

（五）区域协同发展

城市治理不仅聚焦自身治理，还要突破自身行政边界限制加强区域协同治理，因为预防和解决气候变化的不利影响根本无法仅在城市层面开展，并且地区内行为体多通过合作或者政策协调来获得共同利益。CBD海绵城市建设尤其需要跨越城市界限的多层次、长短期合作，需要一个综合的视野。CBD 海绵城市建设的区域协同发展部分源于解决共同面临的问题，具有功能主义属性，提升区域治理协同化和一体化，可以解决单个城市或某个区域治理效率不足的问题。CBD 海绵城市建设需要按照中央提出的新发展理念的总体要求和各个地区协同发展的具体部署，加快制订海绵城市建设与地区协同发展的专项规划。比如，根据城市区位与资源要素的差别，区域协同发展存在诸多模式，CBD 海绵城市建设以生态环境联防联治联建为抓手，通过"点—线—面"结合的方式挖掘内生协同发展潜力。

（六）加强国际合作

CBD 海绵城市建设要精准和有效借鉴欧洲城市 CBD 建设路径和发展经验，充分把握欧洲海绵城市在 CBD 建设中的角色和进展，将海绵城市建设细化为连贯一致、目标统一的政策细则和实施要求，以全面整体的方式完善CBD 海绵城市治理体系，打造绿色宜居和经济引擎相结合的城市龙头区域。同时，CBD 海绵城市建设要加强中国和欧洲在城市可持续发展方面的合作，以中欧城镇化伙伴关系为依托，尤其是通过会议论坛、技术合作、科研交流、人员培训、项目合作、规则对接等方式，来寻找 CBD 海绵城市建设的解决方案。

参考文献

Tim D. Fletcher, et al., "SUDS, LID, BMPs, WSUD and More-The Evolution and Application of Terminology Surrounding Urban Drainage," [J] *Urban Water Journal* 12 (2015): pp. 525-542.

Dominic Stead, "Urban Planning, Water Management and Climate Change Strategies: Adaptation, Mitigation and Resilience Narratives in the Netherlands," [J] *International Journal of Sustainable Development&World Ecology*, 24 (2004): pp. 15-27.

Kristine Kern, "Cities as Leaders in EU Multilevel Climate Governance: Embedded Upscaling of Local Experiments in Europe," [J] *Environmental Politics*, 28 (2019): pp. 125-145,

Liping Daia, B. Rebecca Wörnerc and Helena F. M. W. van Rijswick, "Rainproof Cities in the Netherlands: Approaches in Dutch Water Governance to Climate-adaptive Urban Planning," [J] *International Journal of Water Resources Development*, 34 (2018): pp. 652-674.

车生泉:《西方海绵城市建设的理论实践及启示》,《人民论坛学术前沿》2016 年第 22 期。

张书海、李丁玲:《荷兰〈环境与规划法〉对我国规划法律重构的启示》,《国际城市规划》2022 年第 1 期。

崔悦、吴婧:《荷兰〈环境与规划法〉改革方向及其政策启示》,《中国环境管理》2021 年第 4 期。

(美)刘易斯·芒福德:《城市发展史:起源、演变和前景》,宋俊岭、倪文彦译,中国建筑工业出版社,2005。

李惠敏:《品质园区:阿姆斯特丹泽伊达斯商务区的观察笔记》,北京·国际城市观察站,2020 年 8 月 4 日。

高晓明、许欣悦、刘长安、赵继龙:《"从摇篮到摇篮"理念下的生态社区规划与设计策略——以荷兰 PARK20/20 生态办公园区为例》,《城市发展研究》2019 年第 3 期。

欧亚:《阿姆斯特丹:绿色城市的可持续发展之道》,《前线》2017 年第 4 期。

丁成日、谢欣梅:《城市中央商务区(CBD)发展的国际比较》,《城市发展研究》2010 年第 10 期。

附　录

Appendix

B.21
2021年度 CBD 发展大事记

一月

1月5日　郑州郑东新区中央商务区入围郑州市人民政府评定的年度郑州市"五强"专业园区名单。

1月8日　广州市海珠区召开推进琶洲人工智能与数字经济试验区高质量发展大会。

同日　四川天府总部商务区签约东方希望"一带一路"总部项目等7个项目。

1月12日　万普数字（北京）科技有限公司落户北京商务中心区。

1月20日　由北京商务中心区党工委、北京商务中心区核心区商圈党建工作联盟发起的北京商务中心区核心区商圈新的社会阶层人士联谊会正式成立。

1月26日　广州市海珠区举行琶洲人工智能与数字经济试验区智能网

联（自动驾驶）汽车测试与应用启动仪式。

1 月 29 日　新兴际华集团财务有限公司（中国银保监会批准成立的非银行金融机构）落户北京商务中心区。

1 月　北京商务中心区管委会开展新一轮楼宇疫情防控工作。

二月

2 月 2 日　2020 年全球商务区创新联合会董事会和全体会员大会以线上视频形式召开，法国巴黎拉德芳斯、美国芝加哥卢普区、日本东京丸之内、加拿大蒙特利尔中心城等来自全球 9 个国家的 12 个联合会成员单位"云上"出席，共同盘点 2019~2020 年的工作，并讨论 2021 年工作重点。

2 月 3 日　济南中央商务区首届"乐拍 CBD"摄影大赛启动，大赛全方位、多角度展示了济南中央商务区建设发展丰硕成果。

2 月 5 日　全国首个省级层面推动建设的现代法务集聚区——天府中央法务区启动运行，法务区致力打造"立足四川、辐射西部、影响全国、面向世界"的一流法律服务高地。

2 月 18 日　科勒（北京）私募基金管理有限公司落户北京商务中心区，该公司是首家在京落地的外资 S 基金管理人。

三月

3 月 5 日　中国（北京）自由贸易试验区国际商务服务片区北京商务中心区人才发展双月坛 No.4 成功举办，论坛围绕北京 CBD-STB 人才认定标准与企业的匹配度与北京 CBD-STB 人才政策服务包的适用度和可行性进行研讨。

3 月 10 日　广州琶洲人工智能与数字经济试验区便民服务车正式启动运营。

3 月 12 日　郑州国际会展中心正式通过 ICCA（国际大会及会议协会）

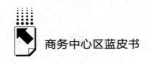

严格的评价标准及流程，并成功加入 ICCA，成为河南首家加入该协会的单位。ICCA 是全球国际会议领域最权威的世界性机构组织。

同日　"2021 年天府新区人才年会暨商业机会清单发布会"举行，发布四川天府新区商业机会清单和消费场景地图。

3 月 23 日　美国硅谷"独角兽"Evernote 品牌服务"印象笔记"西南总部项目落户四川天府总部商务区，为天府新区大力发展数字经济产业、全面推动数字赋能升级、加快建设天府新区数字经济特区注入新的力量。

3 月 25 日　北京商务中心区全球招商联络站中国上海分站正式揭牌，面向全球企业开展招商引资工作，助力北京自贸试验区国际商务服务片区建设。

同日　由广州市海珠区委、区政府主办，琶洲管委会、海珠湿地办承办，琶洲试验区重点企业与海珠区党政部门共植创新林活动在海珠湿地公园成功举办。

3 月 26 日　地铁 28 号线东大桥站区启动绿化伐移、地下管线改移及交通导行工作。东大桥站位于北京商务中心区西北门户，具有 4 线换乘功能，是地铁 28 号线最重要的站点。

同日　南京建邺区"园中园"工作现场推进会暨证券投资基金集聚区开园仪式在南京河西中央商务区海峡城成功举行。

3 月 30 日　中国（北京）自由贸易试验区国际商务服务片区北京商务中心区人才发展双月坛 No.5 成功举办。

同日　由北京商务中心区管委会、国研智库主办，北京国际 CBD 生态联盟、中国商务区联盟承办的 2021 北京国际 CBD 生态联盟高端发展对话在中国（北京）自由贸易试验区国际商务服务片区北京商务中心区招商服务中心举行。

同日　天河中央商务区承办"数字赋能，智创天河"2021 中国广州国际投资年会天河区专场活动，邀请参会嘉宾超 200 人。

四月

4 月 9 日　成都金融法庭、成都破产法庭、成都互联网法庭、四川大熊猫国家公园生态法庭等 4 个专业法庭入驻四川天府中央法务区，推动构成天府中央法务区的"五院五庭"布局。

4 月 14 日 济南中央商务区招商联盟成立和城市合伙人聘任暨集中签约活动举行。

4 月 17 日 广州琶洲人工智能与数字经济试验区联合有关部门举办"才汇琶洲　共赢未来"——2021 琶洲人工智能与数字经济紧缺人才专场招聘会暨系列招聘活动。

4 月 18 日 2021 首届北京商务中心区网球精英赛在朝阳体育中心开幕。

4 月 24 日 第十二届"如意前程"招聘会在郑州国际会展中心 CBD 文化广场举办，用人单位提供 19600 余个岗位供求职者选择。

4 月 27 日 四川天府总部商务区举办天府中央法务区首场推介会，推出《四川天府新区推动天府中央法务区加快发展若干政策》。

4 月 29 日 在重庆两江新区、四川天府新区共同打造内陆开放门户助力成渝地区双城经济圈建设第三次联席会上，重庆两江新区·四川天府新区总部经济产业联盟正式成立，开启推动成渝地区总部经济产业交流、合作、发展的新篇章。

4 月 30 日 西安碑林区长安路中央商务区小雁塔历史文化片区综合改造项目小雁塔遗址公园区域建成开放。

五月

5 月 10 日 西安市碑林区召开"发展机会清单"发布大会，发布文旅融合、产业升级、城市有机更新、现代服务业、营商环境五大领域五张"发展机会清单"。

5 月 19 日 北京商务中心区区域景茂街断头路工程实现道路通车。大幅提升了中海广场、国贸中心、光华里社区的通行能力，改善了国贸桥附近交通微循环。

同日 北京商务中心区管委会联合朝阳区住建委、朝阳区应急局、朝阳

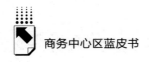

区城管执法局、区消防救援支队与建外街道办共同对北京商务中心区核心区施工现场进行了2021年第三次安全联合执法检查。

5月25日 四川天府新区管理委员会与成都设计咨询集团正式签署战略合作协议，成都设计咨询集团旗下锐意设计中心在四川天府新区正式揭牌。

5月26日 由银川阅海湾中央商务区倡导，58科创银川新经济产业园及银川能源学院创新创业学院联合举办的"希望·前行创业节"暨银川能源学院2021年校级"互联网+"大学生创新创业大赛区级选拔赛在银川能源学院顺利启动。

5月27日 北京商务中心区管理委员会组织召开北京商务中心区安全生产小组（扩大）会议，会议部署了北京商务中心区安全生产"仗剑"专项行动及北京商务中心区消防安全专项整治行动。

5月31日 西安市碑林区中小企业金融服务工作站（长安路CBD站）在西安市碑林区长安路中央商务区管委会揭牌成立。

六月

6月9日 北京商务中心区管委会邀请区消防支队警官和专家开展了高层楼宇消防安全培训会。培训以"落实安全责任、推动安全发展"为主题，以提升精细化和智慧化管理水平为目的。

6月16日 北京商务中心区首个"两区"建设促进政策办法《促进中国（北京）自由贸易试验区国际商务服务片区北京CBD高质量发展引导资金管理办法（试行）》通过区委常委会审议。

同日 北京商务中心区在核心区举办超高层建筑消防安全演练活动，通过"一警六员"消防技能展示、火灾模拟演练、智慧消防讲解等多种方式，提高北京商务中心区区域防范和化解高层建筑重大消防安全风险能力，提升区域高层建筑消防安全管理水平。

6月17日 北京商务中心区核心区Z12泰康项目（泰康大厦）完成规

划验收、消防验收、工程竣工验收备案工作，正式投入使用，预计将新增产业空间 18 万平方米。

6 月 21 日 2021 南京国际创新周开幕式在南京河西中央商务区南京元通国际博览中心召开。

6 月 24 日 "阅海湾跨境电商产业园、阿里巴巴国际站本地渠道商（宁夏）跨境电商服务中心、金凤区知识产权保护中心、数字人才基地揭牌仪式""臻情起航　全球梦想"跨境电商峰会在银川阅海湾中央商务区成功召开。

6 月 世界 500 强企业老城堡集团亚太区总部"力维拓（中国）建筑科技有限公司"入驻北京商务中心区。

6 月 北京环球金融中心获得住建部科技与产业化发展中心认证颁发的二星级绿色建筑标识证书。

七月

7 月 2 日 北京商务中心区核心区 Z2A 阳光项目（阳光金融中心）完成规划验收、消防验收、工程竣工验收备案工作，正式入市。

7 月 9 日 南京河西中央商务区联合诚迈科技股份有限公司、海通证券投资银行部在建邺区金鱼嘴基金大厦 3 楼路演大厅举办了 2021 "诚迈科技定向增发"路演暨建邺区证券投资基金集聚区推介活动。

7 月 16 日 西安碑林区长安路中央商务区《小雁塔保护规划（2021—2035 年）》经国家文物局和陕西省政府同意，由西安市人民政府公布。

7 月 20 日 郑州遭遇特大暴雨，引发严重城市内涝。在随后的灾后恢复重建工作中，郑州郑东新区中央商务区下沉社区开展灾后恢复志愿活动。

7 月 21~23 日 广州市天河中央商务区作为五个国家数字服务出口基地代表之一，在 2021 中国国际数字和软件服务交易会暨国家数字服务出口基地发展论坛上作《聚焦数字经济，发展数字贸易，争创高质量发展的标杆》主题发言，介绍了天河中央商务区在发展数字经济、推动服务贸易、数字贸

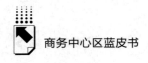

易等方面的做法和思考，获得良好反响。

7月31日　广东省服务贸易协会广州市天河中央商务区跨境并购专业委员会在广州国际金融中心顺利举办"跨境知识产权、跨境财税专题"讲座。

7月　长江证券新大楼落户武汉中央商务区，服务做好新大楼改造及入驻工作。

八月

8月8日　广东省服务贸易协会、广州市天河中央商务区管理委员会联合主办的"跨境并购流程和风险规避专题讲座""企业出海渠道路演"在广州市国际金融中心举行。

8月19日　郑州郑东新区中央商务区"品读红色经典　庆祝建党百年"主题活动圆满结束。

8月22日　北京商务中心区核心区泰康保险集团股份有限公司总部大楼——泰康集团大厦举办入驻仪式。

8月25日　北京商务中心区管委会参加朝阳区"两区"建设一周年新闻发布会，会上介绍了北京CBD聚焦经济对外开放、招商市场化专业化、国际人才集聚化、道路环境优化、国际交往平台化等方面的工作成效，以及"六个一批"重要阶段性成果的具体情况。

8月26日　四川天府新区管委会与中国融通集团旗下公司签署合作协议，总投资100亿元的中国融通医疗健康集团总部项目落户四川天府总部商务区。

九月

9月3日　广州市海珠区琶洲人工智能与数字经济试验区获评为国家电子商务示范基地。

9 月 5 日 围绕第六个"中华慈善日",郑州郑东新区中央商务区地标千禧广场"大玉米"上演公益灯光秀,一朵朵"公益小红花"伴随着"谢谢全国人民,一块做好事"的字样绚丽绽放,为向郑州伸出援手的全国人民送上最诚挚的谢意。

9 月 8 日 银川阅海湾中央商务区参加第二十一届中国国际投资贸易洽谈会宁夏跨境电商专题推介会。

9 月 10 日 由银川市商务局、银川阅海湾中央商务区管委会、阿里巴巴联合举办的"全球热卖蓝海掘金"跨境电商峰会在阿里巴巴跨境电商(宁夏)服务中心成功召开。

9 月 13～16 日 四川天府新区天府总部商务区管委会与四川巴中经济开发区管理委员会、自贡市大安区签署合作协议,区域合作"朋友圈"又添新成员。

9 月 15 日 "北京 CBD 二十年 赋能区域新活力"主题沙龙活动在北京 CBD 财富中心成功举办。

9 月 17 日 由朝阳区人民政府、市人民政府外事办公室共同主办的2021 北京 CBD 论坛在北京柏悦酒店成功举办。

9 月 第二届北京 CBD 艺术季以"当代方式激活传统文化新魅力"为主题,在 CBD 城市森林公园落地《座千峰》及《镇海》等大型雕塑,艺术季分会场国贸商城、嘉里中心、远洋光华国际等楼宇同步开展艺术展览活动。

十月

10 月 15 日 第二十七届郑州全国商品交易会在郑东新区中央商务区的郑州国际会展中心举办。

10 月 19 日 红星云西南区域总部正式入驻四川成都天府新区,将依托红星云在数字经济产业领域的影响力及优势资源,推动更多优质的数字经济项目落地四川成都天府新区,助推天府新区数字经济产业发展。

10月23日 第四届中国·河南招才引智创新发展大会在郑州国际会展中心举行。

10月29日 在BOMA中国第九届行业年会暨商业地产可持续发展最佳实践论坛上,北京商务中心区的中信大厦获得建筑管理卓越(CERTIFICATE OF EXCELLENCE,COE)认证。

10月 南京河西中央商务区举办"璀璨河西·星耀CBD"微视频挑战赛,挑战赛通过新媒体传播+区域互动挑战赛的表现形式,生动展现了主导产业引领、创业创客活跃的优质营商环境。

十一月

11月1日 世界传感器大会在郑东新区中央商务区的郑州国际会展中心召开。

11月5日 济南中央商务区参加第四届上海进博会,并在济南与跨国公司产业合作交流会暨济南交易分团签约仪式致辞。

11月6日 广东省商务厅在第四届中国国际进口博览会展馆内举办"广东省新一代电子信息产业推介会",并专设广州琶洲人工智能与数字经济试验区投资推介环节。

11月7~10日 广州市天河中央商务区参加第四届中国国际进口博览会,开展"一对一"招商对接工作,筛选与商务区产业相匹配的企业。

11月8日 郑州郑东新区中央商务区第四届商务楼宇星级评定工作全面展开。

11月10日 星巴克中国首家"非遗文化体验店"星巴克臻选北京华贸店在北京CBD正式开业。

11月26日 2021中国网络媒体论坛媒体记者团在广州开展"同心粤港澳 携手大湾区"主题采访活动,到广州琶洲人工智能与数字经济试验区进行参观采访。

同日 重庆两江新区、四川天府新区总部经济产业联盟第一次大会在线上举行，成渝两地总部经济产业联盟正式启动运行。

11 月 27 日 广州市天河中央商务和广东省服务贸易协会主办的跨境科技并购系列讲座在广州国际金融中心举行。

11 月 30 日 北京商务中心区管委会与北京市三中院签署"两区"建设合作协议，在北京 CBD 招商服务中心设立"两区"建设（北京 CBD）法官工作站。

11 月 武汉市华发中城商都在武汉中央商务区开业。

十二月

12 月 2 日 百度自动驾驶公交在郑州郑东新区中央商务区开启运营。

12 月 3 日 广州市天河中央商务区参加由中央广播电视总台粤港澳大湾区总部、南方财经全媒体集团联合主办的 2021 年第三届南方财经国际论坛。

12 月 7 日 中国（北京）自由贸易试验区国际商务服务片区北京 CBD 人才发展双月坛 No. 6 举办。

12 月 13～31 日 北京商务中心区可持续低碳生活方式环保展开幕。

12 月 15 日 北京商务中心区核心区地下公共空间项目交通大厅南段基础桩工程正式启动施工。

12 月 20～25 日 落户四川天府总部商务区的开眼全国总部举办 Minute 国际短片节。

12 月 23 日 "中国科协海智计划工作基地"在银川阅海湾中央商务区正式揭牌，该基地是唯一获批的首个中国科协海智计划工作基地。

12 月 24 日 北京商务中心区党群服务中心被列为全市首批市级党员教育培训现场教学点。

同日 以"'双碳'战略下的楼宇运营与资产管理"为主题的 2021 年北京 CBD 楼宇金牌管理员培训班圆满结束。

12 月 28 日 北京商务中心区全球招商联络站——新加坡分站、香港分

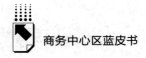

站举行揭牌仪式，活动以视频连线方式在北京与新加坡、北京与香港之间举行。

12 月　北京 CBD 联合上合组织秘书处和新华社等外宣平台打造北京 CBD 国际消费专属城市名片，成功举办"上合—北京 CBD 民族美食节"。

Abstract

The Central committee of the Communist Party of China's Proposals for Formulating the 14th Five – Year Plan for National Economic and Social Development and Long – Range Objectives Through the Year 2035 stresses the need to "balance development and security" and "integrate security development into all areas and processes of national development, prevent and defuse risks that affect our country's modernization process, and build solid national security shield", improving "resilience" is the key to development and safety dynamic equilibrium, and an important task for China's CBD to achieve sustainable, high–quality development in the new era.

Annual Report on the China's Central Business District No. 8 (2022), based on the current domestic and international macro situation, takes "The construction of resilient CBD under profound great changes unseen in a century" as the theme, accurately analyze the unseen economic evolution situation and security risks at home and abroad, and systematically analyze the key areas of economic development and policy trends; This paper summarizes the advantages, development achievements and problems of CBD in promoting economic resilience, strengthening environmental resilience and enhancing social resilience, and prroses the general idea, key tasks and countermeasures for promoting the resilience of CBD development. The report includes seven parts: General Report, Economic Resilience chapter, Environmental Resilience chapter, Social Resilience chapter, Domestic Case Studies chapter, International Experience chapter, and Development Chronicles chapter.

The report noted that China is facing major changes unseen in a century, with rising geopolitical risks, evolving global epidemics and increasing global economic

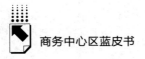

商务中心区蓝皮书

instability, how to strengthen development resilience, and coordinate development and securityis a major challenge for China during the 14th five-year plan period. CBD, as the frontier of China's service industry opening to the world and the hub of domestic and international economic activities, has carried out a series of effective innovation and exploration in enhancing the development resilience, the steady economic performance, the improvement in the quality of the ecological environment and the innovation in social governance models. CBD has demonstrated strong economic, environmental and social resilience, and plays an active role in ensuring China's sustained and healthy economic development, low-carbon green transformation and social harmony and stability. However, as the world enters a new period of turbulence and transformation, the risks of climate change, economic and trade friction, new technological revolution and multiple social risks are intertwined, making China´s task of coordinating development and security becomes extremely arduous, the steady and healthy development of CBD facing with multiple exogenous shocks and risks.

Facing new situations and challenges, China's CBD should start with building a multi-dimensional high-quality modern industrial system, a green and intelligent environmental quality system, a multi-dimensional co-governance system of social governance, a robust and sustainable institutional system. CBD should put more efforts to enhance economic resilience, environmental resilience, social resilience and institutional resilience to become an important pillar for China's more inclusive , sustainable and high-quality development.

Keywords: CBD; Economic Resilience; Environmental Resilience; Social Resilience; Institutional Resilience

Contents

I General Reports

B . 1 Construction of Resilient CBD under Great

Changes Unseen in a Century *General Report Writing* / 001

1. The Foundation and Effect of Building Resilient CBD / 002

2. Problems and Challenges Faced by the Construction

of Resilient CBD / 021

3. International Experience and Reference / 026

4. Contermeasures for Building Resilient CBD under the Situation

of Great Changes Unseen in a Century / 032

Abstract: China is facing major changes unseen in a century. Geopolitical risks continue to rise, the global epidemic continues to evolve, and global economic instability is intensifying. How to enhance development resilience and coordinate development and security is a major challenge for China during the "14th Five-Year Plan" period. As the frontier of China's service industry opening to the world and a hub connecting domestic and international economic activities, CBD has carried out a series of fruitful innovations and explorations in improving economic resilience, enhancing environmental resilience and strengthening social resilience and plays an important role in guaranteeing the stability of China's industry and supply chain. With the accelerating evolution of the world's profound changes in a century, the resilient development of CBD is facing severe challenges.

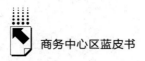

Facing the new situation and new challenges, the report proposes that the CBD should start from building a modern industrial system with resilience and global competitiveness, an environmental quality system that resists various disaster risks, and a social governance system with the participation of multiple subjects, and strive to improve the CBD economic. resilience, environmental resilience and social resilience, in order to become an important supporting force for China to achieve more inclusive, sustainable and high-quality development.

Keywords: CBD; Economic Resilience; Environmental Resilience; Social Resilience

B.2 China CBD Development Evaluation in 2021

General Report Writing / 041

Abstract: Focusing on the core essence of resilient CBDs, this paper benchmarks world-class CBDs, and quantitatively evaluates 26 CBDs in the China Business District Alliance from three dimensions: economic resilience, environmental resilience and social resilience. The evaluation results show that in 2021, China's CBD economy has developed steadily and healthily, the quality of the ecological environment has continued to improve, and social governance capabilities have been significantly improved, demonstrating strong development resilience. With the accelerating evolution of profound changes unseen in a century, the external environment faced by CBD has become increasingly complicated, and various risks are further intertwined, it is urgently needed for CBDs to improve risk defence, adaptive resilience and innovative development capabilities.

Keywords: Resilient CBD; Economic Resilience; Environmental Resilience; Social Resilience

II   Economic Resilience Chapters

B.3   High Quality Development of CBD Industry from the
Perspective of Resilience   *Zhang Zhuoqun*, *Yao Mingqi* / 059

Abstract: Under the circumstances that the COVID −19 has a sustained impact on economic and social development, building a resilient industrial system and maintaining the fundamentals of long-term sound and stable economic development have become the top priority of the current work. As the highland of the development of modern service industry, CBD, from the perspective of resilience, has gained a number of important experience in advanced economic service modes from traditional industry, emerging service industry, headquarters economy and building economy, which has important enlightenment for enhancing the anti risk ability of China's service industry. At the same time, the resilience transformation and upgrading of China's CBD industry still faces a series of problems and challenges. It is urgent to make sustained efforts in building a resilient development system of distinctive industries, narrowing the development gap between different regions, improving the ability to radiate the surrounding areas, building a highland of international talent, and deeply integrating into the "dual circulation" development pattern, so as to promote high-quality industrial development and the construction of a modern economic system.

Keywords: Industrial Resilience; Distinctive Industry System; Dual Circulation; CBD

B.4   Ideas and Countermeasures for Developing New Consumption
to Help Improving the Resilience of CBD Economy
Chen Yao / 071

Abstract: Under the influence of the integrated development of the Internet

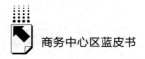

of things, various new consumption formats are emerging continuously, and the CBD, as the urban consumption center, provides a good development environment and space for new consumption. At the same time, new consumption has added new consumption momentum to the high-quality development of CBD, and its role in improving economic resilience has become increasingly prominent. This study expounds the connotation of new consumption, and analyzes the supporting role of new consumption in the improvement of CBD economic resilience from the perspectives of enhancing CBD development momentum and expanding domestic demand. In terms of consumption formats, accelerating the construction of CBD smart infrastructure, improving the international consumption level of CBD and optimizing the development environment of new CBD consumption, the study proposes ideas and countermeasures for new consumption to help improving the resilience of CBD economy, in order to provide useful references for improving the resilience of CBD economy.

Keywords: Central Business District; New Consumption; Economic Resilience

B.5 Ideas and Countermeasures for Building New Business Districts and Enhancing the Economic Resilience of CBD

Zhang Shuangyue, Wu Zhanyun / 084

Abstract: The core of CBD's economic resilience lies in enhancing its ability to self-organize, adapt to pressure and changes in the city, and improve the resilience of resistance, recovery, redirection, and renewal. In the face of the downward pressure on China's economy, the spread of the Covid-19 pandemic, and the complicated and volatile international situation, China's CBD has achieved important practices in supporting the construction of an international consumption center city and building a new type of consumer business district expand domestic demand and promote growth. It has made positive contributions, but faces many new situations and challenges. The CBD should focus on promoting the innovation of business districts, building smart business districts, optimizing the layout of business districts, and improving the quality of business districts, so as to accelerate the construction of new business districts and enhance development resilience.

Keywords: CBD; New Business District; Economic Resilience

B . 6   Experience and Countermeasures of
Preventing and Defusing Major Financial
Risks by Improving CBD Financial Resilience

Feng Dongfa, Zhang Zhuoqun etc, / 099

Abstract: Maintaining financial security and preventing and defusing major financial risks are important foundations for the sustainable and healthy development of China's economy and society during the "14th Five-Year Plan" period. Improving the resilience of the financial system is one of the key objectives of financial work China's CBD, which is financial core of modern cities and a "bridgehead" for preventing and defusing major financial risks, has gained a number of important experience in promoting financial services to the real economy, improving the financial risk early warning system, strengthening the ability to defuse financial risks and deepening the opening up of financial service trade. During the "14th Five-Year Plan" period and beyond, China's CBD will still face some challenges from the external environment when further enhancing financial resilience, and should continue to make efforts in deepening the reform of systems and mechanisms, expanding the level of opening up, strengthening the construction of talent echelon, and using frontier digital technology, so as to make due contributions to effectively safeguarding China's financial security.

Keywords: CBD; Financial Security; Financial Resilience; Financial Risk

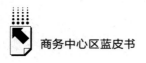
B.7 The Status Quo, Problems and Countermeasures of the
Digital Economy to Promote the Economic Resilience of CBD

Wang Han / 113

Abstract: Nowadays, the world is in a period of great development, great transformation and great adjustment, the external environment of China's development is becoming more and more complicated, the pandemic of Covid-19 has far-reaching impact, and the global supply chain has been continuously adjusted after the epidemic. The CBD is a functional area for high-end business activities in modern cities. To enhance the resilience of the CBD economy is crucial to consolidate the city economy and promote high-quality economic development. The digital economy has become a key force in improving economic resilience. Based on the construction background of digital China strategy, this paper first expounds the connotation of digital economy, analyzes the key role of digital economy in promoting economic resilience, and through to show the progress that CBD has made in the aspect of digital econmy development typical cases has shown the CBD in the development digital economy aspect to obtain the progress; Then it analyzes the challenges of CBD in promoting digital development and digital transformation, such as unbalanced development, insufficient industrial development planning, weak governance system construction, etc. Finally, from four aspects of strengthening the construction of talents, strengthening the layout of industrial system, strengthening the construction of new-type infrastructure and strengthening the construction of development mechanism, the paper gives counter measures and suggestions to promote CBD to continuously optimize the digital development environment, to promote the development of digital economy energy level.

Keywords: Central Business District; Digital Economy; Economic Resilience

Ⅲ   Environmental Resilience Chapters

B.8   CBD Sponge City Construction Progress,

Problems and Suggestions   *Wang Guoyu, Gao Jian* / 128

Abstract: The central business district (CBD) has a high concentration of population and economic factors, a scarcity of land and a high development intensity. Compared with other urban spaces, it has a higher demand for livability, safety and resilience, balancing urban development with ecological conservation is more difficult. At present, Sponge City is an advanced concept and important technical means to deal with this problem. Many CBDs in China have carried out the exploration and practice of sponge city construction. It is found that in the practice of CBD sponge city construction, there are lack of systematic planning and overall linkage, lack of sponge city construction technology adapted to the spatial characteristics of CBD, the low level of fine construction management restricts the overall utility of sponge city. Based on the spatial characteristics of CBD and the inherent characteristics of sponge city, this paper puts forward the strategies for the construction and improvement of CBD sponge city from four aspects: systematization, refinement, applicability and integration.

Keywords: Sponge City; Resilient City; Green Infrastructure; CBD

B.9   Current Situation, Problems and Suggestions of CBD

Resilience Infrastructure Construction

Duan Litao, Wang Han / 140

Abstract: Due to the impact of Covid−19, extreme climate events, and information and data security, traditional infrastructure is beginning to reveal many inadequacies in service delivery, highlights the need for resilient infrastructure

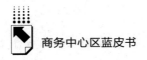

construction. Central business district, as the core of urban economic development, is under urgent need to carry out resilient reconstruction to make up for the infrastructure inadequaies, to strengthen CBD's ability to resist various risks and ensure the smooth operation of economy and society. Based on the new development stage, this paper first systematically explains the evolution and development from "Resilience" to "Resilient Infrastructure", the importance of strengthening the resilience of business district infrastructure under the severe and complex situation is analyzed, the successful practices of Wuhan CBD, Zhengdong New Area CBD, Guangzhou Tianhe CBD and Shanghai Hongqiao CBD in sponge city construction, zero-carbon building construction and new infrastructure construction show the progress and effectiveness of the CBD's resilient infrastructure construction, the possible problems and challenges in the construction of resilient infrastructure in CBD are analyzed from three aspects: climate change risk, information security risk and emergency handling capacity Finally, some countermeasures and suggestions to promote the construction of CBD resilient infrastructure are put forward.

Keywords: CBD; Resilient Infrastructure; Climate Change Risk; Information Security

B.10 Construction of CBD Public Safety Risk Management System: Progress, Problems and Suggestions *Geng Bing* / 154

Abstract: Strengthening the construction of CBD public safety risk management system is of great significance to improving CBD emergency management capabilities and promoting the modernization of CBD governance. CBD has carried out a series of explorations in social security risk management, public health risk management, accident disaster risk management and natural disaster risk management, and has achieved certain effectiveness. However, there still have a series issues, such as the systemic insufficiency of public security risk management, the weak ability to predict risks, and the confusion of risk management systems and mechanisms. CBD should take the public security risk management system and mechanism as the foundation, the risk management standards and emergency plans as the yardstick, and the risk management comprehensive information monitoring and command platform as the support to build a full risk cycle management system for pre-supervision, incident assessment, and post-event disposal of public security risks. In this way, the ability to respond to CBD public risks will be improved, and the stable and healthy development of the CBD economy and society will be guaranteed.

Keywords: Public Safety; Risk Management; CBD

Ⅳ   Social Resilience Chapters

B. 11   Basis, Ideas and Path of Promoting Green and
Low-carbon Development of CBD in China

Dong Yaning, He Ruibing etc. / 168

Abstract: In the new development stage, promoting the green transformation of CBD and building a low-carbon CBD is an inevitable choice to implement the "carbon peaking and carbon neutrality" strategy, promote high-quality economic development and improve the economic resilience of CBD. First of all, this paper summarizes the internal requirements, core connotation and construction ideas of green low-carbon CBD, and puts forward the important characteristics of green low-carbon CBD, such as green spatial pattern, green industrial agglomeration, green scientific and technological innovation, green governance system and green cultural guidance. Secondly, combined with the characteristics of green and low-carbon development, this paper combs the practical experience of China's representative CBD green and low-carbon development from the aspects of green resources, green technology, green industry, green goverance and green culture. Finally, this paper puts forward the implementation path to promote the green low-carbon and resilient development

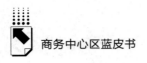

of CBD in China from the aspects of building a green space pattern, planting green development momentum, building a green industry cluster system, improving the green governance system, and cultivating green civilization.

Keywords: Ecological Civilization; CBD; Economic Resilience; Green and High-Quality Development; Low-carbon Transformation

B.12　Research on Strengthening CBD's Resilience
　　　　Governance Ability　　　　　　　　　*Miao Tingting* / 186

Abstract: The core pillar and ultimate direction of a resilient city is resilience governance ability. As the functional core area of the city, CBD's crisis management ability is very important. CBDs in various parts of China have carried out a lot of work in the establishment of government organizations, crisis management framework, social co-governance, uncertainty planning, disaster reduction and relief work, etc., and CBD resilience governance has achieved good results. However, in the context of increasing uncertainty in the international and domestic environment, CBD resilience governance still needs to focus on improving government leadership, building a multi-governance network, and improving planning and management techniques to maintain the sustainable operation of CBD.

Keywords: CBD; Resilience Governance; Government Leadership; Social Synergy

B.13　Progress, Problems and Suggestions of CBD Emergency
　　　　Management Mechanism Construction　　*Wu Zhenguo* / 201

Abstract: The construction of emergency management mechanism is not only a key component of emergency management work, but also an important issue to improve the resilience of social development. As a gathering area of high-end elements such as capital, technology, data, information, and talents, CBD has a serious impact on the construction of urban emergency management mechanism, and its hidden dangers seriously affect the overall security of the urban economy. Improving the CBD emergency management mechanism and establishing and improving the CBD disaster prevention, mitigation and relief system are the key measures to maintain the economic security and social stability of the CBD, and also an important part of promoting the modernization of CBD governance. In the future, CBD should continuously strengthen CBD emergency management capabilities through measures such as scientifically formulating emergency management development plans, improving financial stability and risk prevention and control mechanisms, extensively carrying out emergency science popularization and emergency mobilization, strengthening the construction of emergency shelter facilities, and building a "smart emergency brain". Build and improve the emergency management mechanism, improve the modernization level of CBD governance capacity, and improve the overall security of the city's economy.

Keywords: CBD; Emergency Management; Goverance Capacity Modernization

V   Chinese Experience Chapters

B. 14   Beijing CBD: Effects and Experience to Creat
100 Billion Level Commerical District

Wu Xiaoxia, Wang Xueyuan / 214

Abstract: Beijing CBD holds the development opportunity of cultivating and building an international consumption center in Beijing, to strengthen epidemic prevention and economic stability, to create a high standard business environment, to raise the level of international investment, to build a high-end factor gathering place, to accelerate the transformation and upgrading of consumption, and to constantly explore and innovate. In the process of

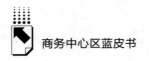
商务中心区蓝皮书

developing into a world-class commercial district with a scale of 100 billion, Beijing CBD has summed up a series of replicable and scalable experiences and measures, by strengthening policy guidance and institutional safeguards, expanding the level of opening-up and international exchanges and cooperation, improving the business environment and comprehensive governance, promoting the development of green and smart infrastructure, and fostering new industries, new forms of business and new business models, to assist the development and construction of CBD in China.

Keywords: Beijing CBD; 100 Billion Level Business District; International Consumption Center City

B.15 Smart Goverance Based on Metaverse: Exploration and Practice of Beijing CBD and Shanghai CBD

Zhang Pengfei, Shan Jingjing / 230

Abstract: The metaverse, as a virtual world that maps and interacts with the real world, is the final model of digital government construction in the post-epidemic era. On the basis of systematically discussing the conceptual features and core technologies of the Metaverse, this paper explains the feasibility and main problems of applying the Metaverse to CBD smart governance, and combines the latest explorations in the application of the Metaverse in Seoul, South Korea. Combining the practical case of Beijing CBD, Lujiazui CBD and Hongqiao CBD in smart governance, this paper puts forward policy suggestions for future CBD smart governance based on Metaverse from the improvement of Metaverse's basic system, the establishment of "Metaverse Government Affairs Platform" and "Metaverse Industry Platform".

Keywords: Metaverse; Smart Governance; Virtual World; Digital Twin

B.16 Shanghai Hongqiao International Central Business

District: the Construction of "Four High and

Five New" Industrial System   *Gu Yun* / 242

Abstract: Shanghai Hongqiao International central business district is an important bearing area of leading the integration of the Yangtze River Delta, and also a key pivot point serving the construction of a new development pattern. Hongqiao International Central Business District focuses on the construction of the "four highs and five new" industrial system, in terms of creating high-energy headquarters economy, high-flow trade economy, high-end service economy and high spillover exhibition economy. Hongqiao International central business district has made remarkable achievements in building a digital new economy, new life technology, low-carbon new energy, new automobile power and new fashion consumption. The construction of the "four highs and five new" industrial system has provided beneficial experience and enlightenment for the construction of the modern industrial system of the CBD in terms of strategic guidance, regional linkage, talent gathering, smooth transportation and intelligent empowerment, and also can lay a solid foundation for the development of the industrial competitiveness and economic toughness of the CBD.

Keywords: Shanghai; Hongqiao International Central Business District; Industrial System Construction; Yangtze River Delta

B.17 Chengdu Chunxi Road: Enhance Economic

Vitality by Business Communities Development

Li Wenjie, Shan Jingjing / 257

Abstract: Since 2020, economic and social development has been greatly impacted by the Covid - 19 pandemic and other external shocks, while consumption as an "economic stabilizer" and "ballast stone" has become

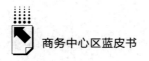
increasingly prominent. Many cities have proposed to develop international consumption center cities to enhance economic vitality. Chunxi Road, as one of the most prosperous business communities in southwest China, has shown strong economic resilience and momentum in the pandemic. By reviewing the development history of Chunxi Road, this paper summarizes the experiences and practices of Chunxi Road in terms of institutional innovation, consumption scenarios creation, consumption patterns cultivation in recent years, with a view to provide experience and reference for other cities and business communities.

Keywords: Cheng Du; Chunxi Road; Consumer City; Economic Vitality

Ⅵ   International Experience Chapters

B.18   The City of London's "Geographical Fix": the Creation of the West's First Offshore RMB Centre   *Wang Xiaoyang* / 269

Abstract: Global financial crisis and the UK's withdrawal from the EU have brought a huge impact on London's status as an international financial centre and internationalization. Against this backdrop, the city of London has been keen to build the first offshore Renminbi Centre in the west as a means of "Geographical repair" to maintain its global competitiveness. This paper shows the importance of using financial centres as a concrete entry point to understand the formation of financial markets in the broader Internationalization of the renminbi process. The creation of an offshore RMB Center can be understood as a political-economic relationship whose growth depends on and is influenced by economic decisions, but crucially, political decisions in the relationship between the host market (China) and the offshore market. The refinancialization and regional restoration led by this political-economic relationship bring great enlightenment to the development of China's financial center (CBD).

Keywords: City of London; RMB Offshore Centre; Geographical Restoration; Economic Resilience

B . 19   The Construction of La Défense Brand and Its

Enlightenment to China's Central Business District

Zhan Yong , Tang Shiyi etc. / 282

Abstract: The brand image positioning, shaping and management of business district are the important influencing factors of its development prospect. With the popularity of the Internet, Big Data and other emerging digital technology, especially the use of mobile-based internet social media, social media has become an important carrier of the city or business district international image. At the same time, because of the image of the business district or the city, positioning and other relevant information can be more smoothly disseminated to the domestic and international public, the brand construction of business district is more important to the development of business district in the digital and information age. Based on the main measures and remarkable results of the brand building of La Défense, this paper attempts to combine with the actual situation of the development of business districts in China, this paper discusses the inspiration and experience that La Défense district brings to the domestic business district in the aspects of brand building and operation management.

Keywords: Central Business District; La Défense; Brand Building

B . 20   Amsterdam Sponge City and its Implication for

CBD Construction

He Zhigao / 295

Abstract: The combination of sponge city construction and CBD development reflflects the parallel importance of urban economic development and sustainable development. Amsterdam's sponge city development is at the forefront of Europe and the World, especially Zuidas, as Amsterdam's CBD, is becoming the collection of Green City, Circulation Economy and Smart City. Amsterdam's

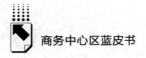

sponge city construction relies on the cooperation of government, enterprises and residents, especially relies on the multilevel coordination among Amsterdam Municipality, the North Holland Province, the Dutch government and even the European Union. The sustainable urban environment is created on the basis of capital provision, technology support, infrastructure improving and regional coordination. China's CBD can learn from the experiences of Amsterdam sponge city construction and promote CBD sustainable development.

Keywords: Sponge City; CBD; Amsterdam; Zuidas

皮 书

智库成果出版与传播平台

❖ 皮书定义 ❖

皮书是对中国与世界发展状况和热点问题进行年度监测，以专业的角度、专家的视野和实证研究方法，针对某一领域或区域现状与发展态势展开分析和预测，具备前沿性、原创性、实证性、连续性、时效性等特点的公开出版物，由一系列权威研究报告组成。

❖ 皮书作者 ❖

皮书系列报告作者以国内外一流研究机构、知名高校等重点智库的研究人员为主，多为相关领域一流专家学者，他们的观点代表了当下学界对中国与世界的现实和未来最高水平的解读与分析。截至2021年底，皮书研创机构逾千家，报告作者累计超过10万人。

❖ 皮书荣誉 ❖

皮书作为中国社会科学院基础理论研究与应用对策研究融合发展的代表性成果，不仅是哲学社会科学工作者服务中国特色社会主义现代化建设的重要成果，更是助力中国特色新型智库建设、构建中国特色哲学社会科学"三大体系"的重要平台。皮书系列先后被列入"十二五""十三五""十四五"时期国家重点出版物出版专项规划项目；2013~2022年，重点皮书列入中国社会科学院国家哲学社会科学创新工程项目。

皮书网

（网址：www.pishu.cn）

发布皮书研创资讯，传播皮书精彩内容
引领皮书出版潮流，打造皮书服务平台

栏目设置

◆ **关于皮书**
何谓皮书、皮书分类、皮书大事记、
皮书荣誉、皮书出版第一人、皮书编辑部

◆ **最新资讯**
通知公告、新闻动态、媒体聚焦、
网站专题、视频直播、下载专区

◆ **皮书研创**
皮书规范、皮书选题、皮书出版、
皮书研究、研创团队

◆ **皮书评奖评价**
指标体系、皮书评价、皮书评奖

◆ **皮书研究院理事会**
理事会章程、理事单位、个人理事、高级
研究员、理事会秘书处、入会指南

所获荣誉

◆ 2008 年、2011 年、2014 年，皮书网均
在全国新闻出版业网站荣誉评选中获得
"最具商业价值网站"称号；
◆ 2012 年，获得"出版业网站百强"称号。

网库合一

2014 年，皮书网与皮书数据库端口合
一，实现资源共享，搭建智库成果融合创
新平台。

皮书网

"皮书说"
微信公众号

皮书微博

权威报告·连续出版·独家资源

皮书数据库
ANNUAL REPORT(YEARBOOK)
DATABASE

分析解读当下中国发展变迁的高端智库平台

所获荣誉

- 2020年，入选全国新闻出版深度融合发展创新案例
- 2019年，入选国家新闻出版署数字出版精品遴选推荐计划
- 2016年，入选"十三五"国家重点电子出版物出版规划骨干工程
- 2013年，荣获"中国出版政府奖·网络出版物奖"提名奖
- 连续多年荣获中国数字出版博览会"数字出版·优秀品牌"奖

皮书数据库

"社科数托邦"
微信公众号

成为会员

登录网址www.pishu.com.cn访问皮书数据库网站或下载皮书数据库APP，通过手机号码验证或邮箱验证即可成为皮书数据库会员。

会员福利

- 已注册用户购书后可免费获赠100元皮书数据库充值卡。刮开充值卡涂层获取充值密码，登录并进入"会员中心"—"在线充值"—"充值卡充值"，充值成功即可购买和查看数据库内容。
- 会员福利最终解释权归社会科学文献出版社所有。

数据库服务热线：400-008-6695
数据库服务QQ：2475522410
数据库服务邮箱：database@ssap.cn
图书销售热线：010-59367070/7028
图书服务QQ：1265056568
图书服务邮箱：duzhe@ssap.cn

社会科学文献出版社 皮书系列
SOCIAL SCIENCES ACADEMIC PRESS (CHINA)

卡号：283456182813
密码：

S 基本子库
SUB DATABASE

中国社会发展数据库（下设 12 个专题子库）

紧扣人口、政治、外交、法律、教育、医疗卫生、资源环境等 12 个社会发展领域的前沿和热点，全面整合专业著作、智库报告、学术资讯、调研数据等类型资源，帮助用户追踪中国社会发展动态、研究社会发展战略与政策、了解社会热点问题、分析社会发展趋势。

中国经济发展数据库（下设 12 专题子库）

内容涵盖宏观经济、产业经济、工业经济、农业经济、财政金融、房地产经济、城市经济、商业贸易等 12 个重点经济领域，为把握经济运行态势、洞察经济发展规律、研判经济发展趋势、进行经济调控决策提供参考和依据。

中国行业发展数据库（下设 17 个专题子库）

以中国国民经济行业分类为依据，覆盖金融业、旅游业、交通运输业、能源矿产业、制造业等 100 多个行业，跟踪分析国民经济相关行业市场运行状况和政策导向，汇集行业发展前沿资讯，为投资、从业及各种经济决策提供理论支撑和实践指导。

中国区域发展数据库（下设 4 个专题子库）

对中国特定区域内的经济、社会、文化等领域现状与发展情况进行深度分析和预测，涉及省级行政区、城市群、城市、农村等不同维度，研究层级至县及县以下行政区，为学者研究地方经济社会宏观态势、经验模式、发展案例提供支撑，为地方政府决策提供参考。

中国文化传媒数据库（下设 18 个专题子库）

内容覆盖文化产业、新闻传播、电影娱乐、文学艺术、群众文化、图书情报等 18 个重点研究领域，聚焦文化传媒领域发展前沿、热点话题、行业实践，服务用户的教学科研、文化投资、企业规划等需要。

世界经济与国际关系数据库（下设 6 个专题子库）

整合世界经济、国际政治、世界文化与科技、全球性问题、国际组织与国际法、区域研究 6 大领域研究成果，对世界经济形势、国际形势进行连续性深度分析，对年度热点问题进行专题解读，为研判全球发展趋势提供事实和数据支持。

法律声明

　　"皮书系列"（含蓝皮书、绿皮书、黄皮书）之品牌由社会科学文献出版社最早使用并持续至今，现已被中国图书行业所熟知。"皮书系列"的相关商标已在国家商标管理部门商标局注册，包括但不限于 LOGO（ ）、皮书、Pishu、经济蓝皮书、社会蓝皮书等。"皮书系列"图书的注册商标专用权及封面设计、版式设计的著作权均为社会科学文献出版社所有。未经社会科学文献出版社书面授权许可，任何使用与"皮书系列"图书注册商标、封面设计、版式设计相同或者近似的文字、图形或其组合的行为均系侵权行为。

　　经作者授权，本书的专有出版权及信息网络传播权等为社会科学文献出版社享有。未经社会科学文献出版社书面授权许可，任何就本书内容的复制、发行或以数字形式进行网络传播的行为均系侵权行为。

　　社会科学文献出版社将通过法律途径追究上述侵权行为的法律责任，维护自身合法权益。

　　欢迎社会各界人士对侵犯社会科学文献出版社上述权利的侵权行为进行举报。电话：010-59367121，电子邮箱：fawubu@ssap.cn。

社会科学文献出版社